Redemocratização e mudança social no Brasil

REDEMOCRATIZAÇÃO E MUDANÇA SOCIAL NO BRASIL

Maria Celina D'Araujo (org.)

Roberto DaMatta • Luiz Werneck Vianna • Marcelo Baumann Burgos • Sarah Silva Telles • Sonia Maria Giacomini • Ebe Campinha dos Santos • Paulo Jorge Ribeiro • Valter Sinder • Angela Randolpho Paiva • Maria Alice Rezende de Carvalho • Eduardo Raposo • Ricardo Ismael • Maria Celina D'Araujo

FGV EDITORA

Copyright @ 2014 Maria Celina D'Araujo

Direitos desta edição reservados à
Editora FGV
Rua Jornalista Orlando Dantas, 37
22231-010 | Rio de Janeiro, RJ | Brasil
Tels.: 0800-021-7777 | 21-3799-4427
Fax: 21-3799-4430
editora@fgv.br | pedidoseditora@fgv.br
www.fgv.br/editora

Impresso no Brasil | *Printed in Brazil*

Todos os direitos reservados. A reprodução não autorizada desta publicação, no todo ou em parte, constitui violação do copyright (Lei nº 9.610/98).

Os conceitos emitidos neste livro são de inteira responsabilidade do(s) autor(es).

Preparação de originais: Sandra Frank
Revisão: Déborah Vasconcelos e Frederico Hartje
Projeto gráfico e editoração eletrônica: Mari Taboada
Capa: Letra e Imagem

Ficha catalográfica elaborada pela
Biblioteca Mario Henrique Simonsen/FGV

Redemocratização e mudança social no Brasil / Organização Maria Celina D'Araujo. - Rio de Janeiro : Editora FGV, 2014.
232 p.

Inclui bibliografia.
ISBN: 978-85-225-1503-5

1. Mudança social. 2. Brasil – Condições sociais. 3. Isolamento social. I. D'Araujo, Maria Celina. II. Fundação Getulio Vargas.

CDD – 303.4

Sumário

Apresentação, ROBERTO DAMATTA   7

A propósito de uma introdução, LUIZ WERNECK VIANNA   11

1. Educação, sociedade e democracia: a transição democrática da escola, MARCELO BAUMANN BURGOS   17

2. O desafio da desigualdade social, SARAH SILVA TELLES   45

3. Trajetórias de mulheres brasileiras em deslocamento: gênero, raça e violência, SONIA MARIA GIACOMINI e EBE CAMPINHA DOS SANTOS   67

4. O fazer etnográfico: entre práticas e representações da violência, PAULO JORGE RIBEIRO E VALTER SINDER   97

5. Movimentos sociais e teoria crítica: notas sobre a redemocratização brasileira, ANGELA RANDOLPHO PAIVA   117

6. Cidade mutante, MARIA ALICE REZENDE DE CARVALHO   145

7. Mãos visíveis e invisíveis na construção do Brasil moderno, EDUARDO RAPOSO   161

8. A trajetória do federalismo na redemocratização brasileira: competição como regra e cooperação como princípio, RICARDO ISMAEL   185

9. Elites burocráticas, dirigentes públicos e política no Poder Executivo do Brasil (1995-2012), MARIA CELINA SOARES D'ARAUJO   205

Apresentação

No seu famoso ensaio sobre a feminilidade, Freud mencionou um paradoxo que me serve de guia para esta apresentação, a qual é escrita em atenção a uma solicitação dos meus colegas de departamento. Nesse texto, ele remarcava que, para seus colegas analistas, dizia muito pouco ou nada de novo; já para o público leitor em geral, ao contrário, ele falava muito.

Sinto-me na mesma posição. O que pode dizer um apresentador – uma espécie de mestre de cerimônia – para um competente e heterogêneo conjunto de ensaios os quais tocam em assuntos que são do meu interesse e mesmo tangenciados por mim em meu trabalho, mas que abordam assuntos fora de minha área de formação e competência profissional? Se falo muito, caio na minha perspectiva, à qual alguns ensaios se referem generosa e criticamente; se falo pouco, passo a impressão de que não dei à escrita dos meus colegas a devida atenção, pois todos sabemos muito bem dos percalços e do tremendo esforço em que consiste transformar em narrativas e palavras aquilo que foi colhido em pedaços de realidade – entrevistas, fichas, tabelas, anotações esparsas, conversas de última e de primeira horas, aulas e conferências. Palavras preciosas que pretendem, além disso, ser precisas. Dádivas que saem de cada um de nós com um enorme esforço do fundo de nossas cabeças de "intelectuais", mas que só podem se materializar no papel por meio daquela energia complicada que bate com os nossos corações.

Ademais, como ultrapassar a função de apresentador se não tenho nem o domínio nem o entendimento de muitos dos assuntos aqui tratados num arco extraordinariamente polifônico que vai de matérias centrais atinentes à ciência política ou à sociologia, passando por uma sofisticada hermenêutica antropológica e por compreensivas sociologias dos programas de atendimento destinados aos vulneráveis e destituídos?

De fato, ao percorrer os capítulos deste volume, o leitor vai encontrar reflexões sobre o elo entre partidos políticos, elite dirigente e governo; sobre a escola como instrumento básico de democratização; sobre a cidade como espaço a ser discutido face a um novo conjunto de novas identidades e agenciamentos; sobre a hermenêutica da violência; sobre os processos de imigração (e tráfico) envolvendo significativamente a mulher. Isso para não esquecer a formidável problemática da formação socioeconômica do Brasil como Estado nacional de origem ibérica a qual traz à superfície a abertura ou a reação ao mercado como a instituição central da modernidade e, ao lado disso, uma investigação dos aspectos políticos das arenas de trocas eminentemente políticas, como é o caso do federalismo nacional.

Convenhamos que este é um cardápio diabolicamente amplo para quem, nos anos 60 do século passado, foi treinado na dieta de compreender o mundo pela óptica dos grupos sociais mais humildes e destituídos de poder do planeta: os povos tribais. Foi certamente por causa disso que, ao ler os ensaios que tenho a alegria de apresentar, encontrei um nítido retrato do meu departamento e me dei conta não somente da sua abrangência temática, mas sobretudo da variedade de interesses em termos de método e de teorias encarnadas com competência pelos meus colegas.

O livro que tenho o gosto de apresentar tem pelo menos duas características. A primeira, como disse, é a variedade reveladora daquilo que atrai nas chamadas ciências sociais ou, se quiserem, nas disciplinas da condição humana. Aquele conjunto de saberes que, ao lado do romance e do cinema, pretendem inventariar e discutir sistemática e criticamente um estilo de vida centrado na liberdade e na igualdade agora vivenciadas e produzidas por um novo ator: o indivíduo autônomo, transformado em entidade e que não requer demonstração. Um ser não relativizável que é centro, meio e fim da vida coletiva. Esse indivíduo (sempre tomado no papel de "cidadão") que, ao livrar-se do todo por meio de seus interesses e de suas associações as mais variadas e dinâmicas, conforme percebeu Tocqueville numa passagem profética, é – todavia – obrigado, numa segunda etapa, a ver-se às voltas consigo mesmo e com a totalidade (e os limites) engendrados por todo e qualquer movimento reflexivo. Em outras palavras, é impossível agir individualmente sem refletir e avaliar as consequências (ou as fronteiras) das nossas ações, se não me falha – entre outros – o meu Max Weber.

A segunda é como os assuntos, tratados a partir de perspectivas bem marcadas, rapidamente ultrapassam suas fronteiras e conduzem para uma híbrida "terra de ninguém" conceitual e/ou para a proposta tipicamente ocidental (e moderna) segundo a qual o leitor vive, sem saber, uma nova era e um novo tempo, na típica escalada ocidentalizante de múltiplas anunciações. Da descoberta do fogo, da revolução neolítica e agrícola, da revolução urbana, industrial e atômica, do socialismo redentor, do estruturalismo sem alma e da informação, até chegar a um universo onde o hamletiano "ser ou não ser" do velho e glorioso Shakespeare é anunciado como a última palavra e como o maior problema. Depois dos tempos em que parte da humanidade não sabia o que fazia (tínhamos o progresso; eles, o primitivismo), agora estamos além até do poeta: não sabemos quem somos.

A comunicação globalizada, a supressão aparente de barreiras geográficas e epistemológicas, bem como fenômenos sociais acentuados justamente por essas novas dimensões me impressionam como sendo o espírito deste volume. Um livro representativo de outro novo elemento muito vivo neste nosso universo percebido como estando em permanente mudança: a ausência de um autor de referência e de qualquer grande teoria finalizadora ou arrematadora. Se estivéssemos nos anos 1960, 1970 ou 1980, certas figuras, os suspeitos usuais de sempre – Marx, Weber, Durkheim, Bourdieu, Foucault e, é óbvio, Lévi-Strauss –, seriam ancoradouros seguros desses ensaios.

Felizmente para todos e para cada um – e de modo muito grato para este apresentador –, o que o leitor vai encontrar neste volume é um conjunto maior, mais complexo e mais explícito de questões do que de respostas.

Dizem que toda formalidade engendra informalidade e vice-versa. Os "pares mínimos" descobertos pelos linguistas da Escola de Praga têm sido uma praga para quem não gosta se simetrias e de polaridades. As oposições tendem ao congelamento, mas se forem lidas pelo dinamismo que congregam, como fez Santo Agostinho ao enxergar o bem e o mal como essenciais ao próprio sentido da existência, não seria de todo exagerado relembrar Victor Turner e Louis Dumont pelo que viram como elementos centrais da vida social contemporânea. Pois ambos estudam exaustivamente os polos, mas não esquecem o que jaz *entre* eles: os interstícios, a marginalidade, a teia, o limem, a fronteira, a hora da passagem e as ambiguidades que enlaçam e promovem, como nos esquecidos livros de Graham Green e no nosso velho Carnaval, os desenlaces do sacrifício e da redenção. De tudo o que leva à conexão depois de uma extenuante e, quem sabe, duvidosa batalha.

Quando terminei a leitura dos ensaios aqui apresentados, pensei nisso. Mas entre o pensar e o realizar o exercício de revelar os atalhos que ligam e desligam nesses ensaios tão ricos e representativos do honrado trabalho dos meus queridos colegas, seria – como disse Kipling – outra história.

ROBERTO DAMATTA*
Jardim Ubá, 18 de setembro de 2013

---

* Antropólogo, professor titular da PUC.

A propósito de uma introdução

Redemocratização e mudança social no Brasil, coletânea de textos dos professores da pós-graduação em ciências sociais da PUC-Rio, sob a organização de Maria Celina D'Araujo, apresenta, num dos seus quadros, em curtos ensaios, um painel exemplar da sua agenda de pesquisa. Seus temas gravitam em torno de duas questões que, há tempos, desafiam a nossa ciência social, embora somente com a democratização do país, processo institucionalizado pela Carta de 1988, tenham vindo a ocupar posição de centralidade em linhas de pesquisa de programas de pós-graduação, especialmente dos novos: a desigualdade e a diversidade, marcas – a primeira pungente – deixadas pelo nosso processo de formação histórica.

No caso, cabe referir a fidelidade desse programa de pós-graduação ao seu marco de fundação, por definição institucional remetido precisamente a essas duas questões, como testemunham os ensaios aqui apresentados e os exames de seleção para seus cursos de mestrado e doutorado, que encaminham os estudantes para uma dessas grandes áreas. Para a mesma direção de confirmação dos seus temas fundacionais apontam tanto os seminários internos quanto as conferências de professores convidados, sua maioria afim a eles.

Tal orientação, contudo, longe de se apresentar como uma singularidade, acompanha uma tendência afirmativa nos grandes centros acadêmicos europeus, norte-americanos e nacionais de incorporação de novas temáticas emergentes ao seu programa de ensino e pesquisa, como as de gênero e as referidas às relações raciais, que concorrem com temas como divisão social do trabalho, mudança social, estrutura de classes e Estado, que desafiavam – e continuam a desafiar – a reflexão social. Contudo, o cânon em que essa nova literatura se instala, como se pode observar nos programas de pós-graduação que a ela se dedicam, se encontra informado pelas mesmas correntes clássicas da teoria social presentes no *mainstream* da disciplina, como as representadas pelos influentes J. Habermas, A. Honneth, P. Bourdieu e Nancy Frazer, para apenas mencionar alguns dos mais mobilizados por essa literatura.

Os consagrados trabalhos sobre reprodução social de P. Bourdieu e a chamada teoria do reconhecimento na versão que lhe foi concedida por A. Honneth, âncoras recorrentes nessa nova floração dos estudos sobre desigualdade social, remetem, por sua vez, a algumas das matrizes mais vetustas da teoria social, como Hegel, Marx e Weber, autores, ao lado de outras referências clássicas, sempre presentes.

A crescente influência dessa bibliografia em nossas ciências sociais pode ser interpretada como uma dupla mutação que é tanto afeta à história de mais de nove décadas da sua institucionalização, iniciada na Escola Livre de Sociologia e Política de São Paulo (1933) e na Universidade de São Paulo (1934), quanto à história do país. As lutas pela democratização do país sob a vigência do regime militar, em particular nos meados dos anos 1970, iniciadas sob as bandeiras das liberdades civis e públicas, passam a ser encorpadas com a denúncia da situação de desigualdade crônica em nosso contexto nacional.

Marco significativo dessa mudança de orientação foi a publicação pelo Cebrap, então um núcleo de intelectuais opositores do regime de exceção, de *São Paulo, crescimento e pobreza*, em 1975, uma coletânea de textos sobre o tema organizada pelo sociólogo Lucio Kovarick, sob encomenda do então cardeal arcebispo de São Paulo, Paulo Evaristo Arns.

Essa publicação redundou em sucesso editorial com a venda de mais de 100 mil cópias, e logo foi adotada como referência pelas comunidades eclesiais de base (CEBs), vindo a se tonar igualmente inspiradora do partido Movimento Democrático Brasileiro (MDB). Desde então, as agendas por liberdades e justiça social confluem e, nessa condição, ativam a movimentação dos partidos, da opinião pública e da vida associativa em geral, contando com a vocalização de entidades como a Associação Brasileira de Imprensa (ABI), a Ordem dos Advogados do Brasil (OAB), a Sociedade Brasileira de Progresso da Ciência (SBPC) e a Conferência Nacional dos Bispos do Brasil (CNBB), essa última à testa da rede capilar das comunidades eclesiais de base.

Tal movimento conduziu, primeiro, o processo de transição política que pôs fim ao regime militar e, em seguida, as vitoriosas demandas pela convocação de uma assembleia constituinte, quando temas e questões que afloraram no período da resistência irão buscar sua concretização. A partir de então, tornou-se evidente o deslocamento que a sociedade vinha operando no seu sistema de orientação ao valorizar a sociedade civil, favorecer a descentralização e o poder local, afirmar os direitos das minorias e promover instrumentos que fizessem frente às desigualdades sociais e regionais. A isso não faltou a criação de um robusto sistema de controle sobre a ação do Estado no objetivo de impor limites à sua ação discricionária, contrapondo-se à longa tradição, que nos veio do visconde de Uruguai, influente ministro do Império, que o percebia como elemento determinante na construção da nação.

Essa releitura crítica da nossa história e das nossas instituições realizada pelo legislador constituinte foi animada pelo claro propósito de romper com a persistente matriz autoritária que predominou ao longo da nossa história, vindo a alterar dramaticamente nosso repertório na política e na vida social, embora ainda esteja longe de cumprir satisfatoriamente seus efeitos. Na esteira da Carta de 1988, as políticas igualitárias e de afirmação de direitos de minorias, assim como as de proteção ao meio ambiente, encontraram novas oportunidades de explicitação, quando não de realização, tanto no Executivo quanto no Legislativo e no Judiciário – quanto a este, é de se registrar o caso conspícuo da decisão favorável ao reconhecimento legal das relações homoafetivas.

Por outra parte, o espírito da Constituição, que se manifestou em favor da combinação de formas representativas e participativas da vontade popular, ensejou a criação de novas instituições no propósito de propiciar recursos para a animação da sociedade civil, como os diferentes conselhos criados a fim de ensejar participação em matérias de políticas públicas. Tais novidades institucionais, como notório, vieram encorajar a criação de movimentos sociais e de ONGs com ações especificamente direcionadas para atuar neles. Mesmo que ainda débeis, sujeitos a controles, nem sempre cabíveis, exercidos pelo Poder Executivo, não deixam de significar promessas de adensamento da vida social e dos valores do civismo. Decerto que, apesar dessas mudanças, o Estado segue sobranceiro, verticalmente posto nas suas relações com a sociedade civil, mas essa já está dotada e utiliza, com frequência, de mecanismos disponíveis para o controle da sua ação, como se verifica, entre outros casos significativos – inclusive com a mediação do Judiciário –, na questão ambiental.

A mutação que diz respeito às ciências sociais guarda uma estreita relação com esses processos de mudanças macroestruturais e nos padrões da sociabilidade, como seria de se esperar, aliás, em uma disciplina tradicionalmente caracterizada pela responsividade nas suas relações com a vida social. Como registra abundante bibliografia sobre o assunto, em outros contextos nacionais, especialmente na Inglaterra, na França e nos Estados Unidos – não se pode omitir o caso da Escola de Chicago –, o momento de institucionalização dessa disciplina consistiu em uma resposta aos graves problemas sociais derivados do processo de industrialização, da massiva urbanização e do derruimento da sociedade tradicional, de suas instituições e valores.

Aqui, ao contrário, a procura de interação reflexiva com sua sociedade não irá coincidir com os propósitos iniciais de sua institucionalização, já que a disciplinarização da sociologia foi concebida, na caracterização de Florestan Fernandes, como um projeto de elites ilustradas, à frente da recém-criada Universidade de São Paulo, em 1934, a fim de dotar o país de "técnicas racionais capazes de permitir a solução dos problemas sociais brasileiros sem pressão social e sem conflitos".[1] Em seus primeiros anos, essa ambiciosa iniciativa ter-se-ia afastado dessa pretensão, dedicando-se preferencialmente à missão de se tornar, segundo respeitado estudo de Simon Schwartzman,[2] uma coleção de centros de formação profissional, em detrimento de um lugar de formulação de um pensamento crítico sobre o país.

Somente após a queda do Estado Novo, em 1945, a disciplina começa a se desprender da sua situação de confinamento à vida universitária, quando se vai abrir tanto aos problemas sociais da sua sociedade quanto a seus conflitos, com seus principais praticantes investidos, de início, sob a influência da obra de Karl Mannheim, do papel de uma *intelligentzia* orientada para agir sobre a esfera pública no sentido de impelir o processo de mudança social que estaria em curso. Tal processo obedeceria a um andamento que nos deveria conduzir de uma ordem de estilo patrimonial a uma ordem competitiva, conceituação consagrada por Florestan e que receberá confirmação, sob diversa arquitetura, centralmente inspirada em Weber, em 1958, com o clássico *Os donos do poder*, de Raimundo Faoro.

Com esse diagnóstico, a sociologia centra seu foco na questão do Estado e no processo histórico da sua formação. Em um registro mais geral, predomina, então, um viés macroestrutural que se voltava para a denúncia da condição de heteronomia a que estava submetida a sociedade, em particular dos seus seres subalternos diante do Estado. A então em voga teoria do populismo, com Francisco Weffort à frente, dedicou-se, com sucesso, a esse empreendimento. Por esse ângulo, objetos particulares de estudo, como a classe operária e sua vida associativa, o campesinato e o tipo de dominação a que estava submetido,

---

[1] FERNANDES, Florestan. *A condição do sociólogo*. São Paulo: Hucitec, 1978.
[2] SCHWARTZMAN, Simon. *Formação da comunidade científica no Brasil*. São Paulo: Companhia Editora Nacional, 1979.

o mundo agrário e o secular monopólio da terra nele vigente tomam conta da agenda das ciências sociais.

O regime militar atalhou, em 1964, esse rico processo de encontro da disciplina com os personagens da sua sociedade, realizados, em geral, no estilo de monografias sobre sua mentalidade, condições de trabalho e formas de associação. O novo regime, com suas grossas linhas de continuidade com o Estado Novo, de 1937, veio pôr em evidência o que havia de constitutivamente autoritário na história da nossa formação, cuja compreensão reclamaria o recurso à sociologia histórica comparada e à perspectiva macroestrutural. Sob esse registro, passam a ser mobilizados casos nacionais até então pouco presentes na bibliografia, como os da Alemanha, da Itália e da Rússia, e autores como Lênin, Antonio Gramsci, sobretudo, e Barrington Moore, com *As origens sociais da ditadura e da democracia* (edição original de 1966), se tornam influentes referências no *mainstream* da sociologia brasileira dos anos 1970.

A marca responsiva da disciplina, no curso dessa década, se faz presente com sucessivas publicações, todas gravitando em torno do diagnóstico que se tornara consensual: *Pouvoirs et développement économique: formation et évolution des structures politiques au Brésil*, de Luciano Martins (1973); *Os donos do poder*, de Raimundo Faoro, na versão ampliada da primeira edição de 1958 (1975); *A revolução burguesa no Brasil*, de Florestan Fernandes (1975); *São Paulo e o Estado nacional*, de Simon Schwartzman; *Capitalismo autoritário e campesinato*, de Otávio Velho (1976); *Liberalismo e sindicato no Brasil*, de Luiz Werneck Vianna (1976); *Agrarian roots of authoritarian modernization in Brazil, 1880-1930*, de Elisa Reis (1979); e, fechando a década, *A construção da ordem*, de José Murilo de Carvalho (1980). *Carnavais, malandros e heróis*, de Roberto DaMatta (1979); *Cidadania e justiça*, de Wanderley Guilherme dos Santos (1979), embora claramente afins a esse rol, a rigor não fazem parte dele, uma vez que antecipam temas somente dominantes na década seguinte.

Com a democratização do país, em 1985, consolidada com a Carta de 1988, as ciências sociais giram o eixo da sua orientação e se encontram com a agenda perdida com o truncamento da ordem democrática em 1964, embora em outro contexto, quer na história do país, quer no estado da arte da disciplina. O ensaio de Paulo Jorge Ribeiro e de Valter Sinder, publicado nesta coletânea, capta com clareza o distanciamento da disciplina quanto à produção hegemônica nos anos 1970, explorando argumento de Maria Alice Rezende de Carvalho, de 1995, citado por eles, de que a tradição analítico-interpretativa brasileira, centrada na questão do Estado, estaria sendo substituída pela de cidade – e, com ela, a da cidadania e seus personagens –, com suas óbvias repercussões sobre que objetos deveriam ser selecionados para a pesquisa em ciências sociais, tal como a presente coletânea não deixa de testemunhar.

De algum modo, os ensaios aqui apresentados, em que pese sua heterogeneidade temática e de abordagens analíticas, mantêm entre si a percepção comum sobre o anacronismo de uma cultura informada, como a nossa, por uma ideologia de Estado que, mesmo quando disfarçada por meio de roupas novas, não consegue esconder o ranço conservador da sua natureza. Uma palavra de esclarecimento se torna oportuna, uma vez que, na qualidade de professor do departamento, ora responsável por esta publicação, entendo não caber emitir juízo de valor sobre os artigos dos meus colegas nem me arvorar a produzir uma resenha crítica sobre o que produziram. Reservo-me apenas a tentativa de situar o lugar do qual eles falam – o de uma sociedade civil em busca de afirmação de novos direitos e de crescente participação na esfera pública –, e, nisso, não posso me furtar a declarar que tal lugar é compartilhado por mim.

LUIZ WERNECK VIANNA*

---

* Sociólogo, professor da PUC-Rio.

1 | Educação, sociedade e democracia: a transição democrática da escola

MARCELO BAUMANN BURGOS*

> Embora nossas lembranças possam ter ficado esmaecidas, ainda nos recordamos que as escolas públicas são essenciais à democracia. Não podemos deixar de acordar de um salto quando as discussões sobre o que nelas funciona, sobre o que nelas deve ser feito, não fazem nenhuma menção ao papel das escolas públicas na disseminação do modo de vida democrático. Assim sendo, temos de novamente fazer sua defesa.
>
> MICHAEL APPLE E JAMES BEANE (2001)

Este capítulo parte de uma premissa: a escola pública está no centro do projeto civilizacional brasileiro. Ou, mais especificamente, está no centro do projeto de afirmação da construção da democracia entre nós. Ainda que não seja nova, remetendo à mobilização dos "pioneiros da educação" nos anos 1920, é somente a partir de 1988 que a educação realizada pela escola pública é reconhecida como central ao projeto de afirmação de uma cultura democrática. E quando se considera que a Constituição de 1988 é elaborada tendo em vista o diagnóstico, amadurecido ao longo dos anos 1970 e 80, de que era preciso construir uma ordem constitucional capaz de pôr fim ao autoritarismo crônico que marcava a vida brasileira – lembrar a recuperação, na década de 1970, do argumento de Raimundo Faoro em *Os donos do poder* como chave para pensar o Brasil –, torna-se ainda mais importante a centralidade atribuída à escola na conformação de uma cultura democrática entre nós.

---

* Doutor em sociologia, professor da PUC-Rio.

A aposta na escola

A constitucionalização da educação escolar se desdobra em dois princípios fundamentais: de um lado, a ideia de que o processo educacional deve ser capaz de formar indivíduos dotados de autonomia cognitiva e intelectual, habilitando-os a viver plenamente a condição do que tem sido definido como "cidadãos críticos". De outro, a ideia de que a escola pública deve se converter em um centro de animação cívica, o que pressupõe que seja capaz de mobilizar estudantes, pais/responsáveis e sociedade civil em torno de uma gestão escolar participativa.

Esses dois princípios estão claramente colocados nos arts. 205 e 206 da Constituição Federal. O primeiro estabelece que a educação – direito de todos e dever do Estado e da família – "será promovida e incentivada com a colaboração da sociedade, visando ao pleno desenvolvimento da pessoa, seu preparo para o exercício da cidadania e sua qualificação para o trabalho". O segundo define os princípios do ensino, postulando, em sete incisos, valores como igualdade de acesso à escola, liberdade, pluralismo no processo de aprendizado e gestão democrática do ensino.

A produção normativa que se segue à Constituição incorpora e materializa esses princípios. O primeiro deles é o Estatuto da Criança e do Adolescente (Lei nº 8.069/1990), que, em seu art. 53, situa a educação escolar no centro dos direitos das novas gerações, definindo, ainda, um conjunto de direitos em face da escola.[1]

Com a aprovação da Lei de Diretrizes e Bases da Educação Nacional (Lei nº 9.394), em 1996, os preceitos constitucionais da educação são regulamentados, afirmando-se o papel da escola na produção da cultura democrática. Em seu art. 12, a LDB define o papel da escola, estabelecendo, entre outras coisas, que ela deve "articular-se com as famílias e a comunidade, criando processos de integração da sociedade".[2] O art. 14 define parâmetros para a gestão democrática do ensino pú-

---

[1] "Art. 53. A criança e o adolescente têm direito à educação, visando ao pleno desenvolvimento de sua pessoa, preparo para o exercício da cidadania e qualificação para o trabalho, assegurando-lhes: I. igualdade de condições para o acesso e permanência na escola; II. direito de ser respeitado por seus educadores; III. direito de contestar critérios avaliativos, podendo recorrer às instâncias escolares superiores; IV. direito de organização e participação em entidades estudantis; V. acesso à escola pública e gratuita próxima de sua residência. Parágrafo único. É direito dos pais ou responsáveis ter ciência do processo pedagógico, bem como participar da definição das propostas educacionais."

[2] Os demais incisos são os seguintes: "I. elaborar e executar sua proposta pedagógica; II. administrar seu pessoal e seus recursos materiais e financeiros; III. assegurar o cumprimento dos dias letivos e horas-aula estabelecidas; IV. velar pelo cumprimento do plano de trabalho de cada

blico na educação básica, determinando que ela contemple, além da participação dos profissionais de educação, a de conselhos representando todo o conjunto da comunidade escolar e atores da vida local. O art. 22 estabelece como finalidade principal do ensino básico o "desenvolvimento do educando", por meio de uma formação comum capaz de assegurar o exercício da cidadania e o acesso ao mercado de trabalho.[3] E o art. 32 reitera que o ensino fundamental "terá por objetivo a formação básica do cidadão", estabelecendo que essa meta será assegurada tanto por meio do desenvolvimento de competências e habilidades relacionadas ao ensino e aprendizagem quanto por meio de uma formação nos valores desejados para a vida em sociedade, que incluem o reconhecimento dos laços de solidariedade e a "tolerância recíproca em que se assenta a vida social".

Na esteira da LDB, o Ministério da Educação edita, em 1997, os Parâmetros Curriculares Nacionais, a fim de atender à necessidade e à obrigação de o "Estado elaborar parâmetros claros no campo curricular capazes de orientar as ações educativas do ensino obrigatório, de forma a adequá-lo aos ideais democráticos e à busca da melhoria da qualidade do ensino nas escolas brasileiras" (MEC, 1997:27). No texto de apresentação dos PCNs, o governo federal define o aprendizado escolar como passaporte necessário para "o exercício da cidadania" e a "construção de uma sociedade democrática".[4] Em sua concepção, o papel institucional a ser jogado pela escola na construção da cultura cidadã deve atravessar todo o processo de aprendizagem:

> A escola, ao tomar para si o objetivo de formar cidadãos capazes de atuar com competência e dignidade na sociedade, buscará eleger, como objeto de ensino, conteúdos que estejam em consonância com as questões sociais que marcam cada momento histórico, cuja aprendizagem e assimilação são as consideradas

---

docente; V. prover meios para a recuperação dos alunos de menor rendimento; VI. informar os pais e responsáveis sobre a frequência e o rendimento dos alunos, bem como sobre a execução de sua proposta pedagógica".

[3] "Art. 22. A educação básica tem por finalidades desenvolver o educando, assegurar-lhe a formação comum indispensável para o exercício da cidadania e fornecer-lhe meios para progredir no trabalho e em estudos posteriores."

[4] Diz o texto: "No contexto da proposta dos Parâmetros Curriculares Nacionais se concebe a educação escolar como uma prática que tem a possibilidade de criar condições para que todos os alunos desenvolvam suas capacidades e aprendam os conteúdos necessários para construir instrumentos de compreensão da realidade e de participação em relações sociais, políticas e culturais diversificadas e cada vez mais amplas, condições estas fundamentais para o exercício da cidadania na construção de uma sociedade democrática e não excludente" (MEC, 1997:33).

essenciais para que os alunos possam exercer seus direitos e deveres. Para tanto ainda é necessário que a instituição escolar garanta um conjunto de práticas planejadas com o propósito de contribuir para que os alunos se apropriem dos conteúdos de maneira crítica e construtiva [MEC, 1997:34].

Da adoção dessa perspectiva resultaria um aprendizado "nuclear ao exercício da cidadania", permitindo a "superação do individualismo". No que se refere especificamente ao ensino fundamental, essa base axiológica é traduzida em um conjunto de objetivos que trazem uma concepção generosa do papel da educação escolar na formação de uma cultura democrática, que parece ter sido diretamente inspirada pelo preâmbulo da Constituição,[5] ao fazer de valores como solidariedade, justiça social, respeito à pluralidade e participação ativa na transformação socioambiental objetivos centrais ao ensino fundamental.

Caso fôssemos adiante com esse apanhado da produção normativa que regulamenta o trabalho escolar e o articula com o projeto de construção da democracia, verificaríamos que ela vai se desdobrando e se aprofundando.[6] Exemplo disso é o Plano de Metas Compromisso Todos pela Educação (Decreto Federal nº 6.094/2007), que estabelece medidas voltadas para o fortalecimento da qualidade da educação, definindo, em seu art. 2º, um conjunto de 28 diretrizes voltadas para a ampliação do acesso à escola e para a qualidade da educação pública. Entre essas diretrizes, as quatro últimas enfatizam o papel da sociedade civil na vida escolar, acentuando a importância da mobilização social em torno da escola, chegando a postular a organização de um comitê local composto por atores da sociedade civil e do Ministério Público para participar da vida escolar.[7]

---

[5] O preâmbulo da Constituição de 1988 afirma que o "Estado Democrático" está destinado a "assegurar o exercício dos direitos sociais e individuais, a liberdade, a segurança, o bem-estar, o desenvolvimento, a igualdade e a justiça como valores supremos de uma sociedade fraterna, pluralista e sem preconceitos, fundada na harmonia social [...]".

[6] Para uma exposição mais completa desse balanço da produção normativa sobre a educação após 1988, ver Burgos (2009).

[7] Os quatro últimos incisos são os seguintes: "XXV. fomentar e apoiar os conselhos escolares, envolvendo as famílias dos educandos, com as atribuições, dentre outras, de zelar pela manutenção da escola e pelo monitoramento das ações e consecução das metas do compromisso; XXVI. transformar a escola num espaço comunitário e manter ou recuperar aqueles espaços e equipamentos públicos da cidade que possam ser utilizados pela comunidade escolar; XXVII. firmar parcerias externas à comunidade escolar, visando à melhoria da infraestrutura da escola ou a promoção de projetos socioculturais e ações educativas; XXVIII. organizar um comitê local do Compromisso, com representantes das associações de empresários, trabalhadores, sociedade civil, Ministério Pú-

Quando se analisa o desenho de algumas das políticas públicas formuladas pelo governo federal com vistas a implementar o modelo de sistema educacional concebido pelo legislador, o quadro se torna ainda mais nítido. Um bom lugar para observar os objetivos traçados para a educação escolar no Brasil é o documento intitulado Programa Nacional de Fortalecimento dos Conselhos Escolares, realizado pela Secretaria de Educação Básica do Ministério da Educação, em 2004. Nele, o conselho escolar aparece como instância estratégica para a formulação e a difusão da pedagogia democrática que se espera da escola.[8]

Como se vê, a constitucionalização do ensino público no Brasil reflete uma aposta na capacidade da escola de difundir um conjunto de valores e de práticas capazes de contribuir decisivamente para a construção de uma cultura democrática. Mas apesar dessa evidente aposta normativa no papel da escola na promoção da cultura democrática, a relação entre escola e democracia está longe de ser tranquila, resolvida e automática.

Forma escolar e democracia

Como se sabe, o desenvolvimento da forma escolar é anterior ao surgimento das democracias modernas e, na verdade, ocorre nos mais diversos contextos, atravessando fronteiras culturais e políticas (Vincent, Lahire e Thin, 2001). Aliás, a difusão mundial da forma escolar é um dos fenômenos mais interessantes da globalização (Nóvoa, 2000; Chabbott e Ramirez, 2000). O fato é que as afinidades eletivas entre a escola e a democracia sempre precisaram, em cada caso particular, ser construídas e permanentemente defendidas, e disso são referências clássicas a relação entre escola e movimentos democráticos na França e nos Estados Unidos.

Na França de Durkheim, como é sabido, estava em jogo justamente a construção de afinidades eletivas entre a forma escolar e um republicanismo capaz de

---

blico, Conselho Tutelar e dirigentes do sistema educacional público, encarregado da mobilização da sociedade e do acompanhamento das metas de evolução do IDEB".
[8] O documento foi organizado em cinco cadernos, com os seguintes temas: 1. Conselhos escolares: democratização da escola e da construção da cidadania; 2. Conselho escolar e a aprendizagem na escola; 3. Conselho escolar e o respeito e a valorização do saber e da cultura do estudante e da comunidade; 4. Conselho escolar e o aproveitamento significativo do tempo pedagógico; 5. Conselho escolar, gestão democrática da educação e escolha do diretor.

conciliar os princípios democráticos com certa concepção de cultura nacional: a escola como portadora de valores universalistas, capaz de socializar todos os cidadãos franceses em um ideário comum. Tal desafio atravessa a sociologia da educação de Durkheim (2011), que não por acaso compreende as instituições educacionais como instrumentos de afirmação de consensos valorativos. Mas Durkheim vai além ao reconhecer que, no caso das sociedades modernas, haveria uma instabilidade crônica na afirmação e na reprodução desses consensos, o que explicaria a ambiguidade típica da função da escola, ora como instância da reprodução social e cultural, ora como centro de difusão de novos valores. Por isso, para ele, parte importante do esforço de formulação das utopias democráticas se transfere para a pedagogia, do que é exemplo o precursor *Emile*, de Rousseau, ao mesmo tempo que converte a escola em um dos lugares centrais de disputa em torno da afirmação de uma cultura democrática.[9]

Daí sua preocupação com o problema da formação do consenso, e aqui Durkheim se vê obrigado a interpelar diretamente o debate francês de sua época, reconhecendo que, mesmo considerando "o estado de divisão em que atualmente se encontram as mentes na França", não caberia ao Estado "criar esta comunhão de ideias e sentimentos", que deve se "constituir por si só". Tampouco se pode conceder ao "grupo majoritário o direito de impor suas ideias às crianças pertencentes ao grupo minoritário". "A escola", afirma Durkheim, "não deve ser coisa de um partido". É parte da ambição de sua sociologia da educação justamente identificar, em cada tempo, os princípios fundamentais da sociedade, aqueles que "seriam comuns a todos" e que, portanto, deveriam estar na base do consenso a ser difundido pelas escolas. No caso das sociedades modernas, a valorização da razão e da ciência, e "das ideias e sentimentos que sustentam a moral democrática", seriam esses princípios (Durkheim, 2011:64).

Para forjar indivíduos portadores dessa "moral democrática", a escola deveria estar investida de uma legitimidade institucional que, por seu turno, emprestaria autoridade ao professor como porta-voz da sociedade. É dessa autoridade institucionalmente organizada, e encarnada na figura do professor, que se poderia esperar, afinal, a formação de indivíduos educados para viver a liberdade, pois "a liberdade é filha da autoridade bem aplicada" (Durkheim, 2011:73).

---

[9] "O sistema escolar não é composto unicamente de práticas estabelecidas e métodos consagrados pelo uso, herança do passado. Nele se encontram, além disso, tendências para o futuro e aspirações de um novo ideal, entrevisto de forma mais ou menos clara. É importante conhecer bem essas aspirações [...] Ora, elas vêm manifestar-se nas doutrinas pedagógicas [...]" (Durkheim, 2011:92).

Nos Estados Unidos do início do século XX, não é menos pronunciado o problema da relação da escola com a democracia. Quanto a isso, a reflexão de John Dewey é referência obrigatória. Sua premissa é a de que "o amor da democracia pela educação" não se deve tanto à necessidade política (de um tipo de regime que precisa fundar sua legitimidade na aceitação voluntária – e não imposta – da forma de governo), mas, sobretudo, ao fato de que a democracia "é primacialmente uma forma de vida associada, de experiência conjunta e mutuamente comunicada" (Dewey,1979:93) em uma sociedade composta por indivíduos iguais, mas expostos à permanente atomização pelos processos de mobilidade social e espacial.

Para atender às necessidades da democracia, a educação pública não pode ser entendida como um meio de reprodução de consensos externos a ela; ao contrário, precisa ser encarada como uma fonte de produção de consensos, o que pressupõe uma escola capaz de cultivar nos indivíduos o sentido da participação, da experiência, do encontro e da troca.

Dewey reconhece a dificuldade de que essa concepção de educação possa ser conduzida pelo "estado nacional". Afinal, pergunta-se ele, "como fazer para que a perfeita finalidade social da educação" não seja "restringida, constringida e deturpada"? Sua resposta é categórica: não se deve pensar apenas negativamente, no sentido de proteger a escola de uma eventual instrumentalização da educação pelo Estado, mas também positivamente, fazendo dela uma das fontes da própria democracia, seja na redução dos efeitos da desigualdade econômica e na construção de uma sociedade de oportunidades iguais (Dewey, 1979:105), seja na conformação de experiências que efetivamente contem com a participação dos professores e dos estudantes.

Em Dewey, portanto, a democracia, antes de ser um regime político, é uma cultura, uma prática que se aprende exercitando. E disso resulta uma compreensão muito distinta daquela de Durkheim quanto à relação entre escola e democracia. Na concepção do sociólogo francês, a construção da democracia se confunde com a de República, e o tema da coesão social a partir da socialização em uma cultura comum está no centro de sua reflexão sobre o papel da escola. Para o filósofo norte-americano, diversamente, a ênfase recai nas relações estabelecidas entre educadores e estudantes, as quais não podem ser submetidas a objetivos rígidos, "que exatamente pelo fato de serem rígidos, tornariam desnecessário prestar cuidadosa atenção às condições concretas [do trabalho educacional]" (Dewey, 1979:118).

Para Dewey, o papel do professor é diferente do verificado em Durkheim, já que a função democrática da educação escolar depende de uma autoridade que retire sua força, não da condição de porta-voz de uma ideia de sociedade construída fora da escola, mas da própria experiência escolar. Em uma de suas muitas afirmações categóricas, o filósofo defende que "enquanto não for reconhecido o critério democrático da importância intrínseca de toda a experiência que se desenvolve, sentir-nos-emos intelectualmente desnorteados pela exigência de adaptação a objetivos exteriores" (Dewey, 1979:118).

Como se vê, o professor tem, em Dewey, seu protagonismo construído no plano das interações, enquanto, em Durkheim, ele deriva do sentido de missão institucional da escola, que lhe confere um elemento de transcendência. Daí a comparação que Durkheim faz entre o professor e o eclesiástico, cuja força da autoridade deriva da "elevada ideia que nutre a respeito de sua missão" e do fato de falar "em nome de um Deus do qual se sente mais próximo do que a multidão dos profanos". Assim como o padre é o "intérprete do seu Deus", o professor "é o intérprete das grandes ideias morais de sua época e nação" (Durkheim, 2011:72-73). Em Durkheim, o professor apresenta a sociedade e os ideais democráticos ao estudante; em Dewey, constrói com ele a sociedade democrática. Por isso, em Dewey, uma escola democrática exigiria grande autonomia de seus mestres e alunos, ao invés de submetê-los a "objetivos externamente impostos" que, em nome da "preparação para um futuro remoto", tende a "tornar mecânico e escravizado o trabalho tanto do professor como do aluno" (Dewey, 1979:120).

Apesar de todas as diferenças apontadas, as abordagens de Durkheim e Dewey convergem em pelo menos um aspecto fundamental para a linha de argumentação deste trabalho: o de que a relação da escola com a democracia não está dada e, por isso mesmo, precisa ser defendida, seja em face do risco de se transformar em instrumento da vontade política do Estado e/ou do partido majoritário que, para Durkheim, afrontaria o universalismo que deveria estar na base da moral democrática, seja diante da ameaça de a escola se converter em aparato burocrático, portador de uma racionalidade tecnocrática, que, para Dewey, impediria o desenvolvimento do "ideal genuíno da educação como a expansão das aptidões do indivíduo em um desenvolvimento progressivo orientado para fins sociais" (Dewey,1979:94).

No Brasil, a relação entre a forma escolar e a democracia ainda precisará encontrar novas sínteses teóricas, de modo a se construir uma narrativa capaz de abrir caminhos para a construção do programa da Constituição de 1988, que aposta na escola para a formação de indivíduos livres e autônomos e de uma sociedade integrada pela linguagem dos direitos.

A escola e a transição democrática

De uma perspectiva sociológica, pensar a enorme responsabilidade que recai sobre a escola no programa de 1988 exige que se considere a transição democrática com base no que se passa na escola pública. Depositária e fiadora da cultura legada pelo autoritarismo, a escola vivencia o processo de transição democrática em meio a uma radical mudança do perfil de seu público: é a partir de meados dos anos 1970 que a chegada maciça dos pobres começa a substituir a presença ainda predominante dos alunos da classe média. É ainda em meio ao regime militar, portanto, que tem início a chamada massificação da escola no Brasil, e essa circunstância não é algo que possa ser desconsiderado.

Uma das marcas desse processo de *massificação autoritária* é a da precarização institucional da escola. Precarização essa que, como nota Monica Peregrino (2010), resulta não apenas da fragilização de sua estrutura administrativa, com a eliminação de cargos e funções – às vezes até de porteiros e inspetores –, mas também da transferência para a escola de tarefas de "gestão de pobreza" antes realizadas por outros setores governamentais, concorrendo com isso para desviar a escola de suas atividades precípuas. Disso resulta, ainda segundo Peregrino (2010), um quadro de "desescolarização da escola", que faz com que, para boa parte de seus alunos, ela se converta mais em um lugar para se "habitar" do que para se escolarizar.

Portanto, embora o Brasil disponha, como procuramos demonstrar, de uma estrutura normativa organizada para afirmar as afinidades da escola com a democracia, seu sucesso ainda está condicionado tanto à superação da precarização institucional quanto à transformação das práticas escolares oriundas da *massificação autoritária*. E se é verdade que a conversão da escola em esteio da democracia ainda é um processo em aberto, não é sem sentido argumentar que uma parte importante do futuro da democracia brasileira depende da velocidade e da direção da transição democrática na escola. Para melhor enfrentar essa questão, elegemos duas ordens de problemas:

1. *A construção do lugar público da escola na vida brasileira*. Aqui, a questão central é pensar a escola como um lugar de disputa entre sociedade e Estado.

E nossa hipótese é a de que sua condição de espaço público, que não pode ser reduzido ao controle e às razões do Estado, depende fundamentalmente da presença da sociedade no seu cotidiano e na sua gestão.

2. *A relação entre o ensino e a educação.* Quando se confere à escola pública protagonismo na construção de uma cultura democrática, parece evidente que ensino e educação têm de ser pensados como dimensões interdependentes. Nossa hipótese é a de que um capítulo crucial do embate travado entre Estado e sociedade em torno da escola diz respeito exatamente à importância da educação para a escola, não apenas do quanto ela está implicada na relação de ensino e aprendizagem, mas também do quanto vai além dela.

Sociedade e Estado e ensino e educação são, portanto, aspectos de uma mesma problemática que remete ao desafio de fazer da escola uma instituição central para a construção de uma cultura democrática. A seguir, procuramos refletir sobre esses dois eixos de questões.

Escola pública: entre o Estado e a sociedade

Um rápido exame da trajetória da escola pública brasileira desde os anos 1990 deixa evidente que ela vai gradualmente se afastando da forte ideologia participativa oriunda dos movimentos sociais da década anterior. Ainda que esse recuo em face do ideário participativo não tenha sido uma peculiaridade brasileira, sendo verificado em diversos países da América Latina que também estão realizando a transição democrática na década de 1980 (Neubauer e Silveira, 2009), é possível afirmar que esse fenômeno assume, no Brasil, particular radicalidade com a forte desmoralização de mecanismos criados para fortalecer a participação de professores, estudantes, familiares e vizinhança no projeto escolar. Evidência disso é a constatação de que instrumentos como o Projeto Político Pedagógico e o Conselho Escola Comunidade tenham sido convertidos em meras exigências burocráticas, enquanto, por outro lado, a sociedade civil parece conformada com a ideia de que a escola pública é apenas mais um serviço com sua clientela própria, e não o tempo-espaço fundamental para a formação das novas gerações que, afinal, consolidarão nossas melhores promessas democráticas.

Esse vazio de participação é concomitante à crescente sombra do aparato burocrático sobre a escola, o qual, em nome da defesa da qualidade do trabalho escolar, amplia seu controle sobre a gestão das escolas, valendo-se para isso de instrumentos de avaliação externa e de mecanismos de incentivo à busca por melhores resultados escolares. Mas ao fazer isso tende a reduzir drasticamente a autonomia escolar, submetendo seus profissionais e estudantes a uma racionalidade externa à sua realidade. Junto com esse processo de retomada tecnocrática da gestão escolar, nota-se a presença crescente de setores do mercado, muito especialmente do sistema financeiro, em projetos voltados ao fortalecimento do trabalho escolar. Longe de ser neutra, a presença desses setores no mundo da educação indica uma forte disputa em torno do que se espera da escola. E a consequência mais importante disso tem sido a tendência de pensar a escola como um serviço – mais do que como uma instituição –, de cuja eficiência dependeria a competitividade internacional do país.

E quanto mais ganha força a submissão da educação a ditames da economia, mais ela tende a ser pensada exclusivamente a partir de seus efeitos sobre os indivíduos, cujo maior ou menor êxito escolar poderia ser mensurado com o acesso à renda durante a vida adulta. Dessa maneira, corre-se o risco de se despir o trabalho escolar de seu efeito propriamente institucional, em favor de concepções que não conseguem conferir outro sentido para a escola que não o de seu benefício econômico para os indivíduos.[10] Caso levada ao limite essa vertente, a concepção de escola formulada pela Constituição de 1988 ficaria seriamente ameaçada, e não seria exagero afirmar, o próprio desenho de sociedade por ela formulado.

Com a tendência tecnocrática ora em curso, inibe-se ainda mais a presença de diferentes atores sociais na vida escolar. Afinal, é própria da forma tecnocrática a difusão de uma racionalidade que, vinda de cima, deixa pouco espaço para a participação, a inovação e a comunicação mais imediata com seu público. Com ela, os profissionais da escola correm o risco de se verem submetidos a ditames e processos sobre os quais não têm controle, perdendo autoridade e capacidade de participar efetivamente como adultos que ensinam e educam as novas gerações.

Essa tipificação da tendência tecnocrática permite que se identifique com maior clareza o risco real de que a escola, apesar de portadora das melhores promessas de uma democracia participativa, formadora de "cidadãos críticos",

---

[10] Para essa discussão, ver o trabalho seminal de Meyer (1977).

se converta no seu contrário, afirmando-se como um aparato de controle estatal. E a forma mais grave de manifestação dessa tendência tecnocrática seria aquela na qual a eficiência do trabalho escolar fosse percebida como inconciliável com a educação para a democracia. Quanto a isso, o sentido conferido ao uso da avaliação externa é um terreno particularmente importante para a definição da maior ou menor força da tendência tecnocrática, pois a avaliação externa tanto pode servir para aumentar o controle tecnocrático sobre a escola quanto, ao contrário, contribuir para tornar a escola mais reflexiva e capacitada para se pensar.

É contra este pano de fundo, de uma escola reduzida a serviço público e submetida a uma gestão tecnocrática, que se pode enxergar com maior nitidez a necessidade de pensá-la como um espaço público, que não pode ser confundido com um aparato estatal.[11] É a partir dele que se pode colocar de modo mais concreto o problema da participação da sociedade no espaço escolar. E para isso é necessário, em primeiro lugar, pensar a participação dos três segmentos fundamentais da vida escolar: professores, estudantes e familiares.

Quanto aos professores, caberia destacar pelos menos dois tipos de atuação importantes para a constituição da escola como um espaço público. O primeiro tipo de atuação diz respeito à formação de uma cultura participativa no interior da escola, permitindo a troca de ideias e o compartilhamento de problemas e soluções. Sem pretender aprofundar essa questão, há vários estudos apontando para o quanto esse tipo de iniciativa coletiva – que nos Estados Unidos tem sido denominada "comunidades de aprendizagem" – tende a fortalecer a autonomia relativa da escola em face de o vértice do sistema escolar contribuir para a coesão do corpo docente e para o desenvolvimento de decisões e soluções com grande alcance para o desempenho escolar (Hargreaves, 2009). Experimentos como esses permitem, inclusive, uma redefinição do lugar das avaliações externas, as quais deixam de ser percebidas como instrumentos de controle externo que justificam ações coercitivas e passam a servir ao propósito de gerar informações importantes para o desenvolvimento de grupos de professores mais reflexivos e mais capacitados para fazer frente à complexidade própria de cada escola (Datnow, Park, Wohlstetter, 2007).

---

[11] Como demonstra Ana Paula Paes de Paula (2005), a proposta de construção de esferas públicas não estatais está presente tanto na concepção de administração gerencialista, cara ao governo FHC, quanto no que ela denomina modelo societal de administração, mais afeito ao governo Lula. Sua diferença principal residiria no fato de que a primeira estaria mais voltada para a eficiência na gestão, enquanto a segunda teria uma forte preocupação com a legitimação política por meio de processos mais participativos e deliberativos.

O segundo tipo diz respeito à atuação sindical. É possível sustentar que uma boa representação coletiva dos interesses dos professores perante o poder público é fundamental para a defesa da escola como espaço público. Mesmo reconhecendo que os interesses dos professores não podem se confundir com os da escola, que afinal reúne outros segmentos cujos interesses podem muito bem ser diferentes daqueles sustentados pelos sindicatos docentes, a representação sindical estará sempre obrigada a estabelecer uma conexão entre os interesses da categoria e os interesses da escola, sob pena de não conseguir publicizar sua própria agenda, por exemplo, em torno de melhores salários e de melhores condições de trabalho. Assim, e para remeter mais uma vez ao argumento de Hargreaves (2009), a voz do sindicato é fundamental para manter viva a comunicação no sentido *down-top*, impedindo que ela se dê apenas no sentido *top-down*.

A participação dos estudantes na vida escolar é, talvez, o mais importante e mais difícil aspecto da defesa da escola como espaço público. Tal questão assume ainda maior complexidade quando se considera que a escola sofre crescente concorrência em face de outras formas de socialização, em especial aquelas relacionadas à chamada sociabilidade juvenil. Além disso, a participação do estudante sempre coloca em cena, para além dos ditames oriundos do vértice do sistema escolar, disputas com os profissionais da escola acerca do monopólio que esses últimos muitas vezes pretendem exercer sobre diversas dimensões da rotina escolar. No Brasil, a participação dos estudantes na vida escolar não tem sido valorizada, e ainda que se verifiquem esforços em direção oposta, ela está amplamente bloqueada. Os mecanismos básicos de participação envolvendo a representação estudantil nos conselhos escolares e nos grêmios estudantis não tem encontrado efetiva comunicação com os processos decisórios escolares. Em parte porque a autonomia escolar está constrangida, como vimos, pela tendência tecnocrática, mas também porque parece faltar na própria escola uma cultura realmente participativa. Talvez porque, para que pudessem se tornar aliados da participação dos alunos, os professores precisassem, eles próprios, estar mais envolvidos em processos coletivos. E por aí se percebe como a participação de um também depende da participação do outro.

Seja como for, o incentivo a uma participação mais ampla e rotineira dos estudantes parece ser uma agenda da qual não há como recuar. Diante do risco de deslegitimação da escola francesa, Alain Touraine faz uma defesa veemente de que os estudantes sejam convocados a participar das decisões que dizem respeito à vida escolar: "Os alunos só podem ser parcialmente representados pelos seus pais, e eu não compreendo um argumento que se oponha a que eles participem de modo responsável na organização da sua vida escolar e portanto do próprio ensino" (Touraine, 2003:338). Na mesma direção, Michael Apple e James Beane, aflitos em face do afastamento das escolas norte-americanas em relação ao ideário democrático, sustentam que "numa sociedade democrática, nenhum indivíduo ou grupo de interesse pode reivindicar a propriedade exclusiva do saber e dos significados possíveis", o que significa que, "da mesma forma, um currículo democrático inclui não apenas o que os adultos julgam importante, mas também as questões e os interesses dos jovens em relação a si mesmos e a seu mundo" (Apple e Beane, 2001:29). Como se vê, onde a escola construiu laços mais profundos com a democracia, como na França, de Durkheim, e nos Estados Unidos, de Dewey, o pleito por mais participação estudantil está na ordem do dia.

Sem uma participação mais forte do estudante e sem a voz dos professores, as escolas se transformam em espaços silenciosos, e mesmo não sendo inteiramente subservientes às razões do Estado, na medida em que praticam a sabotagem ou formas inusitadas de discricionariedade, certamente têm esmaecida sua natureza de espaço público.

A relação com as famílias populares é certamente um tema central para pensar a escola como espaço público. É bastante conhecida a distância que a escola ainda mantém em relação ao seu alunado, e isso fica ainda mais evidente quando se avalia especificamente a relação com as famílias. Afinal, faz parte do senso comum escolar certa tendência a responsabilizar as famílias, e também os lugares onde vivem os estudantes, por seu fracasso escolar (Burgos e Paiva, 2009). Todavia, quando se examina a questão pelo ângulo da família, o que se nota é, ao contrário, uma adesão crescente das famílias populares ao valor da educação escolar (Burgos, 2012; Novaes, 2010; Brandão, Canedo e Xavier, 2012). Tal configuração sugere que se a relação da escola com a família segue sendo muito assimétrica e muito pouco aberta ao diálogo, as razões devem ser buscadas, sobretudo do lado da escola, remetendo a entraves que têm a ver com uma cultura escolar ainda pouco preparada para lidar com uma família predisposta a participar mais ativamente do jogo escolar.

De todo modo, considerando que a família popular tem tudo para ser a principal aliada dos profissionais da escola na defesa de sua natureza pública em face da tendência tecnocrática, não seria sem sentido esperar que, gradualmente, começasse a se dar um processo de renovação dos termos dessa relação, levando a inovações no nível da gestão escolar. Até porque, se é verdade que as famílias populares tendem a conferir crescente valor à educação escolar, maiores são as chances de que se tornem mais exigentes em relação a ela. Por isso, conforme procurei sustentar em outro trabalho, é de se esperar a conformação de um horizonte em que novos conflitos deverão aparecer no espaço escolar (Burgos, 2012), conflitos esses, aliás, já muito explícitos em escolas públicas europeias e norte-americanas.[12]

Uma presença mais forte da família talvez seja a mais importante fonte de manifestação da sociedade na escola, funcionando como um fator de controle social a partir de baixo, e por isso mesmo colocando limites ao controle que o vértice pretende ter sobre a escola. No entanto, não parece muito promissor esperar que aqui venha a se formar uma densa vida associativa de pais, tal como se deu nos Estados Unidos, até porque, em nosso caso, a ausência de parcela da classe média – que se retirou para a rede particular – sem dúvida subtraiu da escola parte importante do capital social estocado nesse segmento. Mesmo assim, qualquer agenda que se proponha a enfrentar o papel da escola na formação de uma cultura democrática terá de levar a sério novas formas de valorizar a relação da escola com as famílias populares.

Além dos três atores diretamente envolvidos com a rotina escolar, é preciso considerar que a construção de uma sociedade amplamente escolarizada pressupõe o envolvimento de outros segmentos, e entre esses têm-se destacado na experiência internacional a universidade, as organizações não governamentais, as associações de moradores e a vizinhança em geral. No caso brasileiro, caberia mencionar ainda o Conselho Tutelar.

A relação da universidade com a escola pública está consolidada no trabalho propriamente acadêmico de organização de currículos, na delimitação das estratégias pedagógicas e na formação dos professores. Além disso, em boa parte do mundo, as universidades também se envolvem com pesquisas e produção de conhecimento nos campos de ciência da educação, psicologia, sociologia, antropologia, políticas públicas, entre outras. Sobretudo nas sociedades amplamente escolarizadas, a universidade tem parte importante de sua agenda ocupada com tarefas direta ou indiretamente relacionadas a demandas escolares.

Quanto à universidade brasileira, apesar de vir cumprindo muitos desses papéis verificados na experiência internacional, sua relação com a escola só muito

---

[12] Na França, como nota Benjamin Moignard (2008), o clima em muitas escolas é de "barricada".

lentamente se tem modificado, ajustando-se aos novos desafios colocados pela massificação da educação básica e pelas expectativas que recaem sobre a escola no projeto de democracia do país. De maneira geral a universidade brasileira ainda é prisioneira de um *ethos* acadêmico que não favorece uma articulação mais densa com a escola pública. Ela se envolve pouco com a produção de conhecimento aplicável à escola, tem pouca intimidade com as dificuldades vivenciadas pela escola e segue mantendo formas tradicionais de formação de professores, apesar de reconhecer que não os prepara plenamente para o enfrentamento da realidade concreta da escola pública típica da vida brasileira. Além disso, é pouco criativa na promoção de uma troca mais intensa com os profissionais da escola, tendendo a manter uma relação muito assimétrica.

Pela importância que a universidade vem assumindo na vida brasileira, uma presença mais forte e criativa dela seria, sem dúvida, fundamental para ampliar a voz da sociedade civil no espaço escolar, contribuindo para torná-lo mais público e menos tecnocrático.

A participação das ONGs também tem sido reconhecida como um aliado importante nas mais diversas frentes, desde ações voltadas para o reforço escolar até a promoção de atividades de recreação no contraturno escolar. No caso brasileiro, parece que só mais recentemente se vem alcançando maior maturidade no papel que a ONG pode desempenhar na educação escolar. Nos anos 1990, quando houve um *boom* de ações e projetos sociais voltados para a população de baixa renda, uma parte significativa desse esforço tinha como alvo a área de educação, e não era raro constar da justificativa desses projetos uma pretensa substituição do trabalho escolar.[13] O argumento trazia implícito que, como a escola pública não era capaz de realizar seu trabalho de ensinar, fazia sentido canalizar recursos – boa parte deles públicos – para ações conduzidas por ONGs voltadas para o reforço escolar e para o que se convencionou rotular de "educação para a cidadania". Esse tipo de argumentação, aliás, levou a que muitas dessas ações se realizassem no interior das próprias escolas, sob o pretexto de que estariam fazendo aquilo que a escola já não conseguia fazer. Ora, não é difícil concluir que, além de contribuir para tornar ainda mais frágil a escola, esse tipo de conduta das ONGs, em geral, não produziu os efeitos

---

[13] Essa tendência foi capturada em pesquisa que realizamos em meados dos anos 2000 em ONGs e projetos sociais que lidavam com crianças e adolescentes. Seus resultados foram consolidados em Burgos e Paiva (2009).

educacionais que prometia, seja pela falta de continuidade, seja pela falta de preparo para a realização do trabalho educacional.

Independentemente da escala em que essa pretensão substitutiva esteve presente nos diferentes contextos locais, parece que o principal resultado dessa mobilização social em torno da ação educacional foi a consolidação da ideia de que a escola não pode ser substituída e que, por isso mesmo, precisa ser fortalecida e não contornada. E à medida que o debate sobre o fortalecimento da escola e da qualificação do trabalho educacional tem avançado, especialmente a partir da segunda metade dos anos 1990, observa-se maior exigência de qualificação do próprio trabalho realizado pelas ONGs junto às escolas e à área de educação.[14] Mas esse ainda é um processo em aberto, que certamente ganhará maior relevância com a ampliação das escolas de ensino integral, o que irá exigir a diversificação das atividades oferecidas pela escola, bem como a diversificação dos profissionais e dos atores envolvidos no trabalho educacional.[15]

A participação das associações de moradores e da vizinhança em geral é também uma dimensão importante para a afirmação da presença da sociedade na escola. Como é óbvio, a natureza dessa relação depende muito da ecologia do lugar em que a escola está situada e da natureza da sua relação com o entorno. Há situações, por exemplo, típicas de escolas situadas em bairros de classes média e alta, nas quais as escolas atendem a crianças pobres moradoras de favelas próximas e a vizinhança imediata não mantém com elas uma boa relação, sendo muitas vezes hostil à sua presença, percebendo-as como um incômodo. Diversamente,

---

[14] Uma boa evidência disso é encontrada no trabalho realizado pela ONG Redes de Desenvolvimento da Maré nas escolas públicas que atendem aos moradores da Maré, bairro popular formado por conjunto de favelas, localizado no subúrbio do Rio de Janeiro. Sobre o assunto, ver Santo e Silva (2013).

[15] Desde 1996, com a LDB, há uma orientação formal no sentido de uma progressiva ampliação do período de permanência na escola de ensino fundamental rumo ao regime de escolas de tempo integral. Mais recentemente, a oferta de escolas de tempo integral vem ganhando a adesão de estados e municípios, e também faz parte do novo Plano Nacional de Educação, ora em discussão no Congresso Nacional. Mas como Ana Maria Cavaliere tem demonstrado em seus estudos, essa tendência está longe de garantir a formação de uma escola mais preparada para a formação democrática, pois o tempo integral também pode servir para reiterar práticas assistencialistas e autoritárias. Para Cavaliere, uma concepção democrática de escola de tempo integral pressupõe que "ela possa cumprir um papel emancipatório", propiciando "o aprofundamento dos conhecimentos e do espírito crítico e das vivências democráticas". Mas a forma de realização desse tipo de concepção pode ser mais ou menos aberta à participação da sociedade (Cavaliere, 2007:1029). Sobre o assunto, ver também Cavaliere (2009).

há situações nas quais a escola está situada em bairros pobres e periféricos e atende, quase exclusivamente, a moradores daquela localidade. Nesse caso, como tem sido demonstrado por diferentes estudos que tratam dos "efeitos do lugar", a escola sofre com o isolamento da periferia (Torres, Ferreira e Gomes, 2004). São muito variadas, portanto, as situações ecológicas das escolas, e é claro que essa análise também precisa considerar se estamos falando de uma escola que atende ao ensino fundamental, que em geral tende a ter um público que mora mais próximo da instituição, ou de uma escola de ensino médio, que em geral atende a um público cuja localidade da residência se dispersa em um perímetro mais amplo.[16]

Ainda que haja certa autonomia para redes e escolas definirem suas regras, a orientação federal para a composição do Conselho Escola Comunidade (CEC) confere grande importância à participação da vizinhança (Burgos, 2009). No entanto, como se sabe, isso quase não vem ocorrendo, esvaziando em muito a potencialidade desse tipo de articulação, que permitiria que a escola cumprisse melhor seu papel de agência promotora de cultura democrática.[17]

Muitas são as razões para essa baixa participação. Em primeiro lugar, o fato de que a sociedade brasileira ainda participa pouco de quase todos os espaços criados a partir de 1988 para a deliberação de áreas importantes das políticas públicas.[18] É ver o que ocorre nos conselhos de saúde, transporte, criança etc. As razões disso remetem a um debate que ultrapassaria o escopo deste trabalho, e por ora o importante é deixar claro que a baixa participação nos CECs reflete uma tendência mais geral. Não obstante isso, também é importante reconhecer que existem razões específicas ao domínio escolar que contribuem para explicar essa baixa participação da vizinhança na vida escolar. E talvez a variável mais importante seja a dificuldade da própria escola para construir essa relação. De um modo geral, o poder público não a tem incentivado. Em

---

[16] Para uma análise dessas questões, ver, entre outros, Ribeiro e Kaztman (2008).
[17] Em seu estudo sobre o assunto, Flávia Werle conclui que "os conselhos escolares parecem funcionar como símbolos de uma desejada participação, mas, se analisados em sua dinâmica interna, não expressam, concretamente, uma proposta participativa de ruptura com formas autoritárias e pouco críticas de autoridade. Falta prática de confiança, delegação, tolerância e voluntariedade" (Werle, 2003:276).
[18] Este texto foi escrito antes das "jornadas de junho" que, em 2013, levaram para as ruas grandes manifestações populares. E um dos efeitos esperados dessa mobilização política é justamente o de que ela aprofunde a democracia participativa no Brasil. Sobre isso, ver o dossiê "Mobilizações de junho", no *Boletim Cedes* de julho de 2013. Disponível em: <www.cis.puc-rio.br/cedes/>. Acesso em jan. 2014.

alguns casos a vizinhança tem uma vida social muito esgarçada pela violência urbana, e a presença de milicianos ou de traficantes na localidade desestimula esse tipo de abertura e diálogo. Em outros, quando a escola está encravada em bairros de classe média, por exemplo, o fato de os filhos dos vizinhos não estudarem lá também parece explicar essa falta de interesse. Outro fator que contribui para isso é a ainda baixa compreensão da família popular sobre como participar da rotina escolar.

Se, entretanto, é verdade que se espera da escola um papel central na promoção da cultura democrática, a relação da escola com a vizinhança é uma fronteira da qual não se poderá recuar, e para isso a universidade poderá colaborar, produzindo conhecimentos que ajudem, em cada caso específico, a construir redes de articulação entre a escola e os atores locais.

Finalmente, é importante tratar, ainda que brevemente, do Conselho Tutelar (CT). Criado pelo Estatuto da Criança e do Adolescente como um braço fundamental da afirmação da defesa integral do direito da criança e do adolescente, o CT é um ator da sociedade civil, composto por representantes eleitos por ela para desempenhar, em escala vicinal, o papel de guardião dos direitos desse segmento. E como boa parte da vida dessas crianças e adolescentes gravita cada vez mais em torno da escola, o CT tem sido chamado a participar de forma direta e indireta da rotina escolar.

Na pesquisa que realizamos com um Conselho Tutelar que atende a toda a Zona Sul do Rio de Janeiro, constatamos que ele tem sido chamado a atuar em temas como acesso à creche e escola, omissão das famílias na rotina escolar, problemas de assiduidade do aluno, indisciplina, evasão e violência escolar.[19] Ainda que, em geral, a participação do CT se dê de forma mais emergencial do que preventiva, e que nem sempre alcance a eficácia que dele se espera – até porque em boa parte das cidades brasileiras não conta com o devido apoio do poder público no seu aparelhamento e na mobilização da sociedade –, constatamos que o CT reúne um grande potencial para se afirmar como um mediador da relação entre escola, família e vizinhança. Sua presença na escola tem sido convocada muitas vezes por conta de conflitos que de outro modo não seriam resolvidos ou acabariam levando à convocação da polícia ou da Guarda Municipal para administrá-los.

---

[19] A pesquisa foi concluída em 2012 e sua coordenação de campo foi realizada pelos professores Aristóteles Vandelli Carneiro e José Antonio Ribas. Seus resultados ainda estão sendo consolidados.

Se adequadamente explorada, essa relação existente, em maior ou menor extensão, entre CT, escola, família e vizinhança poderá desempenhar um relevante papel na afirmação de um processo educacional mais afim ao propósito de promover cultura democrática. Não apenas porque por meio do CT é possível proteger e antever situações de vulnerabilidade de crianças e adolescentes – que fatalmente levam ao abandono escolar –, mas também porque é possível fazer com que as regras escolares, a disciplina e a autoridade tenham como fiadora uma agência que encarna o melhor espírito da Constituição de 1988, de vez que reúne duas de suas marcas fundamentais: a ênfase da participação da sociedade civil e a linguagem dos direitos.

Em que pese esse potencial do CT para participar da rotina escolar, todavia a verdade é que, assim como se verifica com as demais dimensões da relação da escola com a sociedade, também aqui a densidade da participação permanece baixa. Apesar de muitas vezes falarem do CT, frequentemente para ameaçar alunos e responsáveis – o que no fundo evoca o fato de que ao trazer o CT estar-se-ia trazendo o Ministério Público e por conseguinte o Poder Judiciário –, o fato é que a escola costuma ter uma relação pobre com o conselho, nem sempre reconhecendo sua potencialidade. Por outro lado, o próprio CT nem sempre se mostra preparado para lidar com a escola, seja porque se vê absorvido por demandas emergenciais que envolvem situações de risco à integridade da criança, seja porque seus conselheiros não são sensibilizados para isso.

Esse breve balanço deixa evidente que o lugar institucional da escola na ordem brasileira reúne todas as condições para uma ampla e intensa relação com os diferentes atores da sociedade civil. Mas na medida em que isso não ocorre, ou ocorre apenas de forma muito tímida, prevalece uma situação de alta exposição aos ditames do Estado, aumentando em muito a presença das razões tecnocráticas que, sem o contraponto da sociedade, não costumam favorecer a formação de cultura democrática.

Escola pública: entre o ensino e a educação

Um dos temas centrais da sociologia da educação diz respeito à relação entre ensino e educação. Admitindo-se que o trabalho educacional realizado pela escola seja indissociável do que e de como a escola ensina, torna-se necessário considerar, com Bourdieu (1992), que as escolhas curriculares e as estratégias pedagógicas nunca são neutras, importando sempre em um "arbitrário cultural". Daí que a análise da relação da escola com a democracia necessariamente dependa do estudo desses processos decisórios, o que leva a considerar, por exemplo, questões relacionadas às formas de escolhas curriculares e o quanto essas escolhas são mais ou menos abertas à participação dos atores principais da vida escolar.

Se, porém, é verdade que uma escola que não ensina não educa, também é verdade que a educação para a democracia não é um subproduto necessário do aprendizado dos conteúdos curriculares – daí a necessidade de encará-la em sua especificidade.

No contexto da América Latina, a discussão sobre o desempenho escolar ganha centralidade no debate público a partir dos anos 1990, justamente quando países como o Brasil estão começando a inventariar os efeitos da massificação do acesso à escola. Desde então, torna-se evidente a necessidade de desenvolver políticas capazes de valorizar a qualidade do trabalho escolar. Esse processo ganha força entre nós com o avanço no aprimoramento de tecnologias de avaliação externa, que culminaram na elaboração do Ideb.[20]

Ainda que se esteja longe dos patamares desejados, que têm como primeiro grande desafio assegurar que todos os brasileiros estejam alfabetizados até os oito anos de idade, e mesmo que as iniciativas de reforma venham sendo conduzidas a golpes de martelo pelo governo federal e pelos vértices das secretarias estaduais e municipais, é inegável que houve um avanço, senão nos resultados, ao menos no debate em torno da qualificação do trabalho escolar. E sem que haja qualquer paradoxo nisso, é exatamente esse avanço, que permite colocar, agora de modo mais claro, a questão do trabalho educacional da escola e, por conseguinte, da sua relação com a formação da cultura democrática.

Para melhor situar a questão, importa lembrar que a partir de 1988, e muito especialmente a partir da aprovação do Estatuto da Criança e do Adolescente (1990), o trabalho infantil até 14 anos de idade foi criminalizado, passando a ser combatido por iniciativas governamentais, ao mesmo tempo que a inserção no mercado de trabalho de adolescentes entre 15 e 17 anos foi submetida a um rigoroso controle jurídico. O impacto dessas mudanças legais tem se refletido de modo acentuado no percentual de crianças e adolescente inseridos no mundo do trabalho. De acordo com dados do IBGE, em 1991, quase 20% de crianças e adolescentes entre 5 e 17 anos trabalhavam. Ainda que de forma

---

[20] Índice de Desenvolvimento da Educação Básica, criado em 2007.

lenta e em ritmos diferentes segundo as regiões brasileiras, desde então, esse percentual vem caindo, passando para 12,7% em 2001 e para 8,6% em 2011. Por outro lado, a obrigatoriedade de que toda criança a partir dos seis anos esteja na escola – que passa a ser entendida como um direito da criança e uma obrigação de seu responsável – faz com que a socialização secundária de parcela significativa das crianças deixe de se dar pelo ingresso precoce no mundo do trabalho, passando cada vez mais pela escola.[21] Esse deslocamento transfere para a escola uma enorme responsabilidade na socialização das novas gerações, o que explica a crescente expectativa das famílias populares quanto ao papel educacional e cultural da escola.

Em pesquisa recente por nós realizada, com pais/responsáveis por estudantes de escolas públicas de ensino fundamental, indagamos sobre o que eles achavam que a escola poderia fazer de mais importante pelo estudante.[22] Mesmo sabendo que as alternativas de resposta dadas aos entrevistados não eram excludentes, a pergunta foi propositalmente formulada de modo a obrigar o respondente a escolher uma única alternativa em um elenco com sete opções. A mais cotada, com 43,7% da preferência, foi a que falava da importância da escola fazer o estudante chegar à faculdade. Mas chamou nossa atenção o fato de que para 35,9% dos responsáveis o mais importante seria que a escola ensinasse o estudante a ser um/uma *bom/boa cidadão/cidadã*. Consideramos que a adesão, até certo ponto surpreendente, a essa alternativa pode ser interpretada como uma manifestação de que, para além do *efeito mobilidade social* associado à escola – e que o sonho de acesso ao ensino superior parece encarnar –, a escola também está sendo percebida pelas famílias pobres a partir de outro tipo de expectativa, mais diretamente orientada para seu papel socializador em uma cultura democrática.

Em outra pergunta do questionário, solicitamos ao entrevistado que selecionasse três opções – entre as 10 oferecidas – que considerasse prioritárias em uma "escola de seus sonhos". A opção mais votada pelos responsáveis foi aquela que apontava a necessidade de "professores mais bem preparados".

---

[21] A Lei nº 12.796/2013, recentemente promulgada pela presidência da República, estabelece a obrigatoriedade, já prevista pela Emenda Constitucional nº 59/2009, de que os pais/responsáveis matriculem na educação infantil crianças a partir dos quatro anos de idade.

[22] A pesquisa de campo foi realizada em 2011 e partiu de uma amostra dos estudantes de escolas situadas no bairro da Gávea, na Zona Sul do Rio de Janeiro. Quase 90% dos responsáveis entrevistados moravam nas favelas do entorno, dos quais cerca de 85% na Rocinha. O resultado consolidado da pesquisa encontra-se em Burgos (2012).

A segunda opção mais votada falava da "necessidade de psicólogos e assistentes sociais na escola", indicando que os responsáveis percebiam a escola não apenas como um lugar de escolarização no sentido estrito, mas como um local de educação, inclusive moral e emocional. O fato de a terceira opção mais votada ter sido aquela que falava de uma escola "disciplinadora", capaz de formar "estudantes mais respeitadores", mostrava-se convergente com o entendimento de que, menos do que a ênfase em uma escola rígida no sentido tradicional do termo, os responsáveis pareciam inclinados a apostar em uma escola que também deveria educar, e não apenas ensinar.

Ao final da análise dos dados da citada pesquisa, sustentamos a conclusão de que uma ênfase muito exagerada na instrução escolar, que deixasse em segundo plano a dimensão específica do trabalho educacional, colocaria em risco a própria integridade institucional da escola, que, afinal, deve se basear no equilíbrio entre as duas dimensões. Mas também sustentamos que os termos desse equilíbrio entre o ensino e a educação deveriam ser definidos em cada caso concreto. Por exemplo: em um ambiente caracterizado por maior isolamento dos responsáveis em face da vida social na vizinhança e no qual a "rua" tem menos a ensinar, o papel educador da escola tem de ser maior. E para escolas que lidam com famílias moradoras de territórios populares segregados, como as favelas, espera-se que seu papel de agência promotora de acesso à cidade e à sua diversidade cultural seja ainda mais realçado.[23]

Essa expectativa das famílias populares quanto ao papel educacional da escola encontra, no entanto, conhecida resistência no senso comum escolar, que se manifesta na recusa do professor em face do exercício de outros papéis que não o de ensinar (Touraine, 2003; Burgos e Paiva, 2009). Com isso, ao menos no caso brasileiro, pode-se concluir que a escola pública hesita em assumir papéis educacionais que, não obstante, fazem parte do que as famílias esperam dela.

Talvez a saída para superar este descompasso, entre o que a escola realmente se propõe a oferecer e o que se espera dela, esteja no aprofundamento dos dois processos acima identificados: a valorização da capacidade da escola para ensinar e o reconhecimento do "valor educação" pelas famílias populares.

O investimento na capacidade da escola para ensinar deverá abrir espaço para incorporar de forma mais clara as necessidades específicas relacionadas

---

[23] Essa linha de argumentação também é sustentada por Carolina Flores (2008) na análise que faz da relação entre a escola e o "efeito bairro" em Santiago do Chile.

ao trabalho educacional. Somente quando a escola conseguir estabilizar sua capacidade de ensinar para o público de massa, poderá efetivamente voltar sua atenção para a complexidade e as exigências inerentes ao trabalho educacional. Pois é de se esperar que o avanço no terreno do ensino deverá torná-la mais aberta a assumir papéis educacionais, ou pelo menos a se abrir para o debate a respeito das exigências que esses papéis trazem, do que é exemplo a necessidade de incorporar à rotina escolar outros profissionais e outros espaços que não apenas o do professor e a sala de aula. A discussão sobre o recreio escolar, por exemplo, parece ser uma agenda importante para pensar o papel educacional da escola; a questão da definição das regras e a própria constituição das formas de autoridade escolar são igualmente centrais para pensar o papel educacional das escolas. Mas, enquanto a escola não se sente plenamente segura quanto ao ensino, essas dimensões sequer são percebidas.

O segundo processo diz respeito à conversão da família popular em responsável pedagógica. Como se procurou indicar, são muitas as evidências de que o "valor educação escolar" encontra-se amplamente difundido junto às famílias populares, e disso é possível esperar um processo de questionamento do senso comum escolar e uma demanda por uma escola mais predisposta a educar.

Ainda que se possa prever que, a exemplo do que ocorre em outros países, esse processo também leve a uma agenda complementar voltada para aumentar a responsabilidade da família pela educação, no caso brasileiro, em função de sua grande desigualdade social e da fragilidade de boa parte das famílias populares, parece inevitável que as escolas públicas se preparem para aumentar sua presença nessa dimensão da formação das novas gerações.

Considerações finais

Este capítulo partiu da premissa de que, em vez de ser tomada como dada, a relação da escola com a democracia precisa ser encarada como problemática, especialmente para sociedades que, como a brasileira, estão baseadas em marcos normativos que depositam na escola uma enorme expectativa quanto ao seu papel de agência formadora e difusora de cultura democrática.

Para a construção do nosso argumento, procuramos apresentar um quadro no qual o ideário participativo dos anos 1980 foi sendo gradualmente erodido por um duplo processo. De um lado, a precarização institucional que acompanhou a chegada maciça dos pobres à escola e, de outro, um esforço de recuperação institucional conduzido pela afirmação de uma hegemonia tecnocrática, para a qual não tem faltado, inclusive, o apoio declarado da grande burguesia do país, preocupada com a importância da escola para a competitividade da economia.

A fim de avançar na discussão sobre a relação da escola com a democracia, postulamos que, antes de mais nada, seria necessário pensar a escola como um espaço público, e não simplesmente como um braço do Estado. Ao conceber a escola dessa maneira, tornou-se possível situá-la como um espaço de conflito e de disputa entre Estado e sociedade, de tal modo que, se a sociedade recua muito de sua participação na vida escolar, corre-se sempre o risco de submetê--la a uma racionalidade tecnocrática que pode ser muito eficaz na produção de melhores resultados escolares, mas que, entregue a si mesma, não costuma favorecer a formação de cultura democrática.

De modo a produzir certo diagnóstico da relação entre Estado e sociedade na escola pública brasileira, realizamos uma análise abrangente das diferentes possibilidades de participação social na vida escolar, a começar pelos seus principais protagonistas: professores, estudantes e familiares. E a conclusão a que chegamos é a de que não faltam na ordem brasileira mecanismos institucionais para fortalecer a relação da sociedade com a escola pública, e isso poderá ocorrer em uma conjuntura mais favorável a uma participação mais ampla da sociedade na coisa pública. Mas também concluímos que, talvez, a retomada do sentido democrático que se espera do trabalho escolar esteja condicionada à forma pela qual se pretende equacionar a relação entre ensino e educação. E isso nos levou a formular uma reflexão sobre a difícil equação entre essas duas vertentes do trabalho escolar. Mesmo admitindo que elas somente podem ser separadas no plano analítico, já que mesmo sem pretender a escola está sempre (des)educando, entendemos que reside na falta de nitidez da diferença entre essas duas vertentes o mais complicado entrave para um desenvolvimento mais pleno do trabalho educacional realizado pela escola.

Em nossa argumentação, consideramos que uma escola que não consegue ensinar também não consegue educar, e que o investimento na qualificação do ensino é um pressuposto fundamental para que a escola possa, gradualmente, abrir espaço em sua agenda para pensar seu trabalho educacional. Mas se o aprimoramento do ensino é necessário para fortalecer a capacidade da escola para educar, não é suficiente. Isso porque, na verdade, uma escola prestará um desserviço à democracia se o custo para melhorar seu desempenho escolar for a exposição de seus estudantes a ambientes caracterizados pelo desrespeito à sua opinião e participação, além de uma sociabilidade com os colegas marcada pela competitividade; se, para produzir melhores resultados, precisar acionar processos de seleção e segregação que levem à expulsão de certos estudantes para uma "escola dos piores alunos" ou mesmo à evasão definitiva. E seguirá distante da educação para a democracia se continuar insensível e se não souber valorizar a crescente expectativa das famílias populares de que a escola compartilhe com elas a responsabilidade pela educação de seus filhos.

Seria inconcebível, no entanto, que essa responsabilidade fosse simplesmente absorvida pela escola tal como ela está atualmente organizada, fechada em seus muros e controlada de cima. Faz mais sentido imaginar que, para assumir uma responsabilidade maior pela educação, contribuindo para forjar novas gerações mais afeitas aos valores e às práticas democráticas, a escola precisará se tornar um centro de gravitação de diferentes atores da sociedade. E seria por essa via que a dimensão educacional poderia, afinal, emprestar novo sentido ao ensino, abrindo espaço para um aprendizado mais vivo do significado que a democracia brasileira poderá alcançar para as novas gerações.

REFERÊNCIAS

APPLE, Michael; BEANE, James. *Escolas democráticas*. São Paulo: Cortez, 2001.

BARBOSA, Maria Ligia; SANT'ANNA, Maria Josefina Gabriel. As classes populares e a valorização da educação no Brasil. In: RIBEIRO, Luiz Cesar de Q.; KOSLINSKI, Mariane C.; ALVES; Fatima; LASMAR, Cristiane (org.). *Desigualdades urbanas/desigualdades escolares*. Rio de Janeiro: Letra Capital, 2010. p. 155-174.

BOURDIEU, Pierre. *A economia das trocas simbólicas*. São Paulo: Perspectiva, 1992.

BRANDÃO, Zaia; CANEDO, Maria Luiza; XAVIER, Alice. Construção solidária do *habitus* escolar: resultados de uma investigação nos setores público e privado. *Revista Brasileira de Educação*, Rio de Janeiro, v. 17, n. 49, mar./abr. 2012.

BRASIL. Lei nº 9.394, de 20 de dezembro de 1996: estabelece as diretrizes e bases da educação nacional. Brasília, DF: *DOU*, 23 dez. 1996.

_____. Decreto nº 6.094, de 24 de abril de 2007: dispõe sobre a implementação do Plano de Metas Compromisso Todos pela Educação, pela União Federal, em regime de colaboração com municípios, Distrito Federal e estados, e a participação das famílias e da comunidade... Brasília, DF: *DOU*, 25 abr. 2007.

BURGOS, Marcelo Baumann. A constitucionalização da escola pública. *Boletim Cedes*, Rio de Janeiro, maio/jun. 2009. Disponível em: <www.cis.puc-rio.br/cedes/>. Acesso em: 7 jan. 2014.

_____. Escola pública e segmentos populares: o desafio do encontro em um contexto de construção institucional da democracia. *Revista Dados*, n. 55, p. 189-222, 2012.

_____; PAIVA, Ângela. *A escola e a favela*. Rio de Janeiro: PUC-Rio/Pallas, 2009.

CAVALIERE, Ana Maria. Tempo de escola e qualidade na educação pública. *Educação e Sociedade*, Campinas, v. 28, n. 100, p. 1015-1035, maio/ago. 2007. Número especial. Disponível em: <www.cedes.unicamp.br>. Acesso em: jan. 2014.

_____. Escolas de tempo integral *versus* alunos em tempo integral. *Em Aberto*, Brasília, v. 22, n. 80, p. 51-63, abr. 2009.

CENTRO DE ESTUDOS DIREITO E SOCIEDADE (CEDES-PUC-RIO). Dossiê: Mobilizações de Junho. *Boletim Cedes*, Rio de Janeiro, jul. 2013. Disponível em: <www.cis.puc-rio.br/cedes/>. Acesso em: 6 jan. 2014.

CHABBOTT, Colette; RAMIREZ, Francisco O. Development and education. In: HALLINAN, Maureen T. (ed.). *Handbook of the sociology of education*. Nova York: Springer Science/Business Media, 2000. p. 163-188.

DATNOW, Amanda; PARK, Vicki; WOHLSTETTER, Priscilla. *Achieving with data*: how high performing school systems use data to improve instruction for elementary students. Center on Educational Governance/University of Southern California, 2007.

DEWEY, John. *Democracia e educação*. 4. ed. São Paulo: Companhia Editora Nacional, 1979.

DURKHEIM, Émile. *Educação e sociologia*. Petrópolis: Vozes, 2011.

FLORES, Carolina. Segregação residencial e resultados educacionais na cidade de Santiago do Chile. In: RIBEIRO, Luiz C. de Queiroz; KAZTMAN, Ruben (org.). *A cidade contra a escola?* Segregação urbana e desigualdades educacionais em grandes cidades da América Latina. Rio de Janeiro: Letra Capital, 2008. p. 145-179.

HARGREAVES, Andy. The fourth way of change: towards an age inspiration and sustainability. In: HARGREAVES, Andy; FULLAN, Michael (ed.). *Change wars*. Bloomington: Solution Tree, 2009. p. 11-44.

LOPEZ, Néstor. *Equidad educativa y desigualdad social*: desafíos a la educación en el nuevo escenario latinoamericano. Buenos Aires: IIPE/Unesco, 2005.

MEYER, John W. The effects of education as an institution. *AJS*, v. 83, n. 1, p. 55-77, 1977.

MINISTÉRIO DA EDUCAÇÃO E CULTURA (MEC). *Parâmetros curriculares nacionais*: introdução aos parâmetros curriculares nacionais. Brasília, DF: Secretaria de Educação Fundamental, 1997.

_____. Programa Nacional de Fortalecimento dos Conselhos Escolares. Brasília, 2004.

MOIGNARD, Benjamin. *L'école et la rue*: fabriques de délinquance. Paris: PUF, 2008.

NEUBAUER, Rose; SILVEIRA, Ghisleine Trigo. Gestão dos sistemas escolares: quais caminhos perseguir? In: SCHWARTZMAN, Simon; COX, Cristián (Ed.). *Políticas educacionais e coesão social*: uma agenda latino-americana. Rio de Janeiro: Campus, 2009. p. 81-124.

NOVAES, Patricia Ramos. *Valor social da educação e o efeito vizinhança*: uma análise das famílias moradoras da Rocinha. Dissertação (mestrado) – Instituto de Pesquisa e Planejamento Urbano e Regional, Universidade Federal do Rio de Janeiro, Rio de Janeiro, 2010.

NÓVOA, António. *A difusão da forma escolar*. Lisboa: Educa-História, 2000.

PAULA, Ana Paula Paes de. Administração pública brasileira: entre o gerencialismo e a gestão social. *Rae Debate*, v. 45, n. 1, p. 36-49, jan./mar. 2005.

PEREGRINO, Monica. *Trajetórias desiguais*: um estudo sobre os processos de escolarização pública de jovens pobres. Rio de Janeiro: Garamond, 2010.

RIBEIRO, Luiz C. de Queiroz; KAZTMAN, Ruben (org.). *A cidade contra a escola?* Segregação urbana e desigualdades educacionais em grandes cidades da América Latina. Rio de Janeiro: Letra Capital, 2008.

SANTO, Andréia Martins de Oliveira; SILVA, Eliana Sousa. *Vivências educativas na Maré*. Desafios e possibilidades. Rio de Janeiro: Redes Maré, 2013.

TORRES, Haroldo; FERREIRA, Maria Paula; GOMES, Sandra. Educação e segregação social: explorando o efeito das relações de vizinhança. In: MARQUES, Eduardo; TORRES, Haroldo (Org.). *São Paulo*: segregação, pobreza e desigualdades sociais. São Paulo: Senac, 2004. p. 123-142.

TOURAINE, Alain. *Poderemos viver juntos?* Iguais e diferentes. 2. ed. Petrópolis: Vozes, 2003.

VINCENT, Guy; LAHIRE, Bernard; THIN, Daniel. Sobre a história e a teoria da forma escolar. *Educação em Revista*, Belo Horizonte, n. 33, p. 7-47, jun. 2001.

WERLE, Flávia Obino Corrêa. *Conselhos escolares*: implicações na gestão da escola básica. Rio de Janeiro: DP&A, 2003.

2 | O desafio da desigualdade social

SARAH SILVA TELLES*

O objetivo deste capítulo é contribuir para a análise do "estado da questão social" brasileira, ou a "nova questão social", como vem sendo denominada desde o início do século XXI. Trata-se de compreender os avanços conquistados, bem como o quadro de desigualdades que persistem na paisagem social atual, e assim identificar os desafios a serem enfrentados.

A sociedade brasileira experimenta uma reformulação de sua questão social, não mais pautada pela premência da fome, mas pelos desafios de produzir mobilidade social para aqueles que vivem ainda em situação de grande vulnerabilidade. Se as políticas de assistência ganharam em robustez e extensão, na medida em que foram progressivamente implementadas as prescrições contidas na Constituição Federal de 1988, o mesmo não se poderá afirmar em relação às políticas sociais estruturantes – saúde, educação, habitação, transporte –, que contribuem para a constituição de uma sociedade cidadã.

O ponto de partida desta reflexão se refere a uma sensação generalizada – difundida pelos discursos dos governos e pela grande mídia, principalmente, mas também por alguns intelectuais – de que o Brasil, finalmente, estaria vencendo o combate à pobreza. Tal fato vem sendo comprovado pelas estatísticas de diminuição da pobreza extrema e de mobilidade social de milhões de pobres que deixaram a pobreza e fariam parte de uma "nova classe média" ou ingressaram na classe trabalhadora. A sociedade brasileira estaria em "estado de graça" *vis-à-vis* a sua velha questão social, que já foi adjetivada, nos anos 1990, como a "tragédia social brasileira" (Telles, 1992). Mais precisamente, a intenção aqui

---

* Socióloga, doutora em sociologia/Iuperj, professora e pesquisadora do Departamento de Ciências Sociais da PUC-Rio.

é redimensionar a extensão e a natureza da dívida social. Em que medida os avanços conquistados indicam que estaríamos diante de um processo de construção de uma sociedade mais igualitária?

Exemplos de exaltação dos avanços sociais não faltam. Assim, no blog de Ricardo Setti na revista *Veja*, em abril de 2012, uma das chamadas da matéria[1] é a seguinte: "Nenhuma outra grande economia reduziu a desigualdade de renda como o Brasil nas últimas duas décadas – mérito do bom e velho capitalismo". E apresenta os seguintes dados: "Em 1995, a renda média dos 10% mais ricos era 83 vezes a dos 10% mais pobres. Essa relação passou para menos de 50 vezes em 2008". Segue-se a afirmação do economista Marcelo Neri: "Mais vinte anos assim e teremos um índice de desigualdade parecido com o dos americanos".

O que há de exagero nas afirmações acima? Certamente, a forma pela qual os dados são apresentados. O fato de a renda média dos 10% mais ricos passar de 83 vezes para menos do que 50 vezes a dos 10% mais pobres é uma comemoração a ser feita com moderação, pois ainda é uma diferença abissal.[2] Revela uma sociedade profundamente desigual. Para efeito de comparação, a mesma reportagem aponta que a diferença de renda na Alemanha e na França é da ordem de apenas sete vezes.

Essa percepção de melhoria na questão social não é apenas uma "fabricação" de marketing governamental. Trata-se de conferir os dados estatísticos e comparar o início da década de 90 do século passado com os dados de 2010, ou melhor, comparar 1991 com 2010. É possível constatar um contínuo aumento da renda média do brasileiro, uma diminuição robusta das taxas de desemprego, apesar de a metade da população trabalhadora ainda permanecer na informalidade, e uma diminuição dos extremamente pobres ou dos muito pobres – uma Argentina inteira saiu da extrema pobreza. No cálculo da diminuição da desigualdade, o coeficiente de Gini é o principal instrumento de mensuração da desigualdade da renda do trabalho. Na primeira década do século XXI assiste-se, no Brasil, a um declínio desse indicador – que ficou estável e um dos mais altos do mundo durante toda a segunda metade do século XX (Henriques, 2000). Mas, a despeito da diminuição des-

---

[1] Reportagem de Tatiana Gianini e Manuela Aragão: "Uma ótima notícia: o abismo social brasileiro ficou menor". Disponível em: <http://veja.abril.com.br/blog/ricardo-setti/tag/renda/>. Acesso em: 7 jan. 2014.
[2] No México a diferença é da ordem de 27 vezes, no Chile é de 26,5, nos EUA é de 15, na Alemanha e na França a diferença é de 7. Fonte: ver nota 1.

se índice, ainda guardamos o título de um dos 12 países mais desiguais no mundo, em pior situação que muitos vizinhos latino-americanos.[3]

Em momentos de constatação de uma melhoria nas condições materiais de vida dos mais pobres, cabe o recuo e uma análise menos capturada pelo calor das comemorações – e das ruas. De toda forma, a análise do atual quadro da questão social brasileira é revestida de menos dramaticidade do que há 20 anos, e pode-se afirmar que a estrutura social brasileira passa por uma metamorfose a ser ainda mais bem qualificada.

A nova questão social

A principal novidade da questão social consiste em um enorme investimento na rede de assistência, que conforma uma proteção mínima para os pobres e os extremamente pobres.

As melhorias decorrentes do investimento nas duas principais políticas de assistência são as seguintes: (a) a questão da pobreza extrema estaria reduzida a cerca de 10% da população, e ela vem sendo enfrentada com os benefícios do Programa Bolsa Família (PBF);[4] (b) as políticas de assistência previstas na Constituição Federal de 1988 e implementadas pelo Suas (Sistema Unificado de Assistência Social) – os benefícios de Prestação Continuada (BPCs) – dispõem de recursos crescentes e atingem hoje a quase totalidade de seus potenciais beneficiários: pessoas portadoras de deficiências e idosos cuja renda *per capita* seja inferior a ¼ do salário mínimo.[5]

---

[3] O Brasil é o 4º país mais desigual da América Latina, só superado por Guatemala, Honduras e Colômbia. Em 1990, o Brasil era o mais desigual da região. A América Latina é a região mais desigual do mundo (Relatório das Nações Unidas para os Assentamentos Humanos – ONU-Habitat, 2012).

[4] Para famílias em situação de extrema pobreza (cuja renda mensal por pessoa é de até R$ 70,00), o benefício básico é de R$ 70,00, e a ele podem ser acrescidos benefícios variáveis, caso a família possua crianças de zero a 15 anos, adolescentes de 16 a 17 anos, gestante ou nutriz. Para mais informações, visitar o site do MDS. Disponível em: <www.mds.gov.br/bolsafamilia/beneficios>. Acesso em: 7 jan. 2014.

[5] Quem pode receber o BPC: (a) idosos, com idade de 65 anos ou mais; (b) pessoas com deficiência, de qualquer idade, entendidas como aquelas que apresentam impedimentos de longo prazo de natureza física, mental, intelectual ou sensorial, os quais, em interação com diversas barreiras, podem obstruir sua participação plena e efetiva na sociedade em igualdade de condições com as demais pessoas. Em ambos os casos, os candidatos ao benefício devem comprovar não ter meios de garantir o próprio sustento nem tê-lo provido por sua família. A renda mensal familiar

Os resultados dessas duas políticas de assistência são indiscutíveis; as melhorias na vida das pessoas muito pobres são imediatas. Os valores gastos são irrisórios: 1% do PIB para o PBF, que atinge cerca de 50 milhões de brasileiros (¼ da população) que hoje vivem com menos fome, com mais dignidade.

Sonia Rocha, em sua análise sobre os programas de transferência de renda, considera que o impacto dos dois programas – BPC e PBF – são essenciais para, de forma emergencial, garantir uma renda mínima e estável para os mais pobres entre a população brasileira. O PBF garante que um benefício de baixo valor assegure uma compensação à necessidade extrema. Já o BPC, regulamentado pela Constituição de 1988, segundo Rocha, tem o demérito de relacionar, constitucionalmente, o benefício e a população-alvo ao valor do salário mínimo, desincentivando o ingresso dessa população-alvo no sistema de previdência, ou seja, a formalização no mercado de trabalho. Sonia Rocha (2009) sugere, ao final de seu texto, que uma emenda constitucional modifique aquele quesito na legislação constitucional. Quanto ao PBF, se tem o mérito de assegurar a estabilidade do público-alvo a um custo relativamente baixo, não proporciona a "porta de saída" para aqueles que dele se beneficiam. Um dos gargalos do programa assistencial está na baixa qualificação do capital humano, e, segundo a autora, a obrigatoriedade da presença na escola não levará à superação das péssimas condições da educação básica no Brasil (Rocha, 2009, 2011).

O Programa Bolsa Família se transformou, a partir de 2006, no carro-chefe da política social dos governos Lula e Dilma. Em 2013, o programa teria atingido a meta de cobertura da população estabelecida pelo governo. Como também critica Rocha, a inclusão social dos mais pobres dependerá do enfrentamento de outros gargalos socioeconômicos, como o acesso a uma educação que de fato ensine e qualifique o estudante para o mercado de trabalho. Esse enfrentamento está longe de se realizar – apenas remendos de reforma educacional –, e como seus resultados não se verificarão no curto prazo, não atenderão aos prazos eleitorais, uma das lógicas à qual está submetida o PBF.

Retomando o que afirmei anteriormente, a política social do país está praticamente reduzida às políticas de assistência – em detrimento das políticas públicas redistributivas, como saúde, educação, transporte, habitação e reivindicações de cidadania, presentes na CF 1988 e que até hoje ficam mais como promessas

---

per capita deve ser inferior a ¼ (um quarto) do salário mínimo vigente. Para mais informações, visitar site do MDS. Disponível em: <www.mds.gov.br/assistenciasocial/beneficiosassistenciais/bpc>. Acesso em: 7 jan. 2014.

retóricas e eleitorais dos governos. Isso significa que estamos abrindo mão da agenda da igualdade pela agenda de combate à pobreza extrema, seguindo a orientação das agências internacionais.[6] Além disso, o Programa Bolsa Família, no que se refere ao combate à pobreza extrema, ainda não é uma política de Estado, ficando sempre capturada pelos ventos eleitorais e pelas prioridades de cada governo. Como os benefícios do PBF são reajustados conforme a decisão dos governos, não gera a garantia de estabilidade almejada por milhares de famílias que dependem absolutamente daquele benefício – diferentemente do que ocorreria se fossem reajustados com base no valor do salário mínimo, por exemplo.

As principais críticas veiculadas pela grande mídia e em algumas redes ou *blogs* das novas mídias relacionam o PBF ao não estímulo ao trabalho e ao aumento da prole, mas, sobretudo, ao seu caráter eleitoreiro. Quanto ao último aspecto, de troca do benefício pelo voto, não se poderia esperar outra reação por parte dos beneficiários: essa enorme parte da população brasileira, por séculos deixada à sua própria sorte, eis que passa a receber uma ajuda mínima do governo. Para quem foi sempre discriminado, ignorado, marginalizado e alvo de toda sorte de violência – física e simbólica –, como não se comprazer com uma ajuda para melhorar sua vida e a de seus familiares? O resultado eleitoral é consequência de tantas décadas de descaso em relação à pobreza. Quanto ao desestímulo a trabalhar: se o valor médio do benefício não passa de R$ 152,00 – (¼ do salário mínimo, em valores de 2014) –, é bastante improvável que os beneficiários deixem de trabalhar por conta desses valores, claramente insuficientes.[7] Em minhas entrevistas[8] com beneficiários do PBF encontrei famílias que dependiam dessa ajuda para que o alimento não faltasse às refeições; e nas favelas da cidade, onde ainda encontramos

---

[6] Orientação presente, principalmente, no discurso do Banco Mundial.
[7] Quanto aos beneficiados pelo programa Brasil Carinhoso, o valor médio, em 2014, é de R$ 237,00. Esse programa é dirigido a todas as famílias extremamente pobres – entre os 22 milhões da população – com filhos de até seis anos.
[8] A pesquisa "Pobreza e desigualdade na favela: trajetórias de mobilidade social de moradores em favelas cariocas", por mim coordenada, conta com a participação de alunos de graduação com bolsa do Programa Institucional de Bolsas de Iniciação Científica (PIBIC) e também com bolsa do Iniciação Científica da Fundação de Amparo à Pesquisa do Estado do Rio de Janeiro (IC/Faperj). Outros alunos participaram como voluntários. Já foram realizadas entrevistas com dezenas de famílias em quatro favelas do Rio de Janeiro: Rio das Pedras, Santa Marta, Providência e Alemão. O principal objetivo é a compreensão dos mecanismos de reprodução das injustiças sociais, bem como aqueles de acumulação de vantagens nas trajetórias das famílias.

famílias extremamente pobres, ocorrem muitas dificuldades para a obtenção do benefício e muita facilidade para perdê-lo. Basta uma das crianças ficar doente ou não responder à chamada da professora para que o benefício seja interrompido.[9] Quanto ao estímulo ao aumento da prole, as taxas declinantes de fecundidade no Brasil desmentem prontamente a suspeita de uma eventual consequência do recebimento do benefício do PBF.

Essas críticas ao PBF revelam uma sociedade com uma baixa taxa de solidariedade. Talvez sejam marcas de uma sociedade que foi escravista, por mais de quatro séculos, marcas que ainda não foram extirpadas. Conforme inúmeros autores que compõem a formação do pensamento social brasileiro, a longa convivência com a escravidão resultou em uma sociedade profundamente hierárquica, com um enorme distanciamento entre as classes, com um forte desinteresse pelos dramas sociais dos mais vulneráveis, a maior parte da população. Ajuda-se prontamente em momentos de grandes tragédias, como nas enchentes, na seca, mas ignora-se o cotidiano do outro que habita a mesma cidade, o mesmo bairro, que trabalha na mesma vizinhança. Essa "desfaçatez de classe"[10] talvez se reproduza em uma desfaçatez de grande parte da classe política, alheia à sorte da maioria da população. A promulgação de um programa como o PBF pode significar uma ruptura com tal cultura da indiferença, mas, aparentemente, são enormes as dificuldades para ir além do assistencialismo.

A lembrança da atualidade de Simmel (1998) na sua reflexão sobre a pobreza e o papel da assistência é esclarecedora. Ele escreve sobre a Alemanha do início do século passado e constata que a assistência constitui apenas um paliativo que se estabelece entre os ricos e os pobres para assegurar os laços sociais, a coesão social, visando muito mais ao interesse dos ricos, na preservação do *status quo*.

Quando houve a aprovação da Constituição Federal de 1988, o desafio a ser enfrentado era colossal. Na atual conjuntura, conquistamos uma relativa tranquilidade para dimensionar o tamanho dos déficits que se apresentam, mas que ainda são enormes. A desigualdade permanece como um desafio para

---

[9] Diante de tantas dificuldades, as escolas municipais do Rio de Janeiro, por exemplo, estão recorrendo à reunião, aos sábados, aparentemente com os pais das famílias que recebem o benefício, para que chamadas e ausências sejam justificadas e fique facilitado o papel de controle da escolaridade, de responsabilidade das escolas.
[10] Expressão de Roberto Schwartz (1990) na análise da obra de Machado de Assis e utilizada por Telles (2001).

as sociedades capitalistas em geral, já que a bandeira da igualdade de renda/oportunidades é uma das principais bandeiras da agenda dos direitos humanos. Não obstante, o discurso sobre o combate à pobreza tem dominado a cena internacional e nacional dos países, sob a liderança das agências internacionais. E, nesse sentido, a rede de assistência hoje existente no Brasil se transforma em modelo a ser exportado pelas mesmas agências internacionais, que fazem, por exemplo, do PBF um modelo exitoso de combate à pobreza extrema.

O desafio é dimensionar o tamanho e a natureza da dívida social a ser enfrentada. Apresenta-se como fundamental pesquisar os dramas sociais de uma parte importante da população – cerca de 50 milhões de brasileiros, mais de ¼ da população – que ainda vive sobre o fio da navalha, em uma situação de vulnerabilidade constante. Paralelamente, o número de novos milionários[11] a cada 24 horas só aumenta, configurando uma desigualdade tal que não se consegue imaginar que os dois grupos pertençam à mesma sociedade. E constata-se que as barreiras entre os dois grupos extremos da sociedade parecem intransponíveis. Segundo dados de 2008 do Instituto de Pesquisa Econômica Aplicada (Ipea), os 10% mais ricos detinham 75,4% da riqueza nacional. Ou seja, avançamos pouquíssimo no que se refere à agenda de direitos, aos projetos de nação igualitária que deveríamos construir. Segundo Celi Scalon, "o que torna o Brasil um caso especial é a sobrevivência de desigualdades históricas em meio a um processo de modernização acelerado" (Scalon, 2011:50).

A conquista de uma sociedade mais igualitária seria uma das mais árduas tarefas a ser empreendida. A principal dificuldade parece estar no fato de que a desigualdade é tão naturalizada que a ideia de uma sociedade igualitária se apresenta como uma "fantasia" jamais realmente imaginada ou sinceramente desejada.[12] Vários autores contemporâneos buscam explicar essa persistente mazela brasileira, este déficit de desejo igualitário e esse grande apreço pelas distâncias sociais. Assim, Roberto DaMatta (1995), Elisa Reis (1998), Celi Sca-

---

[11] Com a economia em forte expansão, o Brasil tem ganhado, em média, 19 milionários por dia desde 2007, segundo reportagem da *Forbes*. Ou: "Brasil é líder em 'criação' de milionários: 'clube do milhão' ganhou 26 brasileiros por dia no ano passado", segundo estudo das consultorias Capgemini e Merrill Lynch, em 20/6/2012. Disponível em: <http://www.destakjornal.com.br/noticias/seu-valor/brasil-e-lider-em-criacao-de-milionarios-146397/>. Sobre Forbes: <http://www.diarionline.com.br/index.php?s=noticia&id=38246>.

[12] Contrariamente às experiências dos países que realizaram revoluções igualitárias, em que a igualdade constitui um núcleo de sentido, fonte de um "imaginário igualitário" (Telles, 2001:28).

lon (2004, 2009), Vera Telles (2001), Jessé Souza (2003) e outros, cada qual por uma uma perspectiva ou tradição teórica própria, vêm mostrando as inúmeras maneiras de naturalização de nossas desigualdades – no pensamento social brasileiro e nas representações das elites e do povo em geral.

A demanda por uma sociedade igualitária, especificamente por igualdade econômica ou social, sofreu um forte abalo em todas as sociedades ocidentais a partir do final dos anos 1970. O problema é que a crise e a crítica do Estado-providência, ou do *welfare State*, chegam ao Brasil sem que tenhamos previamente uma base de direitos sociais sólidos. Ainda não passamos pela construção dessa estrutura de redistribuição de renda, de responsabilização do Estado pelo direito de proteção econômica para todos, por meio da oferta universal de serviços coletivos de qualidade, os direitos redistributivos – como saúde, educação, trabalho, habitação, transporte. O fato de ainda não termos implementado os direitos consagrados pela Constituição de 1988 provoca uma tragédia, com a qual ainda nos deparamos. Como construir uma sociedade mais igualitária, se estamos cercados por valores e modelos societários cada vez mais individualistas, menos solidários? Esse é um dos mais graves desafios que se apresentam. Não se trata apenas de escolha de um ou outro governo, mas da falta de uma consciência em favor dos direitos sociais redistributivos – e não apenas de apoio a políticas de assistência.

Nas pesquisas de Elisa Reis entre as elites brasileiras ao final do século XX, pobreza e desigualdade aparecem como fenômenos idênticos e de responsabilidade dos governos. A consciência de que o Brasil é um país muito desigual não é acompanhada por uma proposição de uma medida que restrinja essa mesma desigualdade, que diminua os ganhos imensos de setores mais ricos do país em prol do conjunto da sociedade. Não surge nenhum tipo de questionamento da estrutura de privilégios, marca da sociedade brasileira. Ao contrário, a sugestão é sempre no sentido de que os pobres superem seus déficits, mas jamais mediante o aumento dos impostos dos muito ricos, da taxação das grandes fortunas e dos ganhos do capital financeiro. A solução é sempre apresentada em termos ideais, de forma descompromissada: prover a educação para que os mais pobres possam se tornar mais competitivos (o clássico problema da baixa qualificação de amplos setores da população, da precária formação de capital humano) e, em paralelo, a defesa de um policiamento mais ostensivo junto aos mais pobres, para que a ordem social não seja perturbada. Aqui se apresenta a principal preocupação das elites brasileiras: o medo da desordem e a defesa de uma polícia que comete toda sorte de abusos contra os pobres, os negros, os favelados, de tal forma que possa barrar uma eventual revolta por parte dos necessitados. É a velha aposta no controle e no papel do governo no enfrentamento dos problemas sociais, sem que as mesmas elites sejam minimamente responsabilizadas (Reis, 1998, 2004).

Segundo Vera Telles – ao analisar a pobreza e a cidadania brasileiras do final do século passado –, para os pobres a sociedade impõe o dever de obediência e a violência policial, explicitando a inferioridade dos pobres em uma sociedade fortemente hierarquizada, na qual o favor e a proteção são concebidos como merecimento – o "mérito da necessidade" –, mas jamais como direitos. A cidadania, que pressupõe a igualdade entre indivíduos, surge como privilégio de classe (Telles, 2001:22). As leis seriam promulgadas para cimentar os privilégios dos "donos do poder".[13]

Para a autora, aos pobres foi reservado o espaço da assistência social e, em último lugar, aquele dos direitos. A pobreza e a desigualdade seriam efeitos indesejados de uma história sem autores e responsabilidades. A enorme distância entre povo e elite "sugere a impossibilidade de uma medida comum", de regras de equivalência entre as diferenças. Trata-se de "uma sociedade que se fecha ao questionamento que a experiência do conflito sempre acarreta" (Telles, 2001:44). Para os pobres destituídos dos direitos, a esfera pública surge, fundamentalmente, como repressão. Na medida em que os pobres são vistos como "foco de incivilidade", como não portadores de direitos, o resultado é o uso da violência policial de maneira também naturalizada, já que a pobreza é sempre criminalizada. Segundo a autora, o campo social é crescentemente despolitizado, e a pobreza é um dado a ser gerido ou administrado tecnicamente. Trata-se de assegurar que os pobres tenham acesso aos mínimos vitais de sobrevivência. Para a autora, estaríamos diante de uma noção pré-social de igualdade, completando a análise realizada por Reis (1998). A proposta é minorar a pobreza, para que ela apareça menos terrível, e assegurar a ordem social.

Se o reconhecimento de uma pobreza imensa, acompanhada de uma desigualdade que sempre foi classificada como uma das maiores do mundo, faz parte da compreensão da sociedade brasileira, a aposta no desenvolvimento

---

[13] Haja vista, por exemplo, a enorme reação conservadora na grande mídia contra a aprovação da PEC das Domésticas, em 2013. A legislação para regularizar a situação do trabalho doméstico colocou o "dedo na ferida" de uma reminiscência forte de nosso passado escravagista, com fortes privilégios de um lado e uma injusta desproteção de outro.

(anos 1950-70) e no processo de democratização da sociedade (anos 1980-90) seriam condições *sine qua non* para a superação da então chamada dívida social brasileira. Enquanto a dívida econômica ficava por conta dos inúmeros acordos dos governos com o FMI, a dívida social seria finalmente "enfrentada" a partir da aprovação da Constituição de 1988. A conjuntura mundial dos anos 1980-90 foi extremamente hostil à ideia da agenda de direitos – tratava-se da defesa de um Estado mínimo, com um programa de privatizações cujo representante maior estava no chamado "consenso de Washington". Enquanto o país, recém-saído de uma ditadura militar de 21 anos, reintroduzia a agenda dos direitos, a pressão dos organismos internacionais do conjunto das nações dominantes[14] aqui se impõe pela aliança com a representação majoritária do governo nacional, no sentido da não implementação dos direitos. Acrescente-se a defesa de que o "custo Brasil" seria uma das possíveis explicações para a baixa taxa de crescimento econômico e alto desemprego daquelas décadas "perdidas". O setor mais moderno da indústria – metalúrgica – entra em processo de reestruturação produtiva, e o principal resultado é a produção de um desemprego em massa na região do ABC paulista.

Indiscutivelmente, o século XXI altera a estabilidade da desigualdade social que foi apontada ao final da década de 1990. Neste novo século, os dados indicam que dezenas de milhões de brasileiros deixam a pobreza absoluta, ingressando em uma situação de pobreza que ainda deve ser qualificada, pois tal pobreza não mais se refere à situação de fome, de "miséria nordestina", denunciada por Josué de Castro nos anos 1950. Segundo o último relatório do Banco Mundial (2013),[15] o principal grupo, aquele que congrega o maior número de brasileiros classificados como "vulneráveis" e que representam 38% da população brasileira, dispõe de uma renda *per capita* entre US$ 4,00 e US$ 10,00 por dia. Os pobres, grupo que decresceu em relação ao final da década de 1990, hoje constituem 28% da população e dispõem de até US$ 4,00/dia. Ainda segundo esse relatório, a classe média, o segundo maior grupo da população, 32%, dispõe de uma renda *per capita* entre US$ 10,00 e US$ 50,00/dia. E, finalmente, os ricos, 3% da população, cuja renda é superior a US$ 50,00/dia.

---

[14] EUA e Inglaterra, governos Reagan e Thatcher, respectivamente, na liderança.
[15] "Mobilidade econômica e ascensão da classe média latino-americana" (Banco Mundial, 2013).

A mobilidade social e o desafio da desigualdade social: experiências e percepções

Para melhor compreender os efeitos da permanência dessa desigualdade na sociedade brasileira, abordarei as possibilidades – ou barreiras – de mobilidade social dos mais vulneráveis no atual contexto social, com base em alguns resultados selecionados em pesquisa de campo (Sansone, 2003; Ferreira, 2004), que completarei com algumas anotações de entrevistas realizadas em minha pesquisa [2009-2012]. Se os números da pobreza extrema estão diminuindo, vale a pena conferir o que se passa, de fato, com essa população, quais são suas experiências e percepções sobre as condições de vida. Para muitos, trata-se de deixar uma situação de total indignidade, abaixo dos padrões mínimos de subsistência. Para outros, a maioria dos entrevistados, trata-se de lutar para superar a situação de pobreza e ascender socialmente. As oportunidades e os obstáculos revelam as mudanças sociais ocorridas, bem como os entraves persistentes de reprodução das desigualdades.

Autores como Nelson do Valle Silva, Carlos Hasenbalg, Celi Scalon e Carlos Antonio Costa Ribeiro nos brindam com uma produção intelectual que aponta para as grandes mudanças a partir dos anos 1950, quando os grandes deslocamentos populacionais levaram a uma abertura no tradicional sistema de mobilidade, que garantia à elite brasileira uma situação de estabilidade bastante confortável. Com a urbanização crescente do país, também ocorreram a mobilidade ascendente e uma classe média que era "engrossada" por algumas repescagens com a migração. Mas a grande maioria da sociedade permanecia presa aos velhos mecanismos de dominação, que a mantinha na pobreza rural ou urbana. A mobilidade social ascendente ocorrida no Brasil a partir dos anos 1950 não alterou a estrutura de desigualdade social. Teria ocorrido o que os autores chamam de mobilidade de "curta distância": os filhos de trabalhadores rurais ascendem em direção às categorias sócio-ocupacionais de trabalhadores urbanos manuais não qualificados e semiqualificados. Mas em função da grandiosidade e da velocidade dessas mudanças, o país é considerado um dos que apresentaram maior mobilidade ascendente no século XX.

A partir dos anos 1980, e principalmente a partir do final do século XX, tal quadro se altera profundamente. Entre 1980 e 1993, apresenta-se um quadro de "imobilidade", com "saldo tendencialmente negativo", pois, mesmo para aqueles que conseguiram não ficar desempregados, a regra foi a conservação do mesmo nível sócio-ocupacional (Jannuzzi, 2000:221). Costa Ribeiro confirma essas ponderações. A grande oportunidade de mobilidade social no Brasil seria consequência do "rápido declínio do trabalho rural no curto período de uma geração" e de curta distância, ou seja, "para a classe imediatamente superior à classe de origem" (Ribeiro, 2003:409).

A partir de 1996, contudo, os dados indicam uma diminuição da desigualdade de oportunidades educacionais, que seriam indícios de que "as políticas de expansão educacional avançadas durante os governos de FHC e Lula parecem estar contribuindo para diminuir as vantagens de classe no acesso e progressão ao sistema educacional" (Ribeiro, 2012:675). Embora ainda apenas esboçados, os dados indicam também que essa progressão do acesso à educação estaria acompanhada de um aumento das vantagens de classe. Para Costa Ribeiro, "uma hipótese bastante plausível é que haja estratificação social dentro dos sistemas educacionais, principalmente de ensino médio e superior" (Ribeiro, 2012:674). Isso significa que diante do baixíssimo nível educacional da população brasileira, até os anos 1980, qualquer diploma de ensino médio e superior significava o acesso imediato aos melhores postos de trabalho, à constituição de uma elite técnico-acadêmica. Em 2013, o acesso ao diploma superior não se traduz, de imediato, em acesso aos melhores postos de trabalho; provavelmente a distinção se fará em torno do curso e da instituição escolar selecionada.

No que se refere às percepções, os assim chamados *aspectos subjetivos* sobre as condições de vida e sobre as possibilidades de ascensão social, a primeira avaliação é geralmente positiva. Em outras pesquisas, desde Durham (1973), passando por Perlman (2003) até as mais recentes, em minha pesquisa,[16] os entrevistados, moradores de favelas, consideram sempre um "ganho" a troca da pobreza rural nordestina pela pobreza urbana.

Como afirmaram Scalon e Cano (2005), a qualidade de vida das pessoas melhorou consideravelmente. Houve uma melhoria geral no que se refere ao acesso aos serviços públicos, como a eletricidade, a canalização da água, o saneamento básico e a coleta do lixo. No entanto, as diferenças – entre e intrafavelas – devem ser pesquisadas, para melhor compreensão do quadro social existente, de extrema complexidade. Por exemplo, nos locais de Rio das Pedras onde residem os moradores mais pobres, todos os serviços são extremamente precários, na maior parte dos casos improvisados pelos próprios moradores sob a tutela da

---

[16] Conforme indicado na nota 8.

Associação de Moradores. Se formos comparar com a situação das favelas até os anos 1970, houve um grande progresso, mas essas melhorias são desigualmente distribuídas pelas favelas e entre as favelas. Segundo Sansone, "todo mundo está melhor, mas a distância é exatamente a mesma" (Sansone, 2003:246).

Quanto à posse de bens de consumo, como eletrodomésticos, tipificados na aquisição de aparelhos de televisão, geladeira, máquina de lavar, celular, som etc., para essas famílias das classes baixas, configuraria um aumento do padrão de vida e renda, e, portanto, uma aparente diminuição da pobreza. Segundo Perlman (2003), na comparação – da posse de televisão, geladeira e som – em um período de 30 anos, fica evidenciado o aumento do padrão de vida em relação à sua pesquisa em 1969. O aumento do consumo desses bens nessas três décadas se generalizou. A produção em massa, a facilidade de crediário, tudo isso levou ao acesso a um consumo generalizado.

No entanto, como fica evidenciado pelo tema da *distinção*, quando as clivagens não se fazem entre aqueles que possuem ou não certos bens, quando quase todos têm acesso aos mesmos tipos de bens, surgem as diferenças mais "finas", por exemplo, entre linhas e marcas de produtos, lojas e até *designs*. Para Lipovetsky,[17] se o hiperconsumo havia "encurtado as diferenças entre as classes sociais, ao mesmo tempo passou a se nutrir delas". As pessoas com menos renda se transformam em "consumidoras apenas potenciais" – só na "imaginação" –, e esse fenômeno pode levar à criminalidade como forma de obtenção do objeto de desejo. O autor identifica a constituição da sociedade de hiperconsumo desenvolvendo-se paralelamente ao crescimento das desigualdades.

A posse dos bens de consumo também pode ser bastante efêmera, como várias vezes minhas informantes me relataram, em razão da necessidade de vender algum dos aparelhos para cobrir dívidas ou para um investimento familiar, como no caso de um morador da favela Rio das Pedras que vendeu seu som para dar entrada na compra de um cavalo para sua carroça. A compra a crédito, extremamente facilitada, permite maior acesso ao consumo. Mas, entre meus entrevistados, há vários relatos de troca de aparelhos ou venda de segunda mão, dada a impossibilidade de permanecer com o objeto adquirido, passando-o adiante com o resto das prestações para um vizinho ou para outro morador, o que é facilitado pela grande rede de vizinhança existente na favela.

---

[17] Gilles Lipovetsky, em entrevista no caderno "Mais" do jornal *Folha de S.Paulo*, em 11 de junho de 2006.

Não resta dúvida de que o consumismo penetrou de forma avassaladora em todas as classes sociais e que, portanto, a posse de bens passou a ser sinônimo de realização. O desejo de consumir, sempre mais e melhor, se transformou também em busca de investimento na autoestima. O acesso à habitação, à educação, à saúde e à cultura constituem demandas por direitos ainda longe de serem conquistadas, e a desesperança nesse sentido é enorme. Mesmo o acesso à escolarização maior não tem garantido o retorno esperado em termos do mercado de trabalho, e isso não é exclusivo do Brasil, como desenvolvi em outro texto (Telles, 2009). Quanto ao investimento na aparência individual – como a posse de roupas de marca e a busca por um corpo bem-cuidado – e na aquisição de artefatos de locomoção e comunicação – como a moto, o computador, a internet, sobretudo para os mais jovens –, este torna-se prioritário e mais factível do que educação e trabalho, por exemplo, ocorrendo por meios lícitos, incluindo o endividamento juvenil, ou até por meios ilícitos.

Lívio Sansone aborda essa questão com base em uma pesquisa extremamente criativa com duas faixas etárias – de 15-25 e acima de 45 anos – em áreas de baixa renda no Rio de Janeiro e em Salvador, em dois períodos: 1990 e 2002 (Sansone, 2003). A diferença entre as duas gerações aparece de forma cristalina. Os mais velhos, os pais, apesar de sentirem que a ascensão social estaria bloqueada nos últimos anos,

> acreditam, de qualquer maneira, ter melhorado a própria existência – eles têm uma casa de tijolos e não mais de taipa, os filhos puderam estudar, há mais comida na mesa do que quando eles eram meninos etc. Os pais, em muitos casos, conseguiram realmente ascender socialmente, mesmo dentro do proletariado [Sansone, 2003:256].

No entanto, segundo o autor, se "o sonho de muitos pais é ampliar a própria casa ('pôr uma laje')", para os filhos este sonho seria "a busca do reconhecimento pelo consumo".

Segundo a pesquisa de Sansone, os jovens estariam muito mais insatisfeitos com o mundo do trabalho e com a própria vida que levam. O autor define o seguinte quadro:

> A maioria dos pais sempre trabalhou, mas ficou simbolicamente afastada dos valores da classe média, ao passo que a maioria dos filhos é muito mais próxima

dos valores da classe média, mas, devido a uma combinação de exclusão e autoexclusão, fica hiperdesempregada [Sansone, 2003: 258].

Os jovens se colocam a questão do porquê de terem estudado, de terem se formado. Segundo os pais, eles se sentem bloqueados, "queriam e esperavam algo mais da vida". Entre os rapazes haveria uma crescente recusa do trabalho manual, sobretudo daquele pesado e sujo, mas também daquelas trajetórias ascensionais que pressupõem uma aprendizagem *na rua*, como pedreiro, lanterneiro ou mecânico de carro. E Sansone reforça as diferenças geracionais: se para os pais seria relativamente tranquilo assumir a "vida de trabalhador como uma vida de sacrifícios", muitos dos jovens informantes, ao contrário, afirmam que "hoje em dia não dá mais para se identificar tanto no trabalho, uma vez que o lugar de trabalho não proporciona nada de bom que não seja algum salário". Para Sansone (2003:270), é como "se existisse uma recusa geral de identificação com algum tipo de cultura operária".

Quanto ao universo feminino, as jovens não querem mais ser "mães pobres". Isso significa que recusam o papel que as mães exerceram, de criar os filhos com todos os sacrifícios e ainda tendo de suportar um "marido bêbado e pouco carinhoso". Elas "preferem até ser mães solteiras, vivendo à custa dos pais e de uma série de homens 'um atrás do outro'" (Sansone, 2003:271).

Na pesquisa realizada por Ferreira (2004) em favela localizada em área nobre da capital paulistana, os registros de vários jovens são no sentido de não conseguirem mais reproduzir o padrão de vida conquistado pelos pais. Assim, no caso da família de Mariana, segundo relato da autora, o pai, mesmo com baixa escolaridade, foi capaz de sustentar a família. No entanto, o filho, apesar de já estar no ensino médio, teria grandes dificuldades para obter um trabalho regular e poder conquistar sua independência. Entre os 12 grupos familiares entrevistados pela autora, oito relataram casos de mobilidade descendente, e quatro, ascendente. A explicação para esses casos mais bem-sucedidos estaria nas possibilidades obtidas por meio da relação privilegiada com os grupos da elite local, que usufruiriam de grande poder e boas condições financeiras, além de oportunidades propiciadas por contatos com as ONGs e entidades presentes na favela. Trata-se sempre de casos excepcionais, de trajetórias particulares (Ferreira: 2004).

Nas pesquisas sobre as trajetórias familiares de mobilidade social em quatro favelas do Rio de Janeiro – favela Rio das Pedras, morro Santa Marta, morro da

Providência e morro do Alemão –, independentemente das conjunturas e especificidades das favelas, que foram e são marcantes, no que se refere à pobreza e à desigualdade, o maior drama recai sempre sobre os jovens e as crianças. De fato, são eles os mais vulneráveis, aqueles que dependem da ajuda das famílias, da vizinhança, das oportunidades oferecidas pela escola e pelo mercado de trabalho. Entre os mais vulneráveis, as jovens mulheres apareceram como as mais penalizadas, aquelas que, uma vez grávidas, param de estudar e não conseguem trabalhar, pois ficam com o cuidado da criança. Quando dispõem de uma família que as acolha com a criança, a situação é melhor – podem até voltar a estudar. Mas, frequentemente, encontramos casos de mulheres para as quais a maternidade precoce significou a ruptura de laços familiares, o abandono, a vergonha de seguir na escola, a dificuldade de obter um emprego com filho pequeno para cuidar. Elas constituem o principal grupo que nem estuda nem trabalha.[18] São 13 milhões de jovens mulheres que recebem algum benefício do PBF, para as quais a "ajuda" de forma regular representa um verdadeiro "alívio" em uma trajetória de muita privação. Apesar da penalidade para os pais que não pagam a pensão alimentícia da criança, encontramos muitas crianças cujos pais exercem atividades ilegais/ilícitas, em relação aos quais seria impossível proceder à cobrança do direito da criança. Algumas vezes, as mulheres nem conheciam mais o paradeiro do pai biológico de seus filhos.

Quanto aos jovens rapazes nas favelas visitadas depois de 2009, a conjuntura de uma economia aquecida, com grandes investimentos em obras do PAC e na reforma do Maracanã – para ficar nesses dois exemplos –, permitiu que, diferentemente da situação dos jovens desocupados em Rio das Pedras nos anos 2001-2004, todos os que procuraram acabaram por conseguir trabalho em alguma obra. Evidentemente, esse não é o projeto daqueles jovens, muitos ainda estão inconformados com o que vivem e almejam voltar a estudar para, quem sabe, conseguir até o ingresso em uma faculdade. Afinal, como mostrou Sansone (2003), o *ethos* do trabalho manual, como o trabalho na construção

---

[18] O grupo dos "nem-nem" cresceu de 12,3% para 16% dos jovens entre os anos 2000 e 2010. Em sua maioria, é composto por jovens mulheres que largaram o estudo por conta da gravidez precoce, mas também não conseguem trabalhar, já que cuidam do filho pequeno. Quanto aos jovens, o abandono escolar tem inúmeros fatores, como o desinteresse, a repetência, a necessidade de obter alguma renda e a própria família com baixa taxa de escolaridade, que frequentemente não atribui maior valor a tantos anos de estudo.

civil, apesar de ser reconhecidamente aquele que na atual conjuntura (2014) melhor remunera, não constitui a meta de nenhum daqueles jovens. Poucos conseguem encontrar nas empresas de construção uma chance de progredir. A maioria encara esse trabalho como uma atividade provisória, enquanto não tem outra forma de obtenção de renda.

O panorama traçado pelas pesquisas de Sansone (2003) tem alguns pontos convergentes com aqueles que encontrei em minha pesquisa. Mas é necessário apontar situações bastante diferentes em função da favela pesquisada, por exemplo.

Provavelmente, esse cenário descrito acima não se aplica quando os jovens entrevistados são migrantes de primeira geração. Esses jovens almejam qualquer trabalho, qualquer salário, ainda bastante influenciados pela experiência de privação por que passaram suas famílias, em seu lugar de origem. Nas entrevistas (Telles, 2009) que realizei com os professores de escolas em Rio das Pedras, alguns se referiam ao suposto "comodismo" dos jovens daquela localidade. Segundo suas percepções, para esses jovens de Rio das Pedras qualquer trabalho "estaria bom", eles não teriam "grandes ambições". Esses jovens olham pouco o que vai ao lado, pois encaram, sobretudo, suas próprias realidades e problemas. Eles ainda estariam bastante distantes dos valores de classe média [urbana]. A comparação que fazem é sempre entre eles mesmos, seus iguais. Como se eles tivessem de se contentar com pouco e não desejar mais.

Já os jovens entrevistados em favelas mais antigas, moradores de terceira ou quarta geração lá estabelecidos, apontam sucessivamente sua insatisfação, a dureza do mercado de trabalho, que exige sempre mais anos de estudo e formação, e os salários que não compensam os investimentos, quando realizados. O desejo é prosseguir nos estudos para, quem sabe, conseguir "um emprego bom", para "ser alguém na vida". Ser jogador de futebol é a oportunidade que descortinam – "a maioria de meus amigos queria ser jogador de futebol". Ou o tráfico de drogas, ou outras atividades ilícitas, para aqueles que não conseguiram resistir aos apelos de consumo – roupas, carros, mulheres.

A adaptação subjetiva à pobreza e à desigualdade seria tão mais forte quanto mais persistissem no tempo as condições de carência. A pobreza funcionaria como um tipo de viseira (*oeillère*) que restringe o olhar para sua própria situação, segundo o sociólogo Thierry Kochuyt (2000).[19] Para ele, os pobres se resignariam à realidade precária na qual vivem, quando impossibi-

---

[19] Sua pesquisa se refere aos pobres de Bruxelas. Texto apresentado no Seminário Internacional sobre Desemprego e Pobreza, ocorrido em Roma, em setembro de 2000.

litados de produzir alguma mudança. Seus desejos acabariam por se ajustar às possibilidades limitadas. E conclui: essa moderação poderia mesmo resultar em um "pobre contentamento". Ou seja, a objetividade da precariedade seria internalizada. Mas tal situação não seria específica da pobreza belga – objeto de estudo de Kochuyt –, uma vez que seria encontrada também na maior parte dos países estudados por Inglehart (1990).[20] Segundo o estudo de comparação internacional, foram encontradas poucas variações socioeconômicas no que se refere ao bem-estar subjetivo. "Deve haver um tipo de adaptação subjetiva", comenta Kochuyt (2000:139). E acrescenta: "Essa adaptação subjetiva é mais forte se as condições de vida que a suscitam persistem no tempo". O autor cita Amartya Sen para afirmar a fragilidade da percepção subjetiva do bem-estar, uma vez que ocorreria essa adaptação subjetiva à privação. Ou seja, as comparações internacionais revelaram que o bem-estar não aumentaria com a renda, e que, portanto, existiriam pobres que estariam contentes, sobretudo quando a situação de privação atravessa as gerações. Ao ser indagada sobre o porquê de ela se autoclassificar como pobre, uma moradora de Rio das Pedras respondeu: "Eu sou pobre porque meus pais eram pobres, meus avós também".

Reis, analisando os resultados das pesquisas de opinião com a população pobre dos anos 1990, afirma que apesar de os pobres acreditarem que a situação do país poderia melhorar, não acreditam que o mesmo se reflita em sua situação pessoal. Para Reis, trata-se de

> um padrão de respostas diferente dos obtidos anteriormente. No passado, as camadas mais pobres da população acreditavam que sua situação pessoal ia melhorar [...]. Ao que parece, este tipo de identificação com a nação, a pátria, o desenvolvimento etc. não é mais tão comum entre os pobres [Reis, 1998:289].

Para Cardoso (2004:120), "a existência de profundos sentimentos populares quanto à injustiça de sua condição de vida" não levaria, "necessariamente, à deslegitimação da ordem". Ao contrário, a permanência "estável" de grandes desigualdades poderia provocar efeitos como o da "apatia (não há como mudar), do fatalismo (as coisas são mais fortes do que a vontade) ou da fuga mística (em Deus, em deuses ou nos astros, não importa)". Apesar de a ordem ser percebida como injusta, a:

---

[20] Essa pesquisa, publicada no livro *Culture Shift*, é analisada por Kochuyt (2000).

intangibilidade das forças que a coordenam torna impossíveis ou irrelevantes as relações de identificação típicas dos processos de legitimação. O resultado será, quase sempre, a relação adaptativa dos indivíduos aos ambientes inóspitos e selvagens da pobreza extrema, relação que não favorece atitudes reflexivas necessárias aos argumentos de legitimação [Cardoso, 2004:120].

Wanderley G. dos Santos (2006) – ao contribuir para a explicação de uma provável inércia dos despossuídos, no Brasil, frente às suas carências e às profundas desigualdades da sociedade – enfatiza que a distância, a "magnitude da diferença" entre ricos e pobres não seria relevante. O que contaria, de fato, seria a percepção que se tem na "comparação entre a situação presente e a situação passada". Ou seja, utilizando uma fórmula matemática, Santos (2006:140) afirma que a "métrica do bem-estar" seria calculada pela "diferença bruta entre as posições inicial e final", para ambos, ricos e pobres. Para o autor, os muito ricos e a classe média estariam hoje experimentando um estado "satisfatório" ou de "relativo conforto" como resultado da desigualdade. Já "a enorme massa dos destituídos" permaneceria "cativa do cálculo de sobrevivência embutido na desigualdade". No entanto confirma que aqueles que hoje trabalham viveriam incomparavelmente melhor do que aqueles que trabalhavam na mesma situação – empregados, assalariados – no início do século XX. Trata-se de "um longo percurso de progresso até chegar à miséria atual" (Santos, 2006:141).

Em grande parte, essa sensação de "satisfação" foi encontrada junto aos meus entrevistados recém-chegados na cidade, na favela Rio das Pedras, pois ainda possuem a memória viva da pobreza extrema de onde partiram. Em situação de crise, como decorrência de enchentes, de falta de água, de dois incêndios ocorridos na favela em 2006, a "métrica de bem-estar" desaba. Essa percepção não significa acomodação, conforme uma possível leitura da teoria crítica. Grande parte do sentimento de satisfação provém do fato de esses moradores ainda disporem de redes ativas de parentesco e de vizinhança.

Conclusão

Os desafios da agenda igualitária da sociedade brasileira ainda são imensos, apesar de muitos avanços desde o final do século XX. A luta por menos desigualdade social tem sido traduzida pela extensão das políticas de assistência, que hoje constituem um modelo a ser copiado. Mas o que dizer das políticas redistributivas, dos direitos sociais, como a saúde, a educação, o transporte, direitos que conformam uma sociedade cidadã?

A agenda igualitária encontra-se comprometida pela adesão das sociedades aos valores em que cada qual busca sua realização pessoal, em que prima a indiferença pela sorte do outro. Nesse arranjo em que se recusa o protagonismo do social, os mais vulneráveis enfrentam uma situação de grandes dificuldades, desamparo e frustrações. Os mais jovens são aqueles que melhor expressam e se revoltam contra esse *status quo* baseado em mínimos sociais, seja no baixo valor do salário mínimo e da aposentadoria, seja no acesso a serviços públicos de péssima qualidade, como a educação básica, a saúde e o transporte.

Segundo Costa Ribeiro, a estrutura social brasileira indica que há muita oportunidade de mobilidade social, resultado do declínio do trabalho rural e da rápida industrialização e urbanização no século passado. No entanto, também há fortes indícios de que "a estrutura de classes brasileira apresenta uma assustadora tendência à continuidade" – refere-se ao período entre 1973 e 1996 –, pois muda muito lentamente. Na expressão de Wanderley Guilherme dos Santos: "O Brasil se fabrica em movimento inercial" (Santos, 2006 apud Ribeiro, 2003). Trata-se de uma "aritmética de mobilidade social complexa"; uma sociedade dinâmica, com muita mobilidade social, inscrita em uma estrutura de classes resistente a mudanças (Ribeiro, 2003:410).

Entre 1996 e 2008 pode-se constatar uma diminuição das desigualdades de oportunidades educacionais, resultado da grande expansão educacional implementada pelos governos. Mas tudo indica que o aumento da escolaridade, *per si*, não resulta em melhores condições de trabalho e renda. Sempre é bom registrar que cerca de 80% dos novos postos de trabalho criados a partir de 2005 remuneram até 1,5 salário mínimo. Ou seja, aumentou o número de postos de trabalho – comparado com os anos 1996-2004 –, mas eles são, em sua maioria, malremunerados e instáveis.

Para a análise da primeira década do século XXI, a percepção positiva de aumento da mobilidade para os mais vulneráveis, como os moradores de favela, foi encontrada principalmente junto à geração dos avós e dos pais. Quanto à geração dos filhos e netos – os jovens moradores –, predomina a insatisfação no que se refere às possibilidades de obter um bom emprego, uma boa remuneração, uma qualidade de vida superior àquela de seus pais – a geração que lucrou com a migração e a inserção no mercado urbano das grandes metrópoles.

As exceções existem e apontam para a possibilidade de expansão de outra estrutura social: aqueles que obtiveram a oportunidade de acesso a um bom curso superior, a boas redes comunitárias, principalmente de ONGs, ao mercado esportivo e ao mercado cultural. Mas os exemplos virtuosos não deixam esconder a imensa maioria dos jovens brasileiros que engrossa o grupo dos que não encontram qualquer política pública que os remeta a outro destino que não o da frustração, do desamparo e do isolamento junto aos outros desvalidos de uma sociedade profundamente injusta com seus jovens.

REFERÊNCIAS

BANCO MUNDIAL. *Mobilidade econômica e ascensão da classe média latino-americana*, 2013.
CARDOSO, Adalberto M. Desigualdade, injustiça e legitimidade: uma investigação empírica sobre aspectos da sociedade brasileira. In: SCALON, Celi (org.). *Imagens da desigualdade*. Belo Horizonte: UFMG; Rio de Janeiro: Iuperj/Faperj, 2004.
DAMATTA, Roberto. *On the Brazilian urban poor*: an anthropological report. Democracy and social policy series. Notre Dame, IN: Kellog Institute, 1995. (Working Paper, n. 10.)
DURHAM, Eunice R. *A caminho da cidade*: a vida rural e a migração para São Paulo. São Paulo: Perspectiva, 1973.
FERREIRA, Maria Inês Caetano. *Mobilidade inter e intrageracional de famílias de trabalhadores e moradores de uma favela, num bairro de classe alta de São Paulo*. Trabalho apresentado no XIV Encontro Nacional de Estudos Populacionais, Abep, Caxambu, MG, 20-24 set. 2004.
HASENBALG, Carlos; VALLE SILVA, Nelson do (org.). *Origens e destinos*: desigualdades sociais ao longo da vida. Rio de Janeiro: Topbooks, 2003.
HENRIQUES, Ricardo (Org.). *Desigualdade e pobreza no Brasil*. Rio de Janeiro: Ipea, 2000.
INGLEHART, Ronald. *Culture shift*: in advanced industrial society. Princeton: Princeton University Press, 1990.
JANNUZZI, Paulo de Martino. *Migração e mobilidade social*: migrantes no mercado de trabalho paulista. Campinas: Autores Associados, 2000.
KOCHUYT, Thierry. La pauvreté occidentale: expérience, mesurage et représentation idéologique. In: BONASSO, Maria Pia; II UNIVERSITA DEGLI STUDI DI ROMA; UNIVERSITA CATTOLICA DEL SACRO CUORE. *Disoccupazione e povertà*: cause e rimedi. Roma: Inail, 2000.
ONU. *Relatório das Nações Unidas para os assentamentos humanos*. ONU-Habitat, 2012.
PERLMAN, Janice. *Marginalidade*: do mito à realidade nas favelas do Rio de Janeiro. Prefeitura da Cidade do Rio de Janeiro/Instituto Pereira Passos/Rio Estudos, n. 102, 2003. Mimeo.
REIS, Elisa Pereira. *Processos e escolhas*: estudos de sociologia política. Rio de Janeiro: Contra Capa, 1998.

_____. A desigualdade na visão das elites e do povo brasileiro. In: SCALON, Celi (org.). *Imagens da desigualdade*. Belo : UFMG; Rio de Janeiro: Iuperj/Faperj, 2004.

RIBEIRO, Carlos Antonio Costa. Estrutura de classes, condições de vida e oportunidades de mobilidade social no Brasil. In: HASENBALG, Carlos; SILVA, Nelson do Valle (org.). *Origens e destinos*: desigualdades sociais ao longo da vida. Rio de Janeiro: Topbooks, 2003.

_____. Quatro décadas de mobilidade social no Brasil. *Dados* – Revista de Ciências Sociais, Rio de Janeiro, v. 55, n. 3, p. 641-679, 2012.

ROCHA, Sonia. O declínio recente da pobreza e os programas de transferência de renda. In: SCHWARTZMAN, Felipe Farah et al. *O sociólogo e as políticas públicas*: ensaios em homenagem a Simon Schwartzman. Rio de Janeiro: FGV, 2009.

_____. O programa Bolsa Família: evolução e efeitos sobre a pobreza. *Economia e Sociedade*, Campinas, v. 20, n. 1 (41), p. 113-139, abr. 2011.

SANSONE, Lívio. Jovens e oportunidades: as mudanças na década de 1990 – variações por cor e classe. In: HASENBALG, Carlos; SILVA, Nelson do Valle (org.). *Origens e destinos*: desigualdades sociais ao longo da vida. Rio de Janeiro: Topbooks, 2003.

SANTOS, Wanderley Guilherme dos. *Horizonte do desejo*: instabilidade, fracasso coletivo e inércia social. Rio de Janeiro: FGV, 2006.

SCALON, Maria Celi (org.) *Imagens da desigualdade*. Belo Horizonte: UFMG; Rio de Janeiro: Iuperj/Faperj, 2004.

_____. *Ensaios de estratificação*. Belo Horizonte: Argumentvm, 2009.

_____. Desigualdade, pobreza e políticas públicas: notas para um debate. *Contemporânea*, n. 1, p. 49-68, jan./jun. 2011.

_____; CANO, Ignacio. Legitimação e aceitação: como os brasileiros sobrevivem às desigualdades. In: MARIÓ, E. G.; WOOLCOK, M. (org.). *Exclusão social e mobilidade no Brasil*. Brasília, DF: Ipea; Banco Mundial, 2005.

SCHWARTZ, Roberto. *Um mestre da periferia do capitalismo*: Machado de Assis. São Paulo: Duas Cidades, 1990.

SIMMEL, Georg. *Les pauvres*. Paris: PUF, 1998 [1907].

SOUZA, Jessé. *A construção social da subcidadania*: para uma sociologia política da modernidade periférica. Belo Horizonte: UFMG; Rio de Janeiro: Iuperj, 2003.

TELLES, Sarah Silva. *Viver na pobreza*: experiência e representações de moradores de uma favela carioca. Tese (doutorado em sociologia) – Instituto Universitário de Pesquisas do Rio de Janeiro, Rio de Janeiro, Iuperj, 2008.

_____. Pobreza e desigualdade na escola da favela. In: PAIVA, Angela R.; BURGOS, Marcelo B. (Org.). *A escola e a favela*. Rio de Janeiro: PUC-Rio/Pallas, 2009.

_____. A categoria pobre: o que tem a dizer a sociologia? In: OLIVEIRA, Pedro Ribeiro de (org.). *Opção pelos pobres no século XXI*. 2. ed. São Paulo: Paulinas, 2011.

_____. Pobreza como "processo de acumulação de desvantagens". In: GONÇALVES, Rafael Soares (Org.). *Pobreza e desigualdade social*: ontem e hoje. Rio de Janeiro: Letra Capital, 2013.

TELLES, Vera da Silva. A experiência da insegurança: trabalho e família nas classes trabalhadoras urbanas em São Paulo. *Tempo Social*, São Paulo, n. 4, p. 53-93, 1992.

_____. *Pobreza e cidadania*. São Paulo: USP/Ed. 34, 2001.

UMA ÓTIMA NOTÍCIA: O ABISMO SOCIAL BRASILEIRO FICOU MENOR. *Veja*, São Paulo, 28 de abril de 2012.

3 | Trajetórias de mulheres brasileiras em deslocamento: gênero, raça e violência

SONIA MARIA GIACOMINI[*]
EBE CAMPINHA DOS SANTOS[**]

Este capítulo tem por objetivo trazer à tona e refletir acerca de como as questões de gênero e de raça emergiram nos relatos das trajetórias de um grupo de mulheres brasileiras que, sob circunstâncias variadas, emigraram para outros países e posteriormente retornaram ao Brasil. Busca-se identificar, por meio dessas narrativas, os procedimentos acionados para que algumas das entrevistadas fossem qualificadas como integrantes de um "grupo vulnerável", o que as teria transformado em objeto de tutela nos países de destino e de origem. Como será visto, os casos em que o deslocamento esteve associado à "migração irregular" ou à "indústria do sexo" revelaram-se particularmente críticos, ao marcarem de forma decisiva a experiência migratória dessas mulheres.

De diferentes perspectivas, a temática da violência emerge espontaneamente nas narrativas colhidas, seja como fator motivador da migração, seja como consequência de discriminação ou de preconceito, seja, ainda, em casos extremos, associada ao aliciamento e tráfico para fins de exploração sexual. O tráfico para exploração sexual, como é amplamente sabido, constitui uma das modalidades de tráfico de pessoas, como registra o Protocolo de Palermo (2000),[1] que entende a expressão "tráfico de pessoas" como o recrutamento,

---

[*] Antropóloga, doutora, professora e pesquisadora do Departamento de Ciências Sociais da PUC-Rio.
[**] Doutora em serviço social pela PUC-Rio e professora do curso de serviço social e da pós graduação em Políticas Sociais da Unigranrio.
[1] Protocolo Adicional à Convenção das Nações Unidas contra o Crime Organizado Transnacional Relativo à Prevenção, Repressão e Punição do Tráfico de Pessoas, em Especial Mulheres e Crianças, mais conhecido como Protocolo de Palermo, publicado no ano 2000.

o transporte, a transferência, o alojamento ou o acolhimento de pessoas, recorrendo à ameaça, ao uso da força ou de outras formas de coação, ao rapto, à fraude, ao engano, ao abuso de autoridade ou à situação de vulnerabilidade, ou à entrega ou aceitação de pagamentos ou benefícios para obter o consentimento de uma pessoa que tenha autoridade sobre outra para fins de exploração. A exploração inclui, no mínimo, a exploração da prostituição de outrem ou outras formas de exploração sexual, o trabalho ou serviços forçados, a escravatura ou práticas similares à escravatura, a servidão ou a remoção de órgãos.

O crescimento do tráfico de mulheres, considerado uma violação de direitos humanos, tem sido associado a vários fatores, entre eles o recrudescimento das desigualdades socioeconômicas entre as diferentes regiões do mundo, o aumento dos fluxos migratórios e o enrijecimento das legislações migratórias dos países receptores. (Alencar, 2007).

O "tráfico de mulheres" no Brasil, não obstante tenha vários antecedentes históricos, cujas implicações não podem ser negligenciadas e serão tratadas posteriormente, manteve-se invisível até tornar-se publicamente evidente em 2002, quando foi publicada a Pesquisa sobre Tráfico de Mulheres, Crianças e Adolescentes para fins de Exploração Sexual Comercial no Brasil (Leal, 2002), que identificou rotas nacionais e internacionais. Uma novela recentemente exibida no Brasil em uma emissora televisiva de grande audiência nacional – e com repercussão em alguns outros países – tematizou o tráfico de mulheres em uma de suas tramas centrais, o que certamente contribuiu para que a questão entrasse de maneira direta não somente nos lares brasileiros, mas também nos meios de comunicação em geral e no imaginário social.

Com base na mencionada pesquisa em 2002, uma questão que vem recorrentemente suscitando polêmicas é a da definição da magnitude do fenômeno. Quantas são efetivamente as mulheres traficadas? Boa parte da literatura crítica sobre o tema vem questionando os números apresentados por organismos internacionais, argumentando haver falta de explicitação dos procedimentos e das fontes utilizadas na realização das projeções e ambiguidade dos critérios utilizados para caracterizar o fenômeno.[2] Parte dessa literatura, com maior ou menor ênfase, afirma que os números alarmantes divulgados por organismos internacionais, reforçados por depoimentos ou histórias de mulheres traficadas que aparecem em alguns documentos e estudos como as principais vítimas do tráfico de pessoas, ajudam a construir um imaginário unificado e sem mui-

---

[2] Ver, a esse respeito, por exemplo, Blanchette e Silva (2011); Jesus (2011).

tos questionamentos (Andrijasevic, 2004). Tais estudos argumentam também que esse imaginário unificado reforça estereótipos de gênero e raça em relação à mulher, que aparece sempre como o grupo mais vulnerável à ação das organizações criminosas, o que, em decorrência, termina por levar à formulação de recomendações numa mesma e única direção: cercear os deslocamentos femininos e propor a tutela do Estado.

Diante desse quadro, não surpreende que alguns pesquisadores (por exemplo, Piscitelli, 2006; Lisboa, 2007) tenham a preocupação de lembrar que mulheres, assim como homens, empreendem migrações internacionais pelas mais várias razões, à busca de trabalho e de novas oportunidades econômicas e sociais, para estudar, para conhecer novos modos de vida e novas culturas, para viver novas experiências, para escapar do jugo familiar e por mil outros motivos. Outras, também como os homens, fogem de conflitos armados, de perseguições e confrontações étnicas e religiosas, de contextos de opressão ou perseguição política, para formar ou reunificar a família. Há ainda aquelas que foram deslocadas compulsoriamente por grandes projetos (barragens, estradas etc.) ou por catástrofes ambientais (Piscitelli, 2006).

Migração feminina no século XIX e o tráfico de escravas brancas

Até meados do século XX, a presença feminina nos processos migratórios não mereceu a atenção devida. Se isso deveu-se, mesmo que parcialmente, ao fato de que os homens representavam efetivamente a maioria nos fluxos dos deslocamentos internacionais, há que se destacar, no entanto, que mesmo quando havia uma predominância de mulheres – como no caso dos irlandeses para os Estados Unidos, no século XIX –, a experiência dessas mulheres não foi tratada como um objeto digno de análise (Assis, 2007).

> Até o início dos anos 1970, conforme destacam Patricia Pessar e Sylvia Chant e Sarah Radcliffe, as mulheres não se encontravam presentes nas análises empíricas e nos escritos produzidos porque muitos teóricos estavam influenciados pelas teorias neoclássicas de migração. Havia um pressuposto de que os homens eram mais aptos a correr riscos, enquanto as mulheres eram as guardiãs da comunidade e da estabilidade. Essa imagem, favorecida pela teoria push-pull, colocava a migração como resultado de um cálculo racional e individual e relegava as mulheres a um lugar secundário, sem reconhecer o seu trabalho como imigrantes [Assis, 2007:749-750].

Dessa forma, não somente as referências à migração feminina no século XIX são bastante escassas, mas se encontram também como que circunscritas a dois temas muito específicos: o da prostituição e o do tráfico de mulheres brancas europeias, trazidas para a prostituição nas Américas.

Como é amplamente sabido, o tráfico de pessoas é bem anterior ao tráfico de "escravas brancas" que tem lugar no século XIX, pois o tráfico de escravos e escravas africanos configura-se como elemento constitutivo da própria emergência da modernidade e da sociedade capitalista.

Escapa ao objetivo deste trabalho resgatar o processo histórico que conduziu ao repúdio ao tráfico de escravos e escravas negros e ao abolicionismo legal da escravidão nas metrópoles e ex-colônias americanas emancipadas. Cabe, porém, chamar a atenção para o fato de que os motivos e modalidades do combate à escravidão negra (abolicionismo) em muito diferem do tratamento dado ao "tráfico de mulheres brancas". Como observaram diversos autores que trataram dessa questão (Lima, 2012; Assunção e Soares, 2010, entre outros), enquanto o abolicionismo era um enunciado sobre "outro" – negro ou negras, exóticos – vindo de terras distantes e cuja alteridade era concebida como de natureza "racial", o tráfico de mulheres brancas tinha (tem) como foco uma mulher (europeia) migrante, cujo corpo e sexualidade, a serem estudados e controlados, eram objeto da ciência, isto é, da medicina e, de modo particular, do higienismo.

Assim, serão os medos e os temores da sociedade europeia e americana a respeito de mudanças sociais em curso que enfatizarão as narrativas sobre o tráfico de escravas brancas como uma ameaça aos valores mais caros à sociedade ocidental. Tais medos referiam-se não só à sexualidade e à independência femininas, mas também ao receio dos estrangeiros e dos migrantes (Doezema, 2000).

O pânico moral causado pelas histórias de tráfico de escravas brancas, segundo Doezema, propiciou, nos séculos seguintes, o surgimento de legislações e políticas de combate que, não casualmente, se voltavam exclusivamente para reprimir o tráfico de meninas e mulheres *brancas*, "capturadas" e levadas para trabalhar como prostitutas nas Américas como parte do contingente dos grandes fluxos migratórios ocorridos naquele período. Somente muito mais tarde assistir-se-á à extensão do repúdio ao tráfico de mulheres *em geral*, revelando de maneira inequívoca que o tráfico de "outras mulheres", não brancas, era aceitável ou, pelo menos, não constituía um crime grave.

As histórias de "escravas brancas" reforçavam a necessidade imperativa do controle do corpo e da sexualidade das mulheres europeias diante da ameaça a valores e interesses sociais, provocada pela liberação e pela autonomia das mulheres, revelando a moralização da migração quando se trata do deslocamento desse grupo.

> Há neste sentido uma ênfase na inocência e na cor da mulher traficada, sendo utilizada para simbolizar o pertencimento da "escrava traficada" à civilização ocidental. Este discurso eurocêntrico indica que através da prática de tráfico, seja a pureza da vítima, seja a suposta "superioridade" da civilização ocidental, estariam colocadas em perigo [Ausserer, 2007:32].

As interpretações críticas dos discursos sobre o tráfico de mulheres brancas destacam como tal fenômeno catalisou temores e serviu como metáfora para diversos medos que o pensamento da época associava às mudanças sociais em curso. Além da explícita e já mencionada identificação racial e nacional expressa pela designação "mulheres brancas", também estava em questão o temor provocado pela crescente independência (ou o desejo de independência) das mulheres, que ameaçaria a estabilidade da família como "fundamento da sociedade" e, ao mesmo tempo, desestabilizaria a integridade da nação. De onde vinha a ameaça? Da migração de mulheres não acompanhadas, já que a mulher não acompanhada, em princípio e por natureza, constituía, *per si*, uma ameaça à família.

O crescimento das grandes cidades da América do Sul, que buscavam a todo custo a modernidade europeia, assim como a intensa migração do norte para o sul, foram alguns dos aspectos que marcaram a segunda metade do século XIX e o início do XX e constituíram o pano de fundo dessas mudanças. No Brasil e na Argentina, cidades como São Paulo, Rio de Janeiro e Buenos Aires viviam, na segunda metade do século XIX e no início do século XX, um acelerado crescimento demográfico, a exemplo de muitas cidades norte-americanas e do que haviam vivido Londres e Paris entre 1750 e 1850, consideradas modelos de cidades modernas e desenvolvidas.

Os grandes centros urbanos no Brasil e na Argentina cresceram de maneira acelerada graças à chegada de imigrantes europeus. Ao lado de grupos familiares, também homens e mulheres, jovens e solteiros, compõem essa massa de recém-chegados. Entre essas mulheres, uma parte era de prostitutas que vinham trabalhar nos bordéis, que se multiplicavam.

Havia nesses grandes centros urbanos certa permissividade quanto à prostituição, em virtude de uma crença no poder "civilizatório" das mulheres europeias sobre os homens do Novo Mundo. Igualmente, aqui como na metrópole, operava-se uma espécie de funcionalidade da prostituição, percebida como uma forma de resguardar a família, um mal necessário que oferecia ao apetite sexual masculino insaciável um desaguadouro que poderia conviver e assegurar a estabilidade e a integridade da família.

No Rio de Janeiro, a atração exercida por essas prostitutas europeias decorria, em alguns segmentos sociais, da identificação de sua origem com a modernidade e a sofisticação, oferecendo, no mercado sexual, a possibilidade de vivência de uma relação considerada excitante e diferente daquela a que os homens estavam habituados, isto é, com negrinhas e mucamas. A novidade representada pela prostituta europeia destacava-se contra um pano de fundo habitado quase exclusivamente por mulheres negras e mestiças, ex-escravas ou escravas:

> A atração pela "polaca", seja ela associada às polonesas austríacas, russas ou judias, fundou-se na constituição de um imaginário voltado para a idealização das regiões distantes, povoadas por raças diferentes, onde ocorriam histórias fantásticas de nobres, num país onde até então grande parte das prostitutas provinha dos contingentes de escravas e ex-escravas negras, principalmente no Rio de Janeiro. Mulheres loiras, ruivas, claras, delicadas, de olhos verdes ou azuis tornavam-se misteriosas e inatingíveis para uma clientela masculina seduzida pelos mistérios fantásticos da vida moderna e impulsionada pelo desejo de desvendar física e simbolicamente os labirintos. Como nunca, o burguês da *Belle Époque* amou o insólito, sonhou com viagens distantes, desejou experimentar o sabor das aventuras extravagantes, inclusive as sexuais. Essas figuras femininas prometiam realizar suas fantasias eróticas [Rago, 1991:250].

Pereira, em artigo publicado em 2005, sugestivamente intitulado "Lavar, passar e receber visitas: debates sobre a regulamentação da prostituição e experiências de trabalho sexual em Buenos Aires e no Rio de Janeiro, no fim do século XIX", analisa os debates em torno da regulamentação da prostituição frente à ameaça moral, provocada inclusive pelo tráfico de mulheres brancas:

> No século XIX, os temas da prostituição e da escravidão estiveram vinculados, em diferentes partes do mundo. Na Europa, as metáforas da escravidão serviram, na segunda metade do século XIX, para denunciar a violência que envolvia a crescente mobilidade internacional de prostitutas europeias. Mesmo antes, na Inglaterra dos anos 1830, a expressão "escravidão branca" fazia referência tanto à exploração de mulheres em fábricas quanto à exploração de jovens judias por

homens também judeus. No Rio de Janeiro dos anos 1840, quando os médicos começaram a estudar a prostituição como um "fato social", a escravidão era uma referência obrigatória [...] Enquanto médicos e homens da lei discutiam a regulamentação da prostituição como medida profilática e moralizante, começavam a preocupar-se com o tráfico de mulheres brancas, a maior parte das prostitutas nas janelas das ruas centrais do Rio eram de escravas negras [Pereira, 2005:2, 4].

O discurso da época enfatizava a imagem da mulher branca enganada e ingênua, capturada e escravizada sexualmente, reforçando os apelos à repressão do Estado no combate à prostituição em geral, numa clara identificação da prostituição com o tráfico de mulheres brancas.

A denominação "escrava branca", identificando a mulher europeia que se dedicava à prostituição em outros continentes, terminava condenando-a à condição de vítima passiva e indefesa, eliminando, de antemão, a possibilidade de que uma mulher, individualmente, tomasse qualquer iniciativa de automobilidade. Nesse contexto, uma mulher solteira fora de um grupo familiar era, não podia deixar de ser, uma prostituta; e uma prostitua era, não podia deixar de ser, uma escrava branca, vítima da coerção de um traficante (Pereira, 2005).

Era como se nenhuma dessas mulheres, como se admitia para os homens, pudesse desejar sair voluntariamente do seu contexto nacional ou local, social ou familiar, para buscar melhores condições de vida por meio da migração e, mesmo, em alguns casos, adotando a prostituição como estratégia de sobrevivência nos países de destino.

Escapa às ladainhas moralizantes da época a obra de Emma Goldman (*The traffick in women*, 1909), em que a militante anarquista e feminista expõe e denuncia a exploração capitalista, o imperialismo e a opressão de gênero. Mas Goldman constituiu uma exceção, mesmo entre as feministas, por não se recusar a enfrentar e associar temas tabus como tráfico das "escravas brancas", prostituição, casamento e amor livre (Rago, 2011).

No texto mencionado, Goldman foca sua crítica no que considera mais propriamente um uso político dos problemas sociais de sua época do que um real enfrentamento da questão do tráfico de mulheres da Europa oriental e ocidental para a América, realizado por gangues especializadas e com vistas à exploração da prostituição. Ela realiza a proeza de associar e assimilar a condição da mulher prostituta à condição da mulher operária, submetidas ambas a formas particulares da mesma exploração e opressão:

Qual é realmente a causa do comércio de mulheres? Não apenas de mulheres brancas, mas também mulheres amarelas e negras! Exploração, é claro, o impiedoso Molloch do capitalismo que engorda com o trabalho mal pago, levando assim milhares de mulheres e garotas à prostituição. [...] Em nenhum lugar a mulher é tratada de acordo com o mérito de seu trabalho, mas apenas como sexo [...] No momento atual, nosso bom povo está chocado com a revelação de que, apenas na cidade de Nova York, uma entre cada dez mulheres trabalha numa fábrica, que a média do salário recebido pelas mulheres seja de seis dólares por semana, por 48 a 60 horas de trabalho, e que a maioria das trabalhadoras enfrentem vários meses de inatividade, o que faz com que a média salarial seja de 280 dólares por ano. Em vista desses horrores econômicos, é de se admirar que a prostituição e o tráfico de escravas brancas tenham se tornado fatores tão dominantes? [Goldman, 2011:248-249].

Na visão de Emma Goldman, o que o discurso supostamente contra o "tráfico de escravas brancas" de fato pretendia era deslocar o foco das deploráveis condições sociais vigentes no país, condições essas que efetivamente levavam muitas moças pobres e trabalhadoras a se lançar na prostituição. Contra essa visão simplista do "mal", dizia ela, "é um absurdo apontar para a Europa como o pântano de onde provêm todas as doenças sociais da América" (Goldman, 2011:259). Como observou Margareth Rago:

Goldman usa o tema para lançar a sua crítica social e política ao sistema capitalista, à dominação patriarcal, ao conservadorismo moral, em sua própria atualidade. Assim é que, logo de início, estranha a repentina atenção dada ao chamado "tráfico de escravas brancas" pelas autoridades públicas, questionando que se tratasse de um fenômeno totalmente novo e restrito às "brancas". Ela, então, acrescenta as "amarelas" e as "negras", excluídas já na nomeação do fenômeno [Rago, 2011:265].

Outro aspecto importante problematizado por Goldman, e já destacado por Rago (2011), é que, diante da falta de perspectiva em seus países de origem, muitas mulheres migravam já sabendo que iriam se inserir na prostituição, ou porque já tinham essa inserção em seus países, ou porque passavam a ver na prostituição uma possibilidade concreta de mudar de vida.

Indo além de apontar as causas da prostituição na inferioridade social e econômica da mulher trabalhadora, desvalorizada no mercado de trabalho pela discriminação de gênero, Goldman denuncia a hipocrisia e a misoginia de uma sociedade, moderna, que desqualifica a mulher como trabalhadora e a constrói como objeto sexual. Nesse contexto discriminatório e opressivo, as mulheres teriam de pagar pelo direito de existir, sendo que parte desse pagamento seria por meio de uma entrega sexual, dentro ou fora do casamento. Não estariam, pois, na natureza ou moral feminina, nem no apetite sexual masculino, mas nas condições de existência das mulheres sob o capitalismo, as razões do crescimento da prostituição (Blanchette, 2011).

À época, a associação do tráfico com a prostituição servia para representar a degradação moral que a prostituição exerce na sociedade e na própria mulher. O uso do termo escravidão significava uma degradação maior, conferindo, seja ao indivíduo, seja à sociedade, uma posição de atraso ou mesmo involução – uma vez que se tratava primordialmente de mulheres brancas, isto é, algo muito diferente das negras e/ou africanas, consideradas como que afeitas ao tráfico e à condição servil.[3] Dessa forma, mulheres europeias e histórias de "tráfico de escravas brancas" desembarcaram em diferentes partes do mundo, ganhando em cada lugar dimensões políticas e significados particulares, conforme as relações de trabalho, as relações de gênero, as relações raciais e as práticas locais de comércio sexual (Pereira, 2005).

Não obstante as inúmeras denúncias e a ampla divulgação de histórias de tráfico de mulheres brancas, as evidências empíricas encontradas por historiadores da época não confirmavam tal amplitude do tráfico. Pelo contrário, pesquisas feitas nas varas criminais do Rio de Janeiro indicam que entre os anos 1890 e 1928, os casos ligados ao tráfico internacional de mulheres eram uma pequena porcentagem (Pereira, 2002).

Dessa forma, embora o tráfico de mulheres não fosse no período um fenômeno quantitativamente significativo, a retórica sobre tráfico permitiu, frente à ameaça moral que representaria – à sociedade e às famílias brasileiras –, promover uma campanha em prol da implementação de práticas violentas para a promoção da "limpeza moral" das cidades.

Como já foi observado, o discurso antitráfico não se baseava, nem principal e nem exclusivamente, em evidências empíricas, mas numa construção de conhecimento marcado por interesses diferenciados dentro de relações de poder. Como observou Foucault (1978:30), "a produção de conhecimento está diretamente relacionada ao poder; e o discurso – que não está separado do poder, mas representa uma forma de exercê-lo por meio da produção de saberes – pode ser visto como uma forma de poder".

---

[3] No Brasil, o tráfico tornou-se ilegal a partir de 1831, mas só foi efetivamente suspenso em 1850.

Assim, para reduzir a "ameaça do tráfico de pessoas" para a sociedade e, ao mesmo tempo, o perigo que corre a vítima, são construídos e engendrados mecanismos disciplinares que vigiam e controlam a possível vítima: a mulher traficada e também, é claro, a mulher traficável.

Como e sob quais condições, então, se dão os deslocamentos de mulheres? Desde o século XIX, as mulheres que quisessem praticar a prostituição em países estrangeiros necessitavam da ajuda de terceiros para o êxito da viagem. Normalmente, chegavam acompanhadas por maridos (às vezes em casamentos arranjados com tal finalidade), por companheiros ou, ainda, por cafetinas disfarçadas no papel de tias ou protetoras. A Polícia dos Portos exigia das mulheres sozinhas documentos não solicitados a outros imigrantes, como carteira de identidade do país de origem, atestado policial de boa conduta e bons costumes e certificado de exercício de uma profissão lícita. A mulher não devidamente acompanhada era, até que se provasse o contrário, suspeita de ser uma prostituta (Menezes, 1992).

A prostituição associada à escravidão transformou-se, a partir do final do século XIX, em um assunto debatido pelo Estado brasileiro, cujo posicionamento não questionava a necessidade de intervenção ou não na prostituição, mas até onde o Estado poderia invadir as relações de âmbito privado, isto é, entre senhores e escravos, visto que existiam muitas escravas obrigadas a se prostituir pelo seu senhor/proprietário.

Embora a prostituição de escravas negras como meio de ganho de seus proprietários tenha sido prática bastante comum e banal no cenário urbano brasileiro, a prostituição só passa a ser de fato encarada como um problema quando é associada ao tráfico de "escravas brancas". Foi a propósito delas, as mulheres brancas, que o trabalho sexual e doméstico tornou-se um problema político ao longo da segunda metade do século XIX, quando se passou a associar a prostituição à escravidão pelo tráfico de mulheres brancas.

As histórias de tráfico também serviam para justificar as constantes campanhas policiais de "saneamento moral" pela cidade, corroboradas por uma ordem médica a serviço do Estado. Na prática, tais campanhas seguiram objetivos bastante distantes do combate ao tráfico e, sobretudo, distante da proteção e ajuda às mulheres traficadas, recaindo mais numa vigilância sobre habitações coletivas de trabalhadores e expulsão de prostitutas do Centro da cidade do Rio de Janeiro. Era normal a suspeição policial sobre imigrantes de certas nacionalidades (Pereira, 2006).

Migração feminina na contemporaneidade

Até recentemente, a presença da mulher no âmbito da migração esteve ligada, de forma predominante, à chamada *reunificação familiar*. Nos últimos anos, entretanto, tem aumentado significativamente o número de mulheres que se deslocam sozinhas com o propósito migratório laboral.

As estatísticas sobre a migração mostram essa intensificação dos fluxos migratórios. Em 2010, estimou-se que a população migrante em nível mundial tenha chegado aos 214 milhões de pessoas, ou seja, 3,1% da população mundial. Desse total, quase metade (49%) era constituída por mulheres, o que correspondia a cerca de 104,8 milhões.

A reestruturação do mundo do trabalho, com aumento do desemprego e do trabalho precário, bem como a diminuição do papel do Estado e o desmantelamento gradativo dos sistemas de proteção social em diversos países a partir da década de 1980 provocaram o aumento da emigração da população dos países em desenvolvimento ou subdesenvolvidos para os países desenvolvidos.

As condições de trabalho precário, às vezes as condições sub-humanas encontradas em alguns países, estimularam a emigração de pessoas à procura de novas oportunidades além das fronteiras, numa expectativa de mudar suas condições de vida e trabalho.

Para Sassen (1988), a quebra das estruturas tradicionais de trabalho, a predileção pela força de trabalho feminina em diversas áreas da produção, com a consequente queda das novas oportunidades de trabalho masculino, e, ainda, o efeito generalizado de ocidentalização de tais contextos formam o quadro de rupturas que impulsionam a emigração internacional.

Nesse contexto, as mulheres seriam menos protegidas pela legislação do trabalho e pelas organizações sindicais devido às desigualdades históricas, o que faz recair sobre elas, com maior intensidade, a precariedade das condições de trabalho, dificultando inclusive sua integração e inserção nas sociedades de destino, ainda mais quando em situação irregular.

Segundo estudo da Organização Internacional do Trabalho (OIT, 2012), cerca de três em cada mil pessoas em todo o mundo são vítimas de trabalho forçado. O número total de pessoas presas em empregos que lhes foram impostos por meio de coação ou de engano chega a 20,9 milhões. Esses números incluem o tráfico de seres humanos e práticas análogas à escravidão. De acordo com o esse mesmo levantamento, mulheres e meninas representam 11,4 milhões (55%) do total de trabalhadores forçados, enquanto homens e meninos representam 9,5 milhões (45%).

O fenômeno chamado de *feminização das migrações* chama a atenção não apenas por sua dimensão quantitativa, mas também pela crescente importância e autonomia das mulheres nos processos migratórios, apesar de sua inserção laboral e familiar nos países de destino continuar, em muitos casos, a reproduzir relações de subordinação e submissão.

Outro aspecto é que, com a restrição ao ingresso de estrangeiros por parte de diversos países, tendência que se tem reafirmado com as políticas de combate ao terrorismo, aumentou a dificuldade de ingresso em muitos países de destino, fazendo com que um número crescente de migrantes, mulheres e homens, recorram à irregularidade e à ajuda de "intermediários". Nessas condições, ao chegarem ao destino, inserem-se em setores informais da economia, com pouca ou nenhuma proteção de direitos, destacando-se o trabalho doméstico e a prostituição.

Os serviços domésticos exigem geralmente mão de obra extremamente flexível, inclusive quanto a horários e tipo de atividades, o que dificulta a integração da migrante na sociedade de chegada, além de tornar mais complexa a reunificação familiar e a autonomia pessoal.

Esse trabalho doméstico precarizado, feito geralmente por migrantes (Hirata, 2001), é o que permite, por outro lado, que cresça o emprego de mulheres em profissões executivas e intelectuais nos países de destino.

Já a inserção de mulheres migrantes no mercado do sexo ocorre de diferentes maneiras. De um lado, há aquelas que dão continuidade às atividades que já desenvolviam no país de origem, na expectativa de que, no país de destino, terão mercado de trabalho mais favorável e auferirão níveis de renda mais elevados. De outro, há aquelas que, como estratégia de sobrevivência, apostam numa inserção temporária, de curta duração. Nos dois casos referidos, a prostituição aparece como uma alternativa para mulheres migrantes de pouca qualificação, que, muitas vezes de forma voluntária, veem nesse setor a possibilidade de fácil inserção e perspectivas de lucratividade rápida. Finalmente, há aquelas que são conduzidas à prostituição por meio de engano e de falsas promessas de trabalho, ou mesmo pela violência e coerção, configurando o tráfico.

Assim como o setor de trabalho e serviços domésticos, o mercado do sexo também é marcado por uma desregulação maior, preconceito e precarização, quando comparado aos demais setores.

Vasconcelos e Bolzon (2008), em relação à precarização do trabalho doméstico e do trabalho sexual, chamam a atenção para o fato de que esses cenários, em princípio, podem ser considerados propiciadores ou facilitadores de um maior espaço para situações de abuso, exploração e violência.

Isso explica que, em virtude de suas peculiaridades, nem sempre a migração feminina pode ser equiparada à migração masculina, tanto em termos de motivações e oportunidades quanto em termos de suas consequências, como se poderá verificar na próxima seção, com base no exame da trajetória de mulheres brasileiras na migração internacional.

A trajetória de mulheres emigrantes brasileiras: reflexões sobre relações de gênero e raça e a violência na migração internacional

A pesquisa de campo realizada de janeiro a julho de 2011 possibilitou coletar informações cuja análise permitiu reconstruir a trajetória das seis mulheres brasileiras entrevistadas. Todas elas, em algum período de suas vidas, que varia de alguns poucos meses até vários anos, retornaram ao Brasil. O objetivo foi verificar como essas mulheres percebem e ressignificam sua história de deslocamentos, identificando a existência de fatores que as colocaram em situações de risco pessoal e social ou de violação de direitos – desde a decisão de migrar até o retorno ao Brasil –, identificando a diversidade de situações, expectativas, projetos, sonhos, amores e desamores, temores e sofrimento diante de situações de discriminação e violência, inclusive do tráfico.

Outro aspecto observado foi como essas mulheres percebem as ações dos diversos sujeitos (Estado, organizações da sociedade civil, família, amigos, grupos criminosos e outros) e as estratégias utilizadas por elas na superação das dificuldades (com quem efetivamente contaram?) e nas interrupções das violações.

Uma grande dificuldade inicial encontrada foi localizar essas mulheres, principalmente as que haviam vivido situações de violência e tráfico de pessoas, o que levou ao contato com o Projeto Trama,[4] que propiciou o encontro com quatro mulheres. As outras duas surgiram no decorrer da pesquisa, a partir das inserções de uma das autoras como assistente social e docente.

O universo das mulheres que participaram dessa pesquisa, embora bastante pequeno, mostrou no entanto alguma diversidade no que diz respeito à

---

[4] Consórcio criado em 2004, com sede na cidade do Rio de Janeiro, entre as instituições não governamentais (Instituto Brasileiro de Inovações em Saúde Social, Organizações de Mulheres Negras – Criola, Organização de Direitos Humanos Projeto Legal e Universidade Unigranrio), com o objetivo de prevenção e enfrentamento ao tráfico de pessoas.

idade, cor de pele, local de residência, escolaridade, mas, principalmente, em relação às trajetórias de migração.

No momento da entrevista, as pesquisadas tinham idades entre 29 e 49 anos. Uma informou estar vivendo em união estável e as outras informaram ser solteiras. Duas definiram sua cor de pele como morena, uma referiu a si mesma como mulata, outra como branca, outra como negra e somente uma não fez a esse respeito qualquer menção.

A escolaridade dessas mulheres também é bastante variada, indo do ensino fundamental incompleto ao superior completo com pós-graduação. Três possuem uma condição social melhor, duas devido ao emprego público e outra como comerciante; as outras entrevistadas vivem em situações muito precárias e possuem baixa renda. Por meio de inserções formais e informais no mercado de trabalho, essas mulheres desempenhavam um importante papel de sustento e apoio de suas famílias quando ainda estavam no Brasil. Três delas continuaram a desempenhar tais papéis após a migração.

Quatro residiam na cidade do Rio de Janeiro (Pavuna, Copacabana e Jardim América), uma no município de Duque de Caxias e outra no município de São Gonçalo. Quanto à idade, quando emigraram tinham entre 14 e 35 anos, e o primeiro deslocamento teve como destino Portugal, Itália, Espanha e EUA, nas décadas de 1970, 1980, 1990 e 2000. Uma delas, até o momento da realização da pesquisa, permanecia no exterior, tendo fixado residência na Itália.

Duas entrevistadas afirmaram ter sido vítimas de tráfico de mulheres. As demais narraram diversas situações de constrangimento, discriminação, preconceito e violência. Nesses casos, ficou evidente que a condição econômica e social, bem como o gênero e a raça, incidiram de forma significativa sobre seus projetos de vida no exterior.

Trajetória 1[5]

Luiza, 49 anos, moradora de São Gonçalo, se definiu como mulata, cursou o fundamental incompleto e participava, no momento da realização da pesquisa, como voluntária em um projeto social com adolescentes. Luiza recebia assistência de uma instituição que, entre outros serviços, lhe prestava apoio psicológico. Ha-

---

[5] Como é de praxe em pesquisas dessa natureza, os nomes das entrevistadas foram substituídos por nomes fictícios, a fim de preservar sua identidade.

via contraído câncer e aids e apresentava sequelas de leptospirose, encontrando-se em tratamento médico, ingerindo muitos medicamentos. Luiza relatou três viagens para o exterior, nas décadas de 1970, 1980 e 1990. A primeira viagem ocorreu por intermédio de seu vínculo com uma escola de samba da zona Norte do Rio de Janeiro; na segunda, deixou a casa de shows na Zona Sul do Rio Janeiro, onde trabalhava como "mulata profissional",[6] para ir para Portugal. O relato de Luiza apresentou-se em vários momentos como um conjunto de lembranças fragmentadas, certamente em decorrência da fragilidade de sua saúde, assim como das sequelas deixadas pelas doenças que a acometeram. Ainda assim, alguns momentos-chave de sua trajetória puderam ser claramente identificados. Ela narra sua primeira saída do país aos 14 anos, na década de 1970, quando, com a devida permissão de seus responsáveis e com a autorização dos consulados brasileiro e português, viajou para a apresentação de um espetáculo sobre o Carnaval em Portugal. Essa apresentação foi produzida por uma escola de samba da Zona Norte do Rio de Janeiro e financiada por donos de hotéis e da rede de turismo. O presidente dessa escola de samba era seu padrinho e teve a ideia de fazer um show no exterior com as meninas de Nova Iguaçu e de outros municípios da Baixada Fluminense. Essa primeira viagem ocorreu sem problemas e, conforme expressou, teve o efeito de despertar nela o desejo de ser famosa e de ganhar dinheiro.

> Não era uma coisa que eu desejava, mas é uma coisa que toda pessoa quer, mostrar o seu país, a sua gente, como o Brasil é índio, português e africano [...]. Na primeira vez pensei em dinheiro e voltar famosa. E eu pensei: o que eu sei fazer? Sei sambar. No Brasil todos são sorridentes, se falam, e lá eles são frios, não têm calor humano. E fui mostrar [Luiza].

Passados 12 anos, foi somente por ocasião de sua segunda viagem para Portugal, na década de 1980, já então como uma mulata profissional, que, conforme relatou, teria se transformado em vítima de tráfico. Tinha 26 anos e viajou para Portugal, mediante proposta de donos de boates no Rio de Janeiro e em São Paulo, para realizar shows de samba naquele país, com um contrato de 30 dias. Após um mês trabalhando em shows, já então em situação irregular, fugiu quando tentaram forçá-la a se prostituir. Mesmo assim, para sobreviver se envolveu com prostituição nas ruas e com drogas ilegais.

---

[6] Sobre a profissão de mulata, ver, por exemplo, Giacomini (2006).

Chamavam a gente de índio, de cambada de terceiro mundo. Os homens então que sabiam que a gente era sambista, achavam que podiam fazer de tudo, abuso sexual [...]. Na época eu tinha força, parecia um homem, eu simplesmente não abaixei a minha cabeça e disse: eu volto a nado, quem quiser me acompanhar. E eu comi lixo. Não aceitei [...]. Fiquei um ano e pouco em Portugal. Um ano bem e um ano horrível. Fiquei me escondendo em Portugal por quase um ano, dormia na rua e me prostituía na pista.

Falou em brasileiras, carnaval, são putanas. Pelé, café e carnaval, putanas, bundas, era o retrato do Brasil [Luiza].

Luiza relata ter conseguido sair dessa situação com a ajuda de pessoas ligadas a uma Igreja, mas também procurou o consulado brasileiro.

Tinha um pessoal ligado à Igreja que sabia destas coisas e acolheu a gente, dava café da manhã, a gente almoçava, a gente limpava o chão, fazia limpeza para pagar.

Eles [referindo-se ao consulado] não te veem como vítima, igual a mulher que apanha do marido "briga de marido e mulher, não se mete a colher", que mesmo ela não estando errada é péssimo o tratamento. Não sei agora, mas era péssimo o tratamento. Cheguei a pedir ajuda ao consulado brasileiro e fecharam a porta para a gente. Isso que me revoltou mais ainda [Luiza].

Em sua terceira viagem, na década de 1990, já envolvida com prostituição e dançando em espetáculos de mulatas em uma boate na Zona Sul do Rio de Janeiro, foi financiada por essa casa noturna para fazer apresentações na Itália e em Portugal. Quando retornou, havia contraído uma dívida enorme, que pagou trabalhando na casa de shows, não recebendo nenhum dinheiro durante meses até pagar toda a dívida.

Trajetória 2

Patrícia, 35 anos, nascida em São Gonçalo, RJ, informou "ter vindo de uma família de camelôs" e que a maioria de seus familiares ainda vive do comércio autônomo. Saiu do Brasil pela primeira vez em 2000, aos 23 anos, indo trabalhar na Itália, onde sua irmã já morava havia alguns anos. O fato de ter uma irmã na Itália – em Milão – fez com que resolvesse "se arriscar", mesmo não tendo um bom relacionamento com ela. Trabalhou em Milão em um restaurante e também como empregada doméstica, e constatou que lá "tudo era muito difícil". Então, depois de dois anos e meio, decidiu retornar ao Brasil.

De volta ao Rio de Janeiro, passou a trabalhar numa empresa de confecção de biquínis e sandálias, e foi por meio desse trabalho que surgiu a oportunidade de retornar à Itália, com a promessa de que a empresa providenciaria o documento de permanência, o que efetivamente não aconteceu.

> Minha expectativa, primeiramente, foi o salário e de mudar de vida, de sair do bairro onde morava, porque eu odiava morar em São Gonçalo. Sem dúvida foi uma expectativa, pois eu já fui uma vez e não consegui. Insisti porque desta vez eu tinha uma coisa mais certa, um trabalho mais certo, eles iam me colocar *in regula*. E na verdade não aconteceu. E a proposta veio deles [Patrícia].

Patrícia relatou diversas violações de que foi vítima, assim como as que presenciou com outras mulheres migrantes na Itália, como a da precarização e da exploração do trabalho. Foram muito duras tanto a experiência como empregada doméstica quanto, posteriormente, como vendedora: a falta de comprometimento dos patrões em relação à promessa de regularização de papéis, documentos legais ou visto de permanência, o não pagamento de horas extras, a sobrecarga de trabalho, a ausência de direitos trabalhistas e a violência e o abuso sexual.

> Já trabalhei na casa de uma senhora judia e ela judiava mesmo da gente. O marido dela tacava o jornal na cara da minha irmã e ele abusava de uma filha da funcionária das Filipinas, menor de idade, passava a mão nela [...]. Mas com medo de perder o trabalho, as pessoas têm que infelizmente passar por isso aí. Já aconteceu também de eu estar limpando uma casa e um senhor, quase morrendo, deitado com problema de coração, passou a mão no meu seio. Você passa por essas coisas ainda mais se souberem que você não tem *permesso di soggiorno*. Você não é nada! [Patrícia].

A solução encontrada por Patrícia foi "comprar" um casamento falso para ser cidadã italiana, resolvendo dessa forma o problema do reconhecimento, mas não o de seu sustento.

No relato de Patrícia é possível ver que o que realmente possibilitou a subsistência foi o fato de ela ter conseguido ajuda durante algum tempo. Conheceu um italiano, um nativo, com quem tinha um relacionamento relativamente estável a ponto de ele custear suas necessidades, o que lhe proporcionou um suporte para que pudesse abrir seu próprio negócio, uma confecção de biquínis, e para que se mantivesse durante esse tempo na Itália. Esse homem, que graças ao suporte e ao apoio financeiro estáveis, garantiu em grande medida o sucesso de seu projeto migratório, foi o mesmo que, por diversas vezes, se mostrou violento e agressivo em repetidos episódios de violência doméstica. Orgulhosa de ter conseguido finalmente comprar uma quitinete em Copacabana, deixando para trás São Gonçalo, como era seu sonho, Patrícia hoje transita de um país a outro vendendo biquínis.

Por diversas vezes Patrícia mencionou os caracteres da mulher brasileira que atrairiam os homens europeus, ambíguos e contraditórios, ora negativos e constrangedores, ora oferecendo oportunidades de aproximação e de relacionamento.

As brasileiras são pichadas no exterior. Sem dúvida nenhuma, em Milão, é exatamente isso. Existe um abuso muito grande com a mulher brasileira, principalmente se ela for morena, se ela for mulata, e ela é sempre tachada como puta, essa é a verdade.

A mulher brasileira sabe dançar, sabe chegar, ela tem uma felicidade, que a cubana, por exemplo, também é bonita, também tem um corpo legal, tem porte legal, também chama a atenção, mas não vai comparar uma cubana com uma brasileira. Então qual é a mulher que vai se destacar no mundo? É a brasileira... eles adoram, principalmente se você for com a pele mais escura, se você for morena [Patrícia].

Trajetória 3

Geane tem 41 anos, nasceu no bairro da Pavuna, na Zona Norte do Rio de Janeiro, cursou até a terceira série do ensino fundamental e trabalhava como faxineira diarista. Relatou nunca ter pensado em sair do Brasil até que, um dia, recebeu de uma amiga o convite para ir para a Espanha. Essa amiga, na casa de quem morava com um de seus filhos e de quem se "considerava como uma irmã", já havia viajado anteriormente para a Espanha com um grupo de dança organizado por uma escola de samba da Zona Norte do Rio de Janeiro que promovia espetáculos.

Durante a viagem, contrariando as normas do grupo, essa amiga havia conhecido um espanhol de quem se tornou amante, envolvendo-se também com a prostituição em um dos locais de comércio sexual mantidos por ele.

Ao retornar ao Brasil, essa amiga decidiu formar seu próprio grupo, patrocinado pelo espanhol, convidando Geane e outras mulheres e homens do antigo grupo ligado à escola de samba, com a promessa de ganhos maiores. Assim, embarcaram para a Espanha em julho de 1998, e, decorridos dois meses da chegada, Geane conta que passaram a exigir que, além dos shows, se prostituíssem para pagar o montante que havia sido computado como gasto decorrente de despesas relacionadas a cada uma delas.

> Quando a gente chegou na Espanha, fomos direto para o restaurante de Alberto. Ele tinha duas casas de prostituição, um restaurante enorme, um supermercado, que ficava ao lado da casa onde estávamos. Fazíamos o show em hotéis de luxo que pagavam a ele, que era responsável de tudo. Não víamos o dinheiro. Depois de dois meses começamos a cobrar nosso salário. Teve então uma reunião no restaurante dele. Ele disse que tinha um comunicado para fazer, que "a partir de hoje", além de dançarmos nos hotéis teríamos que ir para a casa de puteiro, depois do show, "porque vocês têm que pagar o que ele gastou", gasto com a gente no Brasil: passaporte, visto, documentação, as roupas [Geane].

Geane relata que denunciaram a situação à polícia e ao consulado na Espanha:

> A gente só tinha como documentação a tarjeta, que era uma carteirinha para andar no país, pois sem ela íamos presas pela polícia. Então falamos com o delegado que viemos para a Espanha com Alberto, que ele tinha uma casa de prostituição e que estava obrigando a gente a trabalhar na prostituição e queríamos a nossa documentação de volta, porque a amante dele havia ficado com os nossos documentos, passaportes e passagens. O delegado foi à noite no puteiro procurar o Alberto, que "amarelou", porque de noite ele ficava no puteiro e de dia ele mandava os capangas dele levar a gente de van. A polícia chegou, bateu nas duas casas de puteiro dele. Levaram umas mulheres que estavam sem documentação e o Alberto para a delegacia, e ele ficou uma noite preso. No dia seguinte Alberto foi solto. Lá é tudo uma máfia, lá ele conhecia os policiais, o delegado, conhecia todo mundo, ele tinha dinheiro e podia comprar todo mundo.
> Procuramos o consulado brasileiro, mas eles não ajudaram em nada [...] Eu não podia parar de fazer os shows porque era um contrato assinado durante nove meses [Geane].

O caso foi denunciado à Polícia Federal no Brasil como tráfico de mulheres pela mãe de uma delas, chamada Tatiane, amiga de Geane, que, segundo relatou esta última, juntamente com ela se negou a ir para o prostíbulo. Em seu relato, inicialmente transmitido à Polícia Federal pela mãe da amiga, Geane contou que haviam sido ameaçadas, seus passaportes retidos, não recebendo nem pagamento pelos shows nem acesso à alimentação. Segundo Geane, a aliciadora também forjou furto de dinheiro e tentou incriminar ambas – ela e Tatiane –, denunciando-as por furto à polícia espanhola. Também relatou que haviam conseguido escapar dessa falsa acusação e, com ajuda de pessoas da Espanha (que frequentavam a boate) e do Brasil (a família de Tatiane), finalmente voltar ao país.

Geane informou não ter recebido nenhum tipo de apoio ou proteção social do governo brasileiro, mesmo após seu caso ter vindo a público. As únicas ações relatadas foram a da Polícia Federal e a da prisão e responsabilização da aliciadora. Como é sabido, nessa ocasião (1999) não havia sido criada a Política Nacional de Enfrentamento ao Tráfico de Pessoas no Brasil, sendo a ação preponderante nesses casos a repressão ao crime organizado transnacional, não existindo ações visando à proteção às vítimas.

> O governo nunca deu nenhuma assistência para a gente, só foi essa questão do processo. Só recebemos ajuda de duas instituições não governamentais, uma delas queria arrumar psicólogo para mim e Tatiane, pois eu estava muito revoltada e só queria matar essa infeliz, mas não podia porque ela ainda estava na Espanha. Hoje em dia estou aqui, moro neste quarto com banheiro e trabalho como diarista. Vou vivendo a minha vida, e ela no bem-bom [Geane].

Trajetória 4

Viviane cursou o ensino fundamental incompleto, tem duas filhas menores. Estava com 29 anos e grávida de 7 meses na época da entrevista. Moradora de uma favela da Zona Norte do Rio de Janeiro, Viviane informou que a decisão de ir para Portugal em 2007 não foi dela, mas de seu marido, de quem viria a se separar alguns anos depois. Tinha, na ocasião da viagem, 23 anos, e havia se casado com ele quando ainda era adolescente, aos 15.

O ex-marido já havia viajado irregularmente para os EUA, influenciado pelo cunhado, permanecendo por um ano naquele país. Nem bem havia retornado, logo depois decidiu ir para Portugal, custeando a passagem com a venda de um carro comprado com o dinheiro acumulado nos EUA. Ele acreditava que ganharia muito dinheiro e que voltaria ao Brasil para comprar uma frota de caminhões, inspirado no caso de um ex-patrão que havia ido para a Itália e que ascendera financeiramente após investir na compra de ônibus e no ramo de transporte rodoviário.

Após dois meses em Portugal, pediu a Viviane que vendesse suas ferramentas de mecânico e que comprasse as passagens para ela e as duas crianças. Viviane nunca tinha saído do país nem feito qualquer viagem de longa distância. Levou poucas roupas e nenhum agasalho, pois não tinha sequer ideia da temperatura no país de destino. Na ocasião já havia completado 24 anos, tinha muito medo do marido e sabia, em parte, o que podia esperar, pois vivia havia muitos anos em situação de violência doméstica. Esse medo talvez explique em parte a ausência de questionamentos e o cumprimento obediente às ordens do marido no sentido de vender algumas coisas da casa, enviar os móveis para a casa da sogra e ir com duas crianças pequenas e algumas mudas de roupa para um país distante.

Ficou um ano e meio sob a violência do marido, passando, juntamente com as filhas, muitas dificuldades. Chegou a pedir auxílio ao serviço social do colégio da filha para conseguir alimentos e roupas. O marido a impedia de sair de casa e de trabalhar, alegando ciúmes. Viviane e suas filhas viviam uma situação de violência doméstica, pois ele as agredia constantemente, física e psicologicamente.

> Ele só me queria presa. Ele tinha muito ciúme de mim, ele era doente. Não deixava eu mexer na televisão. Se ele via, ele brigava. O computador eu ligava, ele desligava, só podia ver quando ele estava dentro de casa, para ele poder ver o que eu estava fazendo. Não podia sair e agredia, batia muito em mim e nas meninas. Quando ele tinha que bater, batia em todo mundo. E aquilo foi me sufocando, eu não aguentava mais sofrer. Me dava uma dor no estômago tão grande que eu acordava de manhã e vomitava sem comer nada. Fui inchando, inchando [Viviane].

Ela relatou ter sempre sofrido em silêncio a violência cometida por seu companheiro. O medo, a dependência econômica, o isolamento de sua família, além da vergonha que sentia, foram alguns fatores que teriam contribuído para que suportasse aquela situação por alguns anos. Em momento algum Viviane revelou a quem quer que fosse que sofria violência doméstica. O medo, o descrédito e a falta de informação acerca das possibilidades de obter ajuda da parte de alguém ou de alguma instituição que pudesse ajudá-la a sair daquela situação fizeram com que permanecesse em silêncio, sem revelar a qualquer conhecido os reais motivos para querer retornar ao Brasil.

Viviane insistiu muito com o marido para que a deixasse retornar com as filhas ao Brasil por conta de estarem passando muitas privações materiais. Ele, finalmente, concordou. A passagem foi conseguida pela Organização Internacional para as Migrações. Ao chegar ao Brasil, pediu a separação e tentou reconstituir sua vida, com um emprego de balconista em uma padaria no bairro em que reside.

Trajetória 5

Michelle, 38 anos, moradora de Duque de Caxias e assistente social, nunca havia pensado em sair do Brasil até que conheceu um cidadão português em uma das praias do litoral do Rio de Janeiro, no Carnaval de 2008. Solteira, sem filhos e morando com os pais, relatou que naquela época ainda tinha a esperança de encontrar um grande amor. E foi naquele Carnaval, quando tinha 35 anos, que aconteceu uma paixão à primeira vista por esse turista português de 45.

Ele ficou 10 dias no Brasil e, depois de dois meses em que conversaram muito pelo Skype, mandou as passagens para ela ir conhecer a família dele em Portugal. Embora uma viagem desse tipo nunca lhe houvesse passado pela cabeça, seu envolvimento afetivo a fez aceitar.

> E aí foi aquela paixão toda. Dois meses depois ele mandou as passagens para que eu fosse a passeio conhecer a família dele. Nunca tinha saído do país. Mas, assim, pintou a oportunidade e eu agarrei. Porque eu estava me envolvendo com uma pessoa que eu gostava, eu estava superenvolvida e meti as caras [Michelle].

Permaneceu em Portugal por um mês e três dias, vivendo o que qualificou de "vida de princesa". Em novembro daquele mesmo ano foi ele quem veio ao Rio de Janeiro, para conhecer a família dela. Ao retornar, ele fez o pedido para que ela fosse para Portugal viver com ele.

Em seu relato aparecem também os estereótipos de gênero e raça, que marcam a forma como são vistas as mulheres brasileiras no exterior, em particular pelo homem europeu:

> [...] homem europeu quando vê uma brasileira que ele gosta, ele quer levar ela de todas as formas para ficar junto dele. Eles dizem que as brasileiras são mais amorosas, são mais amáveis, delicadas. [...] Há muito preconceito por parte das portuguesas porque elas pensam que as brasileiras vão para lá para roubar os homens delas. Isso é fato. As brasileiras lá são vistas, principalmente as negras, como prostitutas. Eu, por ser loura, ter essa aparência, não tenho muita característica de mulher brasileira. Lá as pessoas me viam como uma mulher de outro país, menos do Brasil, tanto é que me perguntaram várias vezes se eu era brasileira, e lá eu andava muito bem-vestida, de cachecol, bota e maquiada, você fica mais elegante. Não sofri isso, mas existe muito preconceito com brasileira. Mas em Portugal tem muita prostituição. Tem mulheres que vão para lá só para viver disso, porque elas sabem que eles gostam de brasileira [Michelle].

Mesmo receando se afastar da família, a quem disse ser muito ligada, resolveu aceitar o pedido. Largou o emprego de 12 anos, vendeu o carro e fez algumas reformas na casa dos pais para que eles ficassem bem em sua ausência. Enquanto se preparava para partir, porém, começaram as primeiras discussões, em que ele mostrava um temperamento que ela ainda não conhecia, bastante mais descontrolado e nervoso.

Entre os motivos das discussões estava o de que ele não queria pagar outra vez a passagem, pois achava que com o dinheiro da demissão no trabalho, em vez de fazer obra na casa dos pais, ela poderia ter custeado a viagem. Outro motivo de discórdia foi ela ter comentado que pretendia ter filhos quando ele não queria mais ser pai, pois já tinha um do primeiro casamento. E, por fim, a última discussão foi quando ela indagou sobre a possibilidade de ele enviar dinheiro para os pais dela até que ela arrumasse um emprego lá.

Apesar do sentimento de insegurança que sentiu por conta desses episódios, não mudou os planos. Na semana da partida, porém, ele telefonou desistindo, pedindo que ela não fosse mais. Michelle disse ter ficado muito impactada com a rejeição e muito envergonhada perante a família e os conhecidos, a ponto de não ter tido coragem de contar para ninguém que ele havia desistido do casamento. Sem emprego e desiludida, teve de recomeçar a vida.

Três meses depois ele telefonou arrependido, mas ela estava muito magoada. Mesmo assim continuaram como amigos, até que em dezembro de 2009 ele veio novamente ao Brasil e a procurou. Michelle não resistiu e se relacionou novamente com ele, arrependendo-se depois. Essa foi a última vez que ficaram juntos, pois quando ele retornou a Portugal, ela pediu que não a procurasse mais.

Trajetória 6

Ana, 38 anos, moradora de Jacarepaguá, é professora universitária com pós-doutorado em antropologia e militante do movimento de mulheres negras. Emigrou para estudar. A escolha de Ana para integrar o universo da pesquisa deveu-se à intenção de contemplar alguns contrapontos, tanto pela alta escolaridade quanto pela motivação para emigrar – o estudo – ser bastante distinta das demais entrevistadas.

Após concluir o mestrado em 1998, Ana decidiu, em 2002, fazer o doutorado, mas ainda não tinha definido a universidade, até que surgiu, em 2003, a oportunidade de inscrever-se num programa de diáspora africana vinculado ao Departamento de Antropologia de uma universidade norte-americana. Ela já havia pensado em estudar fora do Rio de Janeiro, mas não no exterior. A decisão de emigrar e a separação de sua família, com a qual disse ter uma ligação muito forte, propiciou certo desconforto, em alguma medida compensado pela redescoberta de si mesma diante de uma nova perspectiva que se abria em sua vida.

Foi a primeira mulher brasileira negra no programa, o que, a seu ver, provocou certo embate político, pois, se por um lado havia uma superproteção por parte dos mentores do programa para que sua inserção fosse um sucesso, por outro havia setores da universidade que não desejavam que essa experiência fosse bem-sucedida, manifestando um racismo velado. Segundo seu relato, Ana tinha de, a todo momento, provar sua capacidade para estar ali.

> Eles já tinham tido brasileiros, mas não mulher brasileira, negra de pele preta, cara preta. O fulano também é, mas ele é homem, a pele dele é um pouco mais clara que a minha, mas é negro. Outro também, mas era homem, da pele um pouco mais clara. Até tinha uma menina que é haitiana, ela sempre reclamava,

tinha uns complexos lá e ela dizia até que enfim vai chegar uma preta igual a mim. Porque os pretos deste programa é "tudo de pele clarinha". Ela era haitiana radicada nos EUA. E ela reclamava muito que os negros eram todos de pele clara. E eu era uma novidade, porque era brasileira, ativista, negra. Eu era a sensação do programa, porque era uma iniciativa do programa, que eles estavam abrindo para a possibilidade de um grupo de um perfil de pessoa que o departamento literalmente não queria e detestava. E foi uma luta, foi um embate político para me trazer, em todos os sentidos. Eu não tinha dinheiro para me bancar em tudo. Se no Brasil eu era professora e era mestre, ali eu era uma fodida, estudante, qualquerzinha, sem um tostão furado, que dependia totalmente da universidade, então eu era paupérrima. A guerra porque o departamento era muito racista, de ver uma pessoa como eu, negra, mulher, sem estrutura nenhuma para estar ali [Ana].

Apesar de ter uma boa condição de vida no Brasil, com dois empregos, teve de pedir licença sem vencimento para investir em sua formação. Nos EUA passou muitas dificuldades e dependia completamente de bolsas de estudo. Em sua permanência, concentrou-se em estudar e trabalhar. Sofreu preconceito e alguns assédios por parte de alguns brasileiros e americanos que achavam que estava disponível por estar sozinha e ser brasileira.

Nas festas, eu tinha um amigo brasileiro que era muito desrespeitoso comigo. Ele era uma pessoa carinhosa, convidativa comigo e com os outros, ele era de outro departamento. E ele sempre dava as festas e achava que meus seios eram o máximo, queria pegar, queria tocar, e isso me irritava profundamente. Ele era brasileiro, mas os americanos que eram os amigos dele também tinham uma coisa comigo. Inclusive, tinha um cara casado que me irritava profundamente. Nem a esposa estando perto, ele falava "você está muito bem!" Aquilo que para um americano seria um absurdo, para dar processo. Então tinha muito disso, e eu fugia muito. Nunca sofri nada mais sério do que isso, mas isso para mim já é muito sério. E tinha essa coisa mesmo de ser brasileira, estar numa festa e as pessoas acharem, os homens acharem que você está mais disponível. Teve um cara, era brasileiro, que estava lá com uma bolsa de seis meses e ele não chegava perto de mim, ele era casado e tudo, a mulher dele já tinha vindo inclusive passar os dias com ele. E aí ele não se aproximava de mim com outras intenções porque ele achava que fulano era meu marido ou namorado. No dia que ele soube que não era, o cara me perturbou, o cara queria que queria transar, queria sair comigo. Mas uma coisa profundamente desrespeitosa, de vir atrás, de querer ir para minha casa [Ana].

Ana retornou ao Brasil em 2008, depois de concluir doutorado e pós-doutorado, com o desafio de recomeçar e conquistar seu espaço.

Considerações finais

Os relatos aqui resumidos mostraram o desejo das mulheres de mudar suas condições de vida, de alcançar uma independência econômica ou de encontrar o "príncipe encantado". Motivações que parecem, por um lado, subverter a condição de gênero por meio da busca de uma autonomia maior e independência e, por outro, reforçar essa condição, por meio da inserção em situações que recolocam sua dependência e submissão.

Patrícia migrou atrás de melhores oportunidades de trabalho. Michelle migrou motivada pela paixão – a princípio a passeio, para conhecer Portugal e a família do seu amado, mas posteriormente iria migrar para casar com ele. Geane deixou o país pela perspectiva de altos ganhos, almejando a independência econômica e social. Luiza migrou almejando ser famosa com seu trabalho de dançarina e ganhar muito dinheiro. Viviane migrou a pedido do marido, que já estava no exterior, à busca da chamada reunificação familiar. Ana migrou para estudar.

De acordo com Durham (1984), o fator que mais leva o indivíduo a migrar é a proximidade das relações sociais, isto é, vai seguindo as rotas traçadas antes dele por parentes e amigos. Foi justamente o que foi observado também nos relatos recolhidos: as entrevistadas migraram para países após indicação e com o apoio de pessoas conhecidas. O destino não foi propriamente escolhido por elas, mas influenciado pelas relações estabelecidas com amigos, conhecidos, maridos, noivos, pessoas em quem depositavam certa confiança.

Luiza, Geane, Michelle, Viviane e Ana não planejavam sair do país até o surgimento da oportunidade, porque parecia uma perspectiva muito longe da realidade em que viviam.

Todas, com exceção de Michelle, que ficou bem pouco tempo no exterior, narraram as mais diversas dificuldades, desde aquelas ligadas às condições materiais de existência até as de cunho subjetivo, referidas à adaptação em um país de cultura e língua diferentes, onde eram vistas como estrangeiras.

Das mulheres entrevistadas, três não tinham, no país de destino, uma rede social de parentesco ou amizade, o que contribuiu para que não permanecessem mais do que um ano e meio e que tivessem vivido lá com mais dificuldades.

As redes sociais, tanto no país de origem quanto no de destino, aparecem como fundamentais na motivação para migrar, inclusive no financiamento da viagem, assim como na permanência no destino, conforme já salientaram muitos estudos sobre migrações.

No caso específico de Geane e Luiza, que viveram situações de tráfico, a rede que lhes dava apoio foi a mesma que as aliciou para o tráfico, o que prejudicou a análise por parte delas dos riscos que poderiam correr confiando plenamente nessas pessoas. Nesses dois casos, percebeu-se que a fragilidade ou inexistência de redes de apoio no país de origem e de destino e a partida com poucos recursos são aspectos que podem colocar a mulher em situações de risco pela precarização das condições de permanência.

Outro aspecto relevante é que Luiza, diferentemente de Geane, tinha um histórico de "mulata profissional" ligado à apresentação de shows em boates e casas de espetáculos, o que, poder-se-ia esperar, lhe traria maior experiência para identificar os riscos desse negócio, pois teria contato com essa realidade há mais tempo.

Em estudo sobre a mulata profissional, Giacomini (1992) mostrou como a exibição exacerbada em rituais de sedução, cujo tipo extremo é a prostituta, constituiria como que uma exigência da própria construção da identidade profissional. No caso, entre a condição profissional que se pretende afirmar, e sua vizinhança perigosa com a prostituição justificaria a invocação constante, da parte dessas mulheres, da demarcação entre a mulata profissional e a prostituta.

A história de Luiza parece confirmar o que foi encontrado por Giacomini (1992): uma linha tênue que separa a mulata profissional da prostituta, um estigma associado à imagem da mulata, à sensualidade e à sedução. Isso fica mais evidente quando, no relato de Luiza sobre sua terceira viagem, praticamente naturaliza a relação dos shows de mulatas com a atividade de prostituição.

Foi possível verificar o envolvimento de donos de casas de shows, hotéis, boates e prostíbulos, no Brasil e no exterior, na exploração da prostituição e no financiamento do aliciamento de mulheres com promessas enganosas de trabalho.

Pôde-se fazer uma distinção clara entre, de um lado, a prostituição voluntária e, de outro lado, aquela forçada e que caracteriza o tráfico. Verificou-se, porém, que mesmo na prostituição voluntária pode existir a exploração por meio da ausência de remuneração, sob o argumento de pagamento de dívida, configurando-se o tráfico para trabalho forçado.

A precariedade em que se dá o trabalho sexual na prostituição voluntária, sem qualquer proteção trabalhista, propicia situações de reiterado abuso de poder por parte daqueles que contratam essas mulheres, que, muitas vezes, se mantêm em silêncio por receio de verem suas falas desvalorizadas e desqualificadas por serem prostitutas.

A violência aparece nos relatos das entrevistadas tanto na forma do tráfico de pessoas quanto também na violência doméstica contra a mulher, que apareceu como determinante na decisão de migrar e de retornar.

Os relatos dessas mulheres confirmaram a existência de estereótipos em relação à mulher brasileira, envolvendo aspectos de gênero e raça que a associam à prostituição – o que nos relatos foi apontado ora como algo negativo e ora como positivo, sendo um atrativo para quem procura um parceiro.

Os estereótipos de gênero e raça que apareceram nos relatos mostram a visão da sexualidade da mulher brasileira no exterior, que associada à migração irregular, reforça a ideia de desqualificação e subalternização. Nos casos de prostituição, há a agravante do caráter delitivo e transgressivo da ocupação.

De certa forma, surpreende que, apesar de terem sido vítimas de algum tipo de violência (física, sexual ou psicológica), as mulheres expressem o desejo de emigrar novamente, indo de encontro à postura assumida por muitos países que veem na deportação ou no incentivo ao retorno da mulher ao seu país a melhor solução.

Além disso, viu-se, nesses casos, a ausência de proteção da parte do Estado, inclusive nos casos de tráfico de pessoas, evidenciando uma preocupação maior com a migração irregular do que com o apoio e a proteção.

Em relação ao retorno, verificou-se nas entrevistas, com exceção de Michelle e de Ana, que emigrou para estudar, que a maioria das mulheres não tiveram apoio ao retornar ao Brasil, permanecendo, de fato, em situação igual ou pior àquela da qual teriam tentado escapar ao emigrar. A ação do Estado, quando existiu, foi na repressão e punição dos aliciadores, e a ajuda obtida, no Brasil ou no exterior, veio de instituições não governamentais.

REFERÊNCIAS

ALENCAR, E. C. O. de. *Tráfico de seres humanos no Brasil*: aspectos sociojurídicos – o caso do Ceará. Dissertação (mestrado) – Centro de Ciências Jurídicas, Universidade de Fortaleza, Fortaleza, CE, 2007.

ANDRIJASEVIC, R. *Trafficking in women and the politics of mobility in europe*. Tese (doutorado) – Universidade de Utrecht, Utrecht, Países Baixos. 2004. Disponível em: <http://igitur-archive.library.uu.nl/dissertations/2005-0314-013009/index.htm>. Aceso em: 8 jan. 2014.

ASSIS, Gláucia de Oliveira. Mulheres migrantes no passado e no presente: gênero, redes sociais e migração internacional. *Estudos Feministas*, Florianópolis, v. 15, n. 3, p. 336, set./dez. 2007.

ASSUNÇÃO, M. F.; SOARES, D. S. Tráfico de mulheres: mercado contemporâneo de escravas sexuais. In: FAZENDO GÊNERO, 9: DIÁSPORAS, DIVERSIDADES, DESLOCAMENTOS, 2010, Florianópolis. *Anais eletrônicos...* Florianópolis, UFSC, 2010. Disponível em: <www.fazendogenero.ufsc.br/9/>. Acesso em: 8 jan. 2014.

AUSSERER, C. *Controle em nome da proteção*: análise crítica dos discursos sobre tráfico internacional de pessoa. Dissertação (mestrado) – Instituto de Relações Internacionais, Pontifícia Universidade Católica do Rio de Janeiro, Rio de Janeiro, 2007.

BLANCHETTE, T. G. Emma Vermelha e o espectro do "tráfico de mulheres". *Cadernos Pagu*, Campinas, SP, n. 37, p. 287-297, jul./dez. 2011. Dossiê "Violência: outros olhares".

_____; SILVA, A. P. O mito de Maria: uma traficada exemplar. Confrontando leituras mitológicas do tráfico com trajetórias de migrantes brasileiros, trabalhadores do sexo. *Revista Internacional Mobilidade Humana*, Brasília, DF, ano XIX, n. 37, p. 79-105, jul./dez. 2011.

DOEZEMA, J. Loose women or lost women? The re-emergence of the myth of "white slavery". *Contemporary Discourses of "Trafficking" Gender Issue*, v. 18, n. 1, 2000.

DURHAM, E. R. *A caminho da cidade*. São Paulo: Perspectiva, 1984.

FOUCAULT, M. *Vigiar e punir*: nascimento da prisão. Petrópolis: Vozes, 1978.

GIACOMINI, S. M. Aprendendo a ser mulata: um estudo sobre a identidade da mulata profissional. In: COSTA, A. de O.; BRUSCHINI, C. *Entre a virtude e o pecado*. Rio de Janeiro: Rosa dos Tempos; São Paulo: Fundação Carlos Chagas, 1992. p. 213-246.

_____. Mulatas profissionais: raça, gênero e ocupação. *Revista Estudos Feministas*, v. 14, p. 85-101, 2006.

GOLDMAN, E. Tráfico de mulheres, 1909. Trad. Mariza Corrêa. *Cadernos Pagu*, Campinas, SP, n. 37, p. 247-262, jul./dez. 2011.

HIRATA, H. Globalização e divisão sexual do trabalho. *Cadernos Pagu*, Campinas, SP, n. 17/18, p. 139-156, 2001/2002.

JESUS, D. *Tráfico internacional de mulheres e crianças*. Rio de Janeiro: Saraiva, 2011.

LEAL, M. L. P. *Relatório nacional da pesquisa de tráfico de mulheres, crianças e adolescentes para fins de exploração sexual comercial (Pestraf)*. Brasília, DF: Cecria, 2002.

LIMA, Priscila Nottingham. *Tráfico de mulheres para fins de exploração sexual*: um estudo no Núcleo de Enfrentamento ao Tráfico de Pessoas do Estado do Ceará. Dissertação (mestrado em políticas públicas e sociedade) – Centro de Estudos Sociais Aplicados da Universidade Estadual do Ceará, Fortaleza, 2012.

LISBOA, T. K. Fluxos migratórios de mulheres para o trabalho reprodutivo: a globalização da assistência. *Revista Estudos Feministas*, Florianópolis, v. 15, n. 3, set./dez. 2007.

MAGLIANO, M. J.; DOMENECH, E. E. Género, política y migración en la agenda global: transformaciones recientes en la región sudamericana. In: HERRERA, G.; RAMÍREZ, J. (Ed.). *América Latina migrante*: Estado, famílias e identidades. Ecuador: Flacso/Ministerio de Cultura del Ecuador, 2008.

MENEZES, Lená Medeiros de. *Os estrangeiros e o comércio do prazer nas ruas do Rio (1889-1930)*. Rio de Janeiro: Arquivo Nacional, 1992.

ORGANIZAÇÃO DAS NAÇÕES UNIDAS (ONU). *Protocolo Adicional à Convenção das Nações Unidas contra o Crime Organizado Transnacional Relativo à Prevenção, Repressão e Punição do Tráfico de Pessoas, em especial de Mulheres e Crianças*. Nova York: ONU, 2000.

ORGANIZAÇÃO INTERNACIONAL DO TRABALHO (OIT). *Estimativa global da OIT sobre trabalho forçado 2012*. Genebra: OIT, 2012. Disponível em: <www.oit.org.br/sites/default/files/topic/gender/doc/relatoriote2012fact _846.pdf>. Acesso em: 8 jan. 2014.

PEREIRA, C. S. *A vida na janela*: uma história social da prostituição no Rio de Janeiro contemporâneo. Tese (doutorado) – Universidade Estadual de Campinas, Campinas, SP, 2002.

_____. Lavar, passar e receber visitas: debates sobre a regulamentação da prostituição e experiências de trabalho sexual em Buenos Aires e Rio de Janeiro, fim do século XIX. *Cadernos Pagu*, Campinas, SP, n. 25, jul./dez. 2005.

_____. *Que tenhas teu corpo*: uma história da prostituição no Rio de Janeiro das primeiras décadas republicanas. Rio de Janeiro: Arquivo Nacional, 2006.

PISCITELLI, A. *Antropologia, direitos humanos e o debate sobre a indústria transnacional do sexo*. In: REUNIÃO BRASILEIRA DE ANTROPOLOGIA, 25., 2006, Goiânia. Anais... Brasília, DF: Associação Brasileira de Antropologia (ABA), 2006. Paper para o simpósio sobre direitos humanos, direitos sexuais e direitos reprodutivos.

RAGO, Margareth. *Os prazeres da noite*: prostituição e códigos da sexualidade feminina em São Paulo 1890-1930. Rio de Janeiro: Paz e Terra, 1991.

_____. Prefácio à Emma Goldman: tráfico de mulheres. *Cadernos Pagu*, Campinas, SP, n. 37, jul./dez. 2011. Dossiê "Violência: outros olhares".

SANTOS, Ebe Campinha dos. Tráfico e gênero: a moralização do deslocamento feminino. Tese (doutorado) – Programa de Pós-Graduação em Serviço Social da Pontifícia Universidade Católica do Rio de Janeiro, Rio de Janeiro, 2012.

SASSEN, S. *The mobility of labor and capital*. Nova York: Cambridge University Press, 1988.

VASCONCELOS, M.; BOLZON, A. Trabalho forçado, tráfico de pessoas e gênero: algumas reflexões. *Cadernos Pagu*, Campinas, SP, n. 31, p. 65-87, jul./dez. 2008.

4 | O fazer etnográfico: entre práticas e representações da violência

PAULO JORGE RIBEIRO*
VALTER SINDER**

> [...] [U]ma dada representação não é apenas o reflexo ou o produto de relações sociais, mas também uma relação social em si mesma, ligada à compreensão grupal, às hierarquias, às resistências e aos conflitos existentes em outras esferas da cultura nas quais ela circula. Ou seja, as representações não são só produtos, são igualmente produtores capazes de modificar decisivamente as próprias forças que lhes dão nascença.
>
> GREENBLATT, 1996:23

A partir da etnografia de Alba Zaluar, *A máquina e a revolta* (1985), temos como principal objetivo, neste capítulo, a observação da forma com que esse modelo interpretativo da violência do Rio de Janeiro configurara-se como elaboração do social e também como tratamento do "fazer etnográfico". Ou seja, almeja-se problematizar tanto as práticas que estruturaram o lugar da etnografia quanto a estratégia narrativa singular utilizada para construir a monografia, produzindo, assim, específicas representações da violência.

Para isso, este ensaio se estrutura em quatro partes. A primeira almeja discutir como os discursos da violência se alteraram no Brasil, demarcando não só uma mudança de orientações políticas, mas também as formas de narrar esse novo movimento. Nas partes seguintes, busca-se observar como a monografia

---

* Doutor em ciências sociais, professor da PUC-Rio.
** Doutor em Literatura Comparada, professor da PUC-Rio.

anteriormente citada não somente é testemunha das mudanças ocorridas na sociabilidade do Rio de Janeiro ao final do século XX, mas também ocupa uma forma particular de narrar essa crise de sociabilidade. Por fim, discutimos como as representações da violência e das práticas etnográficas daquele trabalho constituem-se como pista para a compreensão de determinada missão da etnografia daquele período: a consolidação de certo modelo de análise e compreensão da crise urbana do Rio de Janeiro.

Os cenários e os discursos da violência

O último quartel do século XX pode ser visto como nevrálgico para a percepção das mudanças recentes ocorridas nos cenários, nas imagens e nos discursos do Brasil. Isso porque tais mudanças não se limitaram somente à composição dos cenários programáticos acadêmicos e disciplinares, mas porque se começa a pensar as mudanças na própria *cara do Brasil*, onde as agendas da sociedade civil começam a ser redimensionadas e as relações entre o universo público e privado estão aqui sendo disputadas agonisticamente. A derrocada definitiva do período autoritário militar constituiu-se não somente uma ruptura com o padrão institucional então vigente, mas alterou profundamente o pensar sobre o país.

Uma matização aos dilemas desse período foi proposta por Silviano Santiago, em paper apresentado no encontro da Latin American Studies Association (Lasa) realizado em Guadalajara, México, em abril de 1997, no qual se propunha refletir sobre "Crítica cultural, crítica literaria: desafíos de fin de siglo" (1998).

> Quando é que podemos dizer ter a cultura brasileira e as ciências humanas vestido as roupas (sombrias) da resistência à ditadura e em que momento se pode afirmar tê-las trocado pelas roupas transparentes da democratização? Quando é que a coesão das esquerdas, alcançada na resistência à repressão e à tortura, cede lugar a diferenças internas significativas? Quando é que "a arte, [a cultura e as ciências humanas] brasileiras deixam de ser marcadamente literárias e sociológicas para ter uma dominante cultural e antropológica"? Quando é que se rompem as muralhas da reflexão crítica que separavam, na modernidade, o erudito do popular? Quando é que a linguagem (espontânea e precária) da entrevista (jornalística, televisiva) com artistas e intelectuais substitui as afirmações coletivas e dogmáticas dos políticos profissionais, para se tornar a forma de comunicação com o novo público?

Estamos marcando, seguindo a sugestão de Silviano Santiago, na passagem das lutas que se travaram da ditadura para a democratização brasileira, em que a luta das esquerdas contra a ditadura militar deixa de ser a questão hegemônica no cenário cultural e artístico brasileiro, assim como nas humanidades, abrindo espaço para novos problemas e reflexões inspirados pela democratização no país. Nas palavras de Ivan Ângelo (1994:73), foi o momento em que "[c]reio que alguns de nós aprendemos uma lição nesse período de vinte anos, e foi isso que nos tirou a inocência". Inocência essa que não pode ser percebida somente no plano formal ou ainda político, mas cuja perda deverá conceber que o próprio monopólio interpretativo da sociedade brasileira entrava em um momento de curto-circuito, em que novos atores – oriundos desde os insurgentes movimentos sociais até novas formas de práticas acadêmicas e usos artísticos – começam a entrar em cena.

O conjunto de transformações operadas na sociedade brasileira daquele período levou a que, nas palavras de Carlos Alberto Messeder Pereira, existisse uma radical dissonância entre o Brasil anterior a 1960 e o Brasil posterior a 1970, já que, na década de 1960:

> [...] discutiam-se "grandes questões" e com um tom que acompanhava o "tamanho" das questões, [e] o mesmo não parece ocorrer na década de 1970. Estaríamos, aí, mais próximos de algo que talvez pudesse ser definido como um processo de "politização do cotidiano" – as questões são levantadas e encaminhadas, preferencialmente, enquanto interferências no cotidiano das pessoas [Pereira,1993:14].

Ambicionando avaliar algumas dessas problemáticas no campo das formalizações discursivas das ciências sociais, Maria Alice Resende de Carvalho (1995) buscou divisar as perspectivas pelas quais o espaço urbano é pensado, principalmente em se tratando da cara temática da criminalidade violenta e da crise da sociabilidade brasileira.

A autora distingue esse momento com a percepção de que a ideia de cidade substitui a de Estado na tradição analítico-interpretativa brasileira, modificação operada no rastro da mudança do centro dos novos padrões de vida sociais e suas próprias percepções (realçados pela crescente e radical urbanização e industrialização por que passava o país naquele período, somadas a transformações socioinstitucionais de todas as ordens, por exemplo o aumento desenfreado das grandes cidades e seus múltiplos efeitos) e, consequentemente, como lugar das investigações acadêmicas.[1]

Sobrepondo-se ao discurso jurídico, hegemônico durante a maior parte do século XX no que tange ao controle interpretativo e das prescrições a respeito do tema da violência e da segurança pública,[2] o *topos sociológico*, para a autora carioca, é tornado manifesto quando o discurso acadêmico, via Universidade de São Paulo, começa a tornar-se dominante nas análises da sociedade brasileira, tendo como estratégia explicativa as questões referentes à tradição autoritária brasileira. Esse discurso produzido pelo cânone uspiano, hegemonicamente, durante pelo menos duas décadas, foi readaptado pela própria sociedade civil por uma reapropriação discursiva altamente politizada.

Já nos fins da década de 1970, ainda segundo Carvalho, começa a existir um deslocamento desse *topos* sociológico, excessivamente normalizador em muitos momentos, dando vez agora a uma perspectiva antropológica de análise, mais *compreensiva* do que explicativa – ainda que o modelo sociológico nunca tenha parado de se redefinir e se incorporar a novas matrizes discursivas e analíticas da discussão. Tal perspectiva, para Carvalho, tem como destaque o trabalho de Alba Zaluar, *A máquina e a revolta*, de 1985, que possui como cenário o próprio Rio de Janeiro, já que nele são encontradas algumas de suas problemáticas mais profícuas e inovadoras daqueles momentos, pois:

> [...] ao longo dos anos 1980, o *sistema de opinião* já não partilhava um mesmo campo semântico e, sobretudo, já não apresentava a mesma adesão às prescrições analíticas que continuavam a chegar da universidade [Carvalho, 1995:263].

---

[1] Segundo Resende de Carvalho (1995:262), "[...] a cidade substituía o Estado como centro gravitacional da vida coletiva e, mais importante, tornava-se um objeto de investigação regulado por uma agência específica, a Universidade, e por um código disciplinar".

[2] Esse regime discursivo jurídico pode ser ressaltado em uma das inúmeras notas dos jornais de grande circulação do Rio de Janeiro entre as décadas de 1940 e 1960, como a que se segue, retirada de uma edição de outubro de 1948: "Uma onda de crimes, sobretudo de assassinatos, invade o Rio – as estatísticas policiais revelaram oito assassinatos em apenas dez dias. O professor Benjamim de Moraes, catedrático de Direito Penal da Faculdade de Direito do Rio de Janeiro, atribui os crimes à influência de fatores de ordem econômica e social, além do descontrole religioso e espiritual, já que as pessoas não mais respeitam direitos inalienáveis do homem, como a própria vida. O Corregedor de Justiça do Distrito Federal Nelson Hungria atribui a criminalidade crescente a uma crise social em virtude da depressão econômica" (*O Globo*, "Uma onda de crimes, sobretudo de assassinatos, invade o Rio", capa, 9 de outubro de 1948).

E tal se deu pelo decorrer das mudanças de inteligibilidade e de circulação de demandas e expectativas múltiplas, partindo de vários pontos da sociedade, que ocorriam vertiginosamente. Dessa forma, "a sociologia, como disciplina, inventara a cidade e sua uniformidade social; coube, então, à antropologia pesquisar as bases culturais das diferenças e os canais de circulação entre *mundos* tão diversos presentes nas grandes metrópoles" (Carvalho, 1995:265).

Não seria errôneo afirmar que a tradição brasileira respeitaria, assim, a afirmação que percebe que o sociólogo estuda *a* cidade, enquanto o antropólogo estuda *na* cidade.[3] Constitui-se aqui de forma inelutável e perspicaz, respeitando o próprio argumento de Geertz, de que um mundo muito mais marcado pelas alteridades sociais e pelas formas de recepção e ação díspares cada vez mais se constituía e impunha-se às configurações sociais, e, ao lado delas, as próprias interpretações desse social sempre construído e reinventado (Donzelot, 1994).

Não é sem atenção que esse discurso antropológico, mais weberiano, por assim dizer, é também demarcado por uma revisão da tradição interpretativista brasileira, retornando a ser mais propensa a painéis ensaísticos do que propulsora de quadros de inferência localizados para pensar a sociedade brasileira. O pioneiro trabalho para essa tradição nas ciências sociais é de Roberto DaMatta, *Carnavais, malandros e heróis* (1990), lançado em 1979. Nele o autor começa a repensar o Brasil, buscando definir sincronicamente, por meio dos ritos formuladores de *algumas de nossas identidades*, nossas formas de distinção e especificidades culturais: "Numa palavra, a questão deste livro é saber o que faz o Brasil, Brasil" (DaMatta, 1990:15). Não é para menos que, por trás do trabalho do antropólogo, estejam os atributos da antropologia funcional-estruturalista, pautados por um Bakhtin rabelaisiano, esteticamente carnavalesco, que reconhece que, longe de modelos essencialistas (tipo ou/ou), estamos inseridos numa composição societária relacional, em que as matrizes igualitárias e autoritárias coexistem (isto e aquilo) – sendo que as segundas, hierárquicas, são preponderantes em momentos de conflito e disputas (Sinder, 2001).

Fica claro aqui que os discursos produzidos nessa nova *geografia das ideias*[4] são de nevrálgica importância para o próprio autorreconhecimento da

---

[3] Geertz (1979:32) foi quem construiu esse preceito, ao definir que os antropólogos estudam "nas aldeias". Tal ideia, para alguns teóricos, como Canclini (1996), está condenada, ao visualizar que contemporaneamente o antropólogo deveria assumir a postura muito mais próxima da de um psicanalista, substituindo ao modelo detetivesco para ele reinante.

[4] Segundo Chatelet (1977:41-2), uma *geografia das ideias* seria fundamentada pela percepção de que novos discursos, em sua concepção genealógica foucaultiana, estariam em uma batalha

sociedade brasileira, na qual a busca de alguma identidade seria também adquirida pelos de novos modelos discursivos, muito mais plurais – com todas as ambiguidades que essa conceituação adquire no cenário brasileiro – do que as anteriores.

A etnografia da cidade e da violência: *A máquina e a revolta*

> Na ausência de uma engenharia institucional que busca a justiça e o acesso a todos, e que daria sustentação ao aparecimento de uma nova cultura, formam-se as condições para o aparecimento e difusão deste viver trágico dos jovens bandidos.
>
> ZALUAR, 1990:116

Partindo das considerações e das modificações percebidas na estrutura dos estudos urbanos brasileiros, a etnografia pioneira de Alba Zaluar, *A máquina e a revolta*, tornou-se um ponto de referência não somente para as monografias sobre os espaços urbanos intersticiais, mas para os que buscam, ainda hoje, pensar a dinâmica da violência no Rio de Janeiro e no Brasil contemporâneos. Ao tratar de temáticas caras aos estudos sobre a cidade, o trabalho da antropóloga carioca ficou inscrito nesse quadro mais amplo dos estudos sobre a pobreza e as dificuldades e resistências da incorporação e da valorização de uma cidadania social. Estudos esses que começaram a ser realizados pela academia brasileira a partir do final da década de 1970, quando o espectro da revolução foi substituído pela busca da incorporação da sociedade brasileira ao plano pragmático da cidadania.

Apesar da multiplicidade e das variações analíticas presentes em *A máquina e a revolta* – que em muito escapam aos objetivos deste trabalho, concebido como uma tese de doutorado na Unicamp –, um *topos* pode ser visualizado como corrente nessa etnografia: a crise contemporânea do espaço urbano como local de convívio e de agregação dos indivíduos no interior das arenas públicas. Por isso o trabalho de Alba Zaluar no bairro de Cidade de Deus compartilha premissas caras aos pressupostos da etnografia no pensamento social brasileiro. *A máquina e a revolta*, escrito com base no trabalho

---

que consiste em uma "[...] dupla operação: descentração e distanciação, dupla operação que nos permite uma visão diferente da realidade em que estamos mergulhados e, ao mesmo tempo, comporta a possibilidade de importações decisivas no campo da nossa contemporaneidade".

de campo desenvolvido entre 1980 e 1982, longe de poder ser analisado como uma "pesquisa-denúncia",[5] tem como propósito explícito a pesquisa em uma comunidade que é vista e entendida pelos de fora, pelo restante da sociedade carioca e nacional, como um antro de anarquia moral e social, meandro de desordem infestado por foras da lei, corruptos, criminosos, enfim, pelo *lumpen* da sociedade. Caracterizações essas que Zaluar (1985:37-38) fez logo questão de distinguir e discernir crítica e conceitualmente.

Longe de compartilhar essas premissas estigmatizantes que faziam parte do imaginário da cidade e do país, e que, nas décadas de 1960 e 1970, pela postura inversa, levavam a que pesquisadores fossem vistos e quisessem ser vistos como novos "porta-vozes" das comunidades excluídas,[6] a etnografia de Zaluar caminha por uma trilha de tangência singular: procura entender a(s) lógica(s) que regem os cotidianos dessas comunidades "outras", buscando decifrar, nas estruturas de funcionamento e agregação, o interior daquelas comunidades – em seu caso específico, trabalhando com o paradigmático conjunto habitacional da Cidade de Deus. Busca, a partir daí, estabelecer descritivamente as relações cotidianas internas e com os "de fora", concebidas e negociadas entre os protagonistas de um drama diário e invisível e o restante da sociedade. Procura, então, perceber como "nós", por meio principalmente da imprensa, vemos tais populações aparentemente localizadas do lado de "fora" ou, no máximo, às margens do "processo civilizador" de que nos fala Norbert Elias (1990/1993).

O papel negativo desempenhado pela imprensa – modelo típico dessas estereotipações para muitos autores que trabalham com a temática da pobreza e da violência urbana – para a constituição e a elaboração desse imaginário social é um ponto de partida da autora. Zaluar, no início de seu trabalho, já nos fala do medo causado na população e nela mesma pela construção das imagens, pelos jornais, da crescente violência na Cidade de Deus, observando que o processo de estigmatização das classes populares é uma constante na sociedade brasileira. Vale a pena observar sua própria descrição de sua "entrada" no campo:

---

[5] Cardoso (1988) definiu como "pesquisas-denúncia", muito em voga nas décadas de 1960 e 1970, os trabalhos etnográficos que não possuíam, em suas abordagens, questões tidas como fundamentais ao que tange às posturas metodológica e teórica, imprescindíveis ao trabalho etnográfico.

[6] Foucault foi um dos primeiros a perceber, no final da década de 1960, que a posição do "intelectual total", porta-voz dos *outros*, deveria ser substituída pela oportunidade de dar voz aos que tinham realmente o direito de expressão: aqueles que sofriam as maiores opressões do sistema, sejam eles os loucos, os prisioneiros, os refugiados etc.

Quando lá cheguei, no início do ano de 1980, as notícias nos jornais diários eram desabonadoras na vida do conjunto, limitadas que estavam à guerra de quadrilhas que havia se iniciado no ano anterior e que já deixara vários mortos. Era o auge do que alguns de seus líderes comunitários consideravam como uma campanha negativa que visava desalojá-los do local. O noticiário policial, então, já não comportava todas as notícias sobre a crescente criminalidade na cidade do Rio de Janeiro e se espalhava por outras folhas, anunciando-se às vezes em manchetes de primeira página. O teor dessas notícias era claramente sensacionalista: a criminalidade incontida, a violência cada vez maior cometida durante os assaltos, o clima de guerra em que estavam envolvidos os bairros pobres onde atuavam quadrilhas de traficantes de tóxicos. Cidade de Deus era apontada como um dos principais focos do tráfico de maconha e, portanto, do clima de guerra e violência que tomava a cidade [Zaluar, 1985].

Com essa descrição crítica às estigmatizações feitas à Cidade de Deus, a pesquisadora entra na celeuma de um dos temas mais caros às discussões clássicas da etnografia: sua estratégia teórica e metodológica para a entrada no "campo", suas opções e dificuldades, seus momentos de êxtase e suas horas de infortúnio. Mesmo assumindo que estava em meio ao "dissenso e ao conflito" – e realmente afirmando que também existia uma guerra pelo controle do tráfico de drogas no seio da comunidade, como afirmavam os jornais naquele período –, Zaluar, como estratégia de interação, assume sua intenção de romper as barreiras diversas – intelectuais, de gênero, de cor e de classe – que existiam entre ela e a população local, mesmo tendo consciência das próprias dificuldades envolvidas nesse processo.

Ao relatar como positivas tais dificuldades de interação, o processo de reconhecimento do outro assume as feições de um modelo de exigência de diferencialidade entre a pesquisadora e seu objeto, diferencialidade complexa e empreendida tanto pela autora quanto pela própria comunidade. Ou seja: existe também, entre a população de Cidade de Deus, resistência a que a pesquisadora se torne uma "igual", mesmo que exista o esforço em sentido contrário de Zaluar. Aqui há quase uma necessidade intrínseca da etnógrafa para se tornar uma igual com relação à comunidade, uma tentativa sísifa de romper as barreiras entre o "sujeito" e o "objeto".

Daí Zaluar descrever, durante todo o início de sua narrativa, o processo de como se tornou "uma entre eles" – não uma "igual". A pesquisadora brasileira formula assim, quase implicitamente, que seu grau de interação pretendido era de estranhamento com a comunidade da Cidade de Deus.

Todavia deve ser frisado que esse estranhamento, como percebido aqui, não exclui determinados graus de proximidade e integração com a comunidade estudada, já que diz respeito a uma atitude de distância crítica e de avaliação, que necessariamente pode ser propícia aos dilemas da convivência e de integração. E realça essa outra dimensão da interação vista acima, a partilha, já que esta diminuiria o próprio desnivelamento com trocas que se realizam entre quem estuda e quem é estudado.

Ao buscar e pretender esse tipo de interação para a compreensão dos problemas da Cidade de Deus, Alba Zaluar foi levada a assumir e compor o papel de um dos mediadores entre o mundo "civilizado" e os "outros" – a população da Cidade de Deus –, papel que, no momento da redação de sua monografia, assumia ainda exercer (Zaluar, 1985:12, 20). Exemplo típico desse posicionamento é demonstrado, mais do que significativamente, pelo papel de barganha positiva em favor da população de Cidade de Deus que a autora realizava com relação aos políticos locais, que vinham procurar votos naquela população.

Todo esse processo de interação e suas conquistas, longe de se transformarem em um obreirismo tacanho, podem ser resumidos nas palavras de Lígia Sigaud, ao analisar o trabalho de Zaluar na Cidade de Deus:

> Em vez de servir de correia de transmissão das indignações, fantasmas e preconceitos de sua própria classe, Alba procurou entender a complexidade dos mecanismos sociais que culminam nas manifestações de violência. Para tanto, não hesitou em frequentar uma área da cidade tida como de alto risco e foi ouvir, valendo-se das técnicas da antropologia, o que "bandidos" e seus vizinhos trabalhadores tinham a contar acerca de suas vidas. Graças à sua ousadia e de outros que seguiram seus passos, dispõe-se hoje de valiosas informações a respeito do universo social das áreas pobres do Rio de Janeiro [Sigaud, 1995:15].

A crise societária, seus dilemas éticos e seus personagens

Pelo modelo de interação exposto acima, fica claro que a visão de interação de Zaluar assume feições singulares. E isso pela própria especificidade da configuração societária da comunidade de Cidade de Deus, posto que nitidamente ela estava inserida no dissenso e concomitantemente percebia que seus universos humanos e sociais não eram homogêneos, unidimensionais ou monológicos. Zaluar via na Cidade de Deus uma dimensão societária bastante específica:

> O revelador era a presença continuada dos conflitos entre as pessoas, da coexistência de ideias e de diferentes tendências apresentadas na arena das suas disputas, às vezes pela mesma pessoa. A "estrutura" era a falta de moderação claros e a tensão entre os vários oferecidos pelas práticas institucionalizadas vitoriosas e as que permaneciam como alternativas nos bastidores dos canais de comunicação da fofoca e nas discussões acaloradas, diretas e públicas, quer durante as reuniões fechadas da diretoria, quer no meio da praça, da birosca ou da rua. Os conceitos mais adequados para estudar esses processos eram, portanto, os de campo e de arena, condizentes com a flexibilidade da entrada de atores na interação e a fluidez dos recursos e significados dos membros participantes, bem como a intercambialidade entre palco e plateia (Zaluar, 1985:27).

A temática que mais diretamente se adapta a essa postura metodológica é a percepção de como são distinguidas, tangenciadas, repelidas e negociadas, com graus diversos de acirramento de conflitos e de aproximações, as construções de identidade dos atores presentes no cotidiano de Cidade de Deus, e que são também parte da trama da violência carioca: os trabalhadores, os bandidos, a carismática figura carioca do malandro e a polícia. Mesmo que a abordagem que se segue seja percebida de forma sintética e pontual, não há de se perder a perspectiva construída em *A máquina e a revolta*, já que tal etnografia é elaborada metodologicamente levando em consideração o movimento dos atores em suas ambiguidades, negociações e interações sociais, buscando elaborar sua narrativa de forma a capturar o cotidiano dos atores no espaço de Cidade de Deus.

A figura do malandro é a que melhor traduz essa perspectiva ambígua de construção social e individual, pois, segundo Zaluar, esse personagem tem uma posição singular e diferencial nas constituições de identidades da Cidade de Deus e do próprio Rio de Janeiro. Isso porque tal figura lendária, próxima em demasia de uma dimensão folclórica, sempre cumpriu uma função quase integrativa na sociedade carioca, sendo um dos fundamentos mais consistentes e paradoxais da composição dos dramas e dos ritos da sociedade brasileira. As ambiguidades, a força e a representatividade que o malandro clássico revela na sociedade brasileira e que cercam sua caracterização são a daquele que consegue muito bem estar em meio às questões da ordem e da desordem, num jogo em que antagonismos e momentos de tensão seriam dissipados pelo seu jogo de cintura. Seria composto, assim, pela dialética do universo do malandro, um mundo sem culpa, onde as posições mudam de lugar e os extremos se tocam, em uma negociação constante e sem lugares fixos, formando-se uma dinâmica social, segundo o clássico texto de Antonio Cândido, "Dialética da malandragem" (1997), de "vasta acomodação geral" (Cândido, 1997:51).

Segundo Zaluar, porém, tal personagem e ator da sociedade carioca começa a perder sua posição nesse drama societário, diminuindo-se, cada vez mais, seu espaço no cotidiano da cidade. Não é mais possível que, com seus métodos artesanais de ganhar a vida, consiga competir com o fator que está presente como elemento de dissimilitude entre ele e os bandidos: a "máquina" e, consequentemente, o potencial ofensivo, para utilizar uma terminologia jurídica, que esta envolve na cena de Cidade de Deus. Porém, antes de pensar como as armas de fogo assumem uma posição central também nas representações sociais que revelam os fatores diferenciadores que propiciam e conduzem a violência em Cidade de Deus, é relevante observar um componente comum, quase atávico, que partilham bandidos e malandros, que definem suas imagens e coexistem no imaginário da população: a negação do trabalho como ética positiva do mundo social.

> Bandidos e malandros têm em comum o horror ao trabalho. Mas se o modelo paradigmático do malandro constituiu-se na consciência popular como horror ao 'batente', à disciplina do trabalho e às obrigações familiares, a imagem do bandido constrói-se com a posse de arma e a opção pelo tráfico, ou pelo assalto como meio de vida. A introdução da arma de fogo entre eles marca uma descontinuidade na história da criminalidade [Zaluar, 1985:149].

A negação da ética do trabalho assume dimensões dramáticas para o argumento sobre a crise de sociabilidade e o aumento potencial da violência tanto em *A máquina e a revolta* quanto nos demais textos da autora que se seguiram. Sua diminuta consistência nos valores sociais leva a que, por um princípio dinâmico e em grande parte volitivo da sociedade, os próprios discursos produzidos sobre a negação da ética do trabalho sejam os geradores de grande parte dos *a prioris* que cercam a dinâmica da violência na Cidade de Deus. Isso ocorre porque o trabalho, seguindo a perspectiva crítica da autora e acompanhada quase unanimemente pelos críticos, possui um elemento pedagógico singular, formador não somente de instrumental para a vida individual, mas também como forma de socialização e normatização social. E sua negação por parte da população é que o transforma perversamente em uma antiformação pedagógica, já que para muitos, principalmente os jovens, os que mais têm a perder com sua ausência, ele é percebido como "coisa de otário". Isso leva a que esses mesmos jovens se revoltem com a ética que os sustenta moral e socialmente, pois, para trabalhadores e bandidos, ela constitui representações concomitantemente diversas e conflitantes. O trabalho funciona para a população como

> [...] fonte de satisfação material e moral do trabalhador, e a concepção negativa do trabalho que o associa à escravidão. Esta ética de trabalho não advém, para os trabalhadores daqui, do valor moral da atividade em si. É a ética do provedor de sua família, que permite ao trabalhador sentir-se no seu íntimo e aparecer em público como moralmente superior aos bandidos. Mas é justamente a impossibilidade de exercer essa função a contento, o excessivo número de horas trabalhadas, número este crescente nos últimos quinze anos, e a baixa remuneração que fazem com que o trabalho perca o sentido acima referido para os jovens que se "revoltam" [Zaluar, 1985:154].

A ausência da percepção do trabalho como fonte de integração social, balizador moral e constituidor de significados partilhados em comum pela comunidade, como expresso em Weber,[7] geraria uma das fontes dos dramas societários mais complexos da sociedade brasileira, já que constituído estruturalmente. Carvalho, por exemplo, discutindo o próprio trabalho de Zaluar, percebe que aqui se expressa uma

> [...] ausência de um sentido religioso na redenção pelo sofrimento que a pobreza em outras sociedades promoveu, nas tradições e os valores coletivos dos de baixo, promovem [no Brasil contemporâneo] uma tensão que se equilibra precariamente em uma tênue fronteira entre o mundo legal e o ilegal [Carvalho, 1995:266].

Retomando a temática do fator diferencial das armas de fogo, e associando-a a essa visão negativa do trabalho, o *ethos* masculino presente acirra ainda mais a tensão nas relações sociais na Cidade de Deus. Por um lado temos os jovens que, por não gozarem das mesmas imunidades de seus pais, ao serem

---

[7] Segundo Weber (1997:5), "*Por 'acción' debe entenderse una conducta humana (bien consista en un hacer externo o interno, ya en omitir o permitir) siempre que el sujeto o los sujetos de acción enlacen a ella un sentido subjetivo. La 'acción social', por tanto, es una acción en donde el sentido mentado por sujeto o sujetos está referido a la conducta de otros, orientándose por ésta en su desarrollo*".

confrontados por um bandido ou se colocarem em alguma situação em que ocorra algum trágico imprevisto, têm nas armas a oportunidade de vingança e de reparação material ou moral. Por outro, temos, no meio dos próprios bandidos, a questão da arma como elemento não só de estigma imputado por uma opção de vida (do e no crime) realizada em relação aos trabalhadores, mas fundamentalmente a oportunidade de se tornarem conhecidos e respeitados por seus pares, e serem reconhecidos pela Justiça e pela polícia. Tal relação adquirida pelos jovens por meio da morte nas costas, porém, não é avaliada por um critério universalista de justiça, mas pelas circunstâncias morais singulares que ela representa. Matar na defesa do território, em defesa da honra ou de outro bandido, sim, é uma forma de conquista de status. Mesmo quando há a necessidade de trocar tiros, há um código que resguarda essas regras, pois

> [...] a troca deveria teoricamente ser sempre entre iguais na hierarquia. Um bandido famoso não deveria trocar tiros com um mero "pivete" que pode gabar-se depois de tê-lo feito. É claro que, porém, as necessidades da guerra não permitem que assim seja feito sempre [Zaluar, 1985:143].

Não é estranho observar que o conflito, segundo esses delicados – mas explícitos – códigos de conduta se instaure com grande facilidade na Cidade de Deus. Ao serem rompidos os códigos de convivência, potencialmente não se têm somente mais uma ou algumas mortes, mas a própria dinâmica de que a comunidade assuma os "bandidos formados" como bons, já que, ao menos, respeitam a civilidade local.

Mesmo porque esse bandido formado, que Mané Galinha representa em toda a sua complexidade e ambiguidade, seria não só o produto da ascensão do tráfico de drogas e do controle de armas, mas também aquele que mantém uma relação de comparecimento e de promoção da vida social da comunidade. Sua defesa dos códigos de honra, da população local e de seu território identificam esse personagem com um espectro não romantizado em nenhum momento por Zaluar, mas que ela mesma via como uma positividade para parte da população da Cidade de Deus, ao menos quando essa figura é ninguém menos que o próprio Mané Galinha.[8]

---

[8] Quando descobriu que corria um boato na Cidade de Deus de que ela estava *realmente* realizando um livro sobre Mané Galinha, o lendário herói da guerra contra Zé Pequeno em defesa da honra daquele, e que depois esse livro se transformaria em filme, Zaluar percebeu que sua

Em contraposição a esse bandido formado não há só o "bandido pé de chinelo" ou o que se utiliza da arma de forma não convencional, ou seja, contra trabalhadores e inocentes da guerra, mas um quarto ator de dissociação social, devido a seu arbítrio e técnicas: a polícia.

A polícia, especificamente a polícia civil, segundo um dos depoimentos colhidos por Zaluar – mesmo que ela própria, em sua análise, não distinga entre esta e a polícia militar –, foi um dos fatores que levaram à desagregação da própria malandragem, como descreve um dos informantes da autora na Cidade de Deus: "Depois que apareceu a polícia civil, a malandragem começou a piorar". É, pois, dela que também os bandidos-formados defendem a população, como é dela que parte a "sugestão", o abuso da autoridade contra o indivíduo.

Essa imagem negativa da polícia assume, na Cidade de Deus, um contorno bastante nítido, pois ela é vista como uma inimiga da população, não por buscar devolver a ordem à sociedade, mas por, diversamente, estabelecer uma relação com todos baseada em constantes ameaças, praticar injustiças, torturas, humilhações e matar. Também as negociações perniciosas entre bandidos e policiais se alimentam desse círculo de corrupção, arbitrariedades e violência, pois essas relações estão baseadas em circuitos de troca perversos: "Dinheiro correndo numa direção, impunidade e proteção na outra". A instabilidade provocada pela própria concorrência sobre o monopólio do tráfico e a instabilidade daí gerada são fatores que reproduzem e alimentam quase mecanicamente essas dimensões perversas (Zaluar, 1985:156-157).

Uma *estranha* e os discursos das guerras

A questão das ações sociais, sua dinâmica e representações são um tópico presente em toda a etnografia de Alba Zaluar. Para ela, o *fazer antropológico* é ultrapassar os obstáculos provocados pela interação, como foi visto anteriormente. Seu relato é repleto de um amálgama de personagens que afloravam, a todo instante, em seu campo. E a apresentação desses personagens tinha um objetivo no decorrer da narrativa: visualizar como era o cotidiano, quais eram

---

própria mediação como intelectual naquela comunidade era uma forma de a população pensar que ela podia *desfazer* (*reinventar*?) de forma positiva tanto a imagem do amado jovem morto quanto a própria imagem da Cidade de Deus. A decepção por essa falsa expectativa criada é mais um dos dilemas vistos no processo de interação relatados pela autora (Zaluar, 1985:23 e segs.).

os preceitos da ordem na Cidade de Deus. E tal visualização só seria possível se esses atores presentes na pesquisa tivessem como temática os anseios de seus grupos, diversos e com interesses contraditórios, como toda a comunidade.

Como esta "descrição densa", para utilizarmos o conceito geertzeano, envolve um grande leque de visões de mundo, a possibilidade de elaboração e de construções de sentido sobre diferentes perspectivas torna-se um platô absolutamente envolvente aos estudos etnográficos – possibilidade essa que, até pouco tempo, somente o cinema ou a literatura, por facilitarem esse tipo de perspectivismo, poderiam fornecer. E o roteiro etnográfico de Alba Zaluar parece que sempre foi estrategicamente definido com antecipação aos fatos que se sucediam no decorrer da pesquisa, sendo que as intempéries é que provocavam a mudança na agenda da pesquisa.

A posição de autora parece mostrar, em *A máquina e a revolta*, que é o "autor etnográfico" quem possui, na verdade, a chave do enredo, o verdadeiro posicionamento e ordem da narrativa – mesmo que ela não negue, em nenhum momento, sua posição de que para obter o conhecimento "real" da Cidade de Deus é necessário que se realize um estudo denso da comunidade, participando das atividades e do cotidiano das pessoas no decorrer de suas vidas sociais.

Há aqui o que é possível denominar uma atitude representacional realista de Zaluar, ou o que Hayden White (1991) denominou "autoridade da própria realidade", que faz com que a figura do autor pareça desaparecer. Na verdade, esse (não) lugar faz com que a realidade apareça "por si só", em seu "estado puro" no texto. Em outros termos, tal postura poderia ser definida pelo que Geertz (1984) chamou de necessidade de ter "estado lá" (e ao mesmo tempo "aqui" do etnógrafo), ou seja, na definição de que o campo foi realizado de uma forma determinada metodologicamente para a compreensão dos de lá, e que sua narrativa seja expressa pelos modelos e para o público daqui.

Mesmo que hoje neguemos ainda a neutralidade do pesquisador com relação ao seu "objeto" e que tenhamos alguma convicção de que esse autor não possa mais assumir a posição do autor que organiza o mundo como seu maestro, e até vejamos seu compromisso com a sociedade estudada como positiva, "continuamos a conceber os 'dados' como formas objetivas com existência própria e independente dos atores" (Cardoso, 1988:99).

Ao perceber a Cidade de Deus por uma perspectiva etnográfica realista (Marcus e Cushman, 1982), e mesmo não tendo uma imagem da sociabilidade humana como um palco idílico, Zaluar, em seu empreendimento, descobre um mundo que não se adequa às nossas próprias construções primeiras, aprioristicas e estereotipadas sobre o espaço da Cidade de Deus. Ela, assim, descobre um mundo que não era percebido por nós, ou melhor, que não queríamos ver.

No interagir dos sistemas de socialização que coexistem na Cidade de Deus, fundamentalmente o realizado entre trabalhadores e bandidos, os jovens é que se tornam as maiores vítimas e os principais personagens de um circuito perverso. Por um lado, por ele negar o acesso à cidadania e aos direitos sociais e individuais a esses jovens, criando uma verdadeira barreira entre o mundo de cá e o de lá, que não se comunicam e, assim, não têm o que dizer um ao outro.

> De todas as barreiras, a mais mencionada pelos jovens é a do preconceito e da imagem negativa dos moradores locais que são considerados como antros de marginais e de bandidos. Aqui opera a identificação trabalhador-bandido inversa, pois vem de fora: "vocês pobres são todos perigosos". Um espelho negativo nesta fase da vida em que as identidades estão maldefinidas e que, se eficaz, torna-se um fator a mais na inclinação do jovem pelo crime. Um círculo vicioso que atua como obstáculo efetivo à obtenção de emprego e como mecanismo psicológico na construção da identidade do jovem [Zaluar, 1985:154].

Por outro lado, colocando esses jovens próximos à sedução que o mundo do crime proporciona, principalmente a entrada no universo do consumismo, e o mundo do trabalho não fornece, em uma sociedade tão demarcada pela desigualdade e pela indiferença, como a nossa.

Essa imagem negativa de como é construída a identidade dos jovens é fundamental em toda a estrutura da violência da cidade, segundo a autora. O poder público, que possui como uma de suas prerrogativas tentar contornar tal separação, ou ao menos torná-la menos perversa, no mínimo omite-se em seu papel de gerenciador das demandas sociais, fundamentalmente as oriundas das populações de baixa renda. Também ele é responsável pela queda de seu próprio exercício da força, o que agrava não só a violência dos espaços sociais menos favorecidos, como propicia um Estado mais do que liberal.

Então, o próprio processo de reprodução da violência, que aproxima, em última instância, trabalhadores e bandidos, somente reforça negativamente esse mundo onde os antigos laços de lealdade, de companheirismo, de solidariedade e reciprocidade foram rompidos, gerando uma lógica hobbesiana em que os indivíduos encontram-se sempre à mercê da violência e da injustiça.

A violência é, em toda parte, percebida pela perspectiva de união entre o pior destes dois mundos – local e nacional –, não só pela radicalização do preconceito em relação à pobreza, mas pela igualdade que ela propicia: todos são pobres submetidos às mesmas condições de classe e aos mesmos descabimentos do Estado e dos de *lá* (Zaluar, 1985:153).

Daí as próprias construções narrativas operadas pela autora ao relatar a construção de identidade dos atores em cena, compartilhando estas não de estruturas inflexíveis, fixas, mas de um indeterminismo e da contraditoriedade manifestas nas próprias teorias sociais presentes na formação dos indivíduos – "[...] ele [o bandido] efetivamente rouba, estupra ou mata, às vezes, os trabalhadores pobres e seus familiares. Mesmo assim, os 'bandidos' vizinhos e conhecidos são 'gente como todos nós'".[9]

A igualdade de condições desses dois personagens igualizam uma situação de penúria social e de constituição contraditória dos selves para trabalhadores, bandidos e, fundamentalmente, para os jovens em meio a essa batalha em que, quase invariavelmente, suas autoimagens são condenadas ao limbo da sociedade. Poucos exemplos são mais claros do que aquilo que Norbert Elias denominou a inter-relação entre as dinâmicas do indivíduo e da sociedade, ações e estruturas, buscando quebrar as dicotomias presentes no pensamento sociológico clássico (Elias, 1994).

Por todos se considerarem igualmente pobres é que a construção da identidade constitui-se pela fórmula canônica de que os dominados são construídos também em suas identidades pelo poder dos dominantes, fundamentalmente pelo estigma com que aqueles envolvem o elo mais fraco da cadeia. Porém, pensar que isso se afirma sem momentos de tensão e revolta seria tão absurdo quanto dizer que essa lógica é absolutamente inexorável. Toda e qualquer dominação, desde os gregos, como nos afirma Paul Veyne em seu "O indivíduo atingido no coração pelo poder público" (1979), mesmo que traga quase invariavelmente mais submissão, também traz em si seus germes de insubordinação.

Seus próprios "Vocês sabem com quem estão falando?", expressos em saques e determinados roubos (que são também relativizados no conjunto habitacional) (Zaluar, 1985:162-4), fazem parte dessa outra parte da sociabilidade presente na Cidade de Deus, demarcada também pelo componente da revolta. E aqui, de forma dramática, relacionalmente expressa como um *modus vivendi*

---

[9] Depoimento recolhido pela autora (1985).

que atravessa toda a imagem da sociabilidade e as representações da violência que ali se fazem presentes:

> Quando quem fala é parente ou amigo de bandido ou simplesmente alguém que se identifica com ele como oprimido, pobre, humilhado e ofendido, as palavras "revolta", "atraso", "marcação", "condomínio do diabo" remetem ao fato de que a pessoa que usa arma de fogo, sua ou emprestada, e troca tiro com bandido fica "marcada", presa ao círculo de vingança pessoal que rege as relações entre bandidos e entre quadrilhas. "Revolta" conota atos de injustiça perpetrados contra os "revoltados", e baseia-se numa concepção de justiça social e de honra masculina. A injustiça pode vir pelas mãos de um bandido sanguinário, da polícia ou de um mundo em que o pobre não encontra senão exploração e opressão. O sinal da "revolta" é o mesmo que de um homem "marcado": o revólver na cintura [Zaluar, 1985:163].

Considerações finais

Não seria errôneo afirmar que Zaluar traça, tanto em *A máquina e a revolta* quanto no decorrer de todo o seu trabalho posterior, um cotidiano que traduz um individualismo possessivo presente não só no Rio de Janeiro contemporâneo, mas em toda a nação brasileira.[10] Um cotidiano em que os bandidos, fundamentalmente os mais jovens, sem maiores esperanças no universo legal, tomam para si como um dos mundos viáveis, através do dimensionamento de uma lógica utilitária perversa: se no mundo legal não há chances – é coisa de otário –, a vida no crime, por mais curta que seja, pode ser traduzida em ganhos virtuais na – e, talvez, também da – sociedade de consumo, inviáveis aos otários. Esse quadro só reafirma, segundo a autora, a crise da sociabilidade e da reciprocidade na qual estamos envolvidos. Desse pior dos mundos possíveis existentes, assim, constitui-se a gênese de uma nova ética, laicizada e secularizada, que expõe uma "razão cínica e utilitária" desprovida de códigos iluministas normatizados.

Com base nesse ponto, deve-se ter como parâmetro que *A máquina e a revolta* é um trabalho etnográfico que não se fecha em seu universo de estudo. Diversamente, Alba Zaluar avisa à própria cidade que seu ovo da serpente

---

[10] Essa perspectiva do trabalho de Zaluar é expressa em Rodrigues (1993:60-1).

pode estar do outro lado também. Os dilemas e os dramas cotidianos da Cidade de Deus não dizem somente respeito à própria comunidade estudada, mas a toda a cidade e mesmo ao Brasil. A Cidade de Deus formula-se como um cenário da crise contemporânea, sobretudo uma crise ética que atravessa o preconceito da população, a estigmatização geral, a construção linear de identidades individuais ou coletivas que efetua a mídia e o descaso do poder público com essas comunidades.

Zaluar, produzindo dessa forma um documento a respeito da Cidade de Deus, descobre por que lá não é somente um cenário possível de um espaço criado por estigmas e preconceitos produzidos por toda parte, seja a mídia, o poder público e seu descaso, ou o restante da população carioca e sua invisibilização da Cidade de Deus. É um espaço que nós não tínhamos como conhecer. A etnografia é quem propicia, em seu caso, a mediação. E isso não é negativo, na medida em que busca a quebra dos circuitos de estigma e estereótipos, ou melhor, busca desnaturalizar o conjunto da Cidade de Deus, mostrando a nós mesmos que o estar aqui também faz parte do mundo de lá.

REFERÊNCIAS

ANGELO, Ivan. Nós, que amávamos tanto a literatura. In: SOSNOWSKI, Saúl; SCHWARTZ, Jorge (Org.). *Brasil*: o trânsito da memória. São Paulo: Edusp; The University of Maryland, 1994.

CANCLINI, Néstor Garcia. *Consumidores e cidadãos*. Rio de Janeiro: UFRJ, 1996.

CÂNDIDO, Antonio. Dialética da malandragem. In: _____. *O discurso e a cidade*. 2. ed. São Paulo: Duas Cidades, 1997.

CARDOSO, Ruth. Aventuras de antropólogos em campo ou como escapar das armadilhas do método. In: _____ (Org.). *A aventura antropológica*. 2. ed. São Paulo: Paz & Terra, 1988.

CARVALHO, Maria Alice Resende de. Violência no Rio: discursos semânticos e institucionais sobre os discursos sobre o mal. *Comunicação & Política*, Rio de Janeiro, ano 1, v. 1, n. 2, 1995. Nova série.

CHÂTELET, François. A questão da história da filosofia hoje. In: GRISONI, Dominique (Org.). *Políticas da filosofia*. Lisboa: Moraes, 1997.

DAMATTA, Roberto. *Carnavais, malandros e heróis*: uma sociologia do dilema brasileiro. Rio de Janeiro: Guanabara Koogan, 1990.

DONZELOT, Jacques. *L'invention du social*. Paris: Seuil, 1994.

ELIAS, Norbert. Scientific establishments. In: ELIAS, Norbert; MARTINS, Hermínio; WHITLEY, Richard (Org.). *Scientific establishments and hierarchies*. Dordrecht: D. Reidel, 1982. V. 6 de Sociology of the sciences.

_____. *O processo civilizador*. Rio de Janeiro: Jorge Zahar, 1990/1993. 2 v.

_____. *A sociedade dos indivíduos*. Rio de Janeiro: Jorge Zahar, 1994.

_____. Introdução à sociologia. Lisboa: Edições 70, 1999.

_____; SCOTSON, John. *The established and the outsiders*. 2. ed. London: Sage, 1994.

GEERTZ, Clifford. *A interpretação das culturas*. Rio de Janeiro: Jorge Zahar, 1979.

_____. *Works and lives*: the antropologist as author. Stanford: Stanford University Press, 1984.

GREENBLATT, Stephen. *Possessões maravilhosas:* o deslumbramento do novo. São Paulo: Edusp, 1996.

MARCUS, George; CUSHMAN, DICK. Ethnographies as text. *Annual Review of Anthropology*, n. 11, p. 25, 1982.

_____; FISHER, Michael. *Anthropology as cultural critique*. Chicago: The University of Chicago Press, 1986.

PEREIRA, Carlos Alberto Messeder. *Em busca do Brasil contemporâneo*. Rio de Janeiro: Notrya, 1993.

RODRIGUES, José Augusto de Souza. *Imagens da ordem e da violência no Rio de Janeiro*. Dissertação (mestrado) – Iuperj, Rio de Janeiro, 1993.

SANTIAGO, Silviano. Crítica cultural, crítica literária: desafios de *fin de siglo*. In: ANTELO, Raul et al. (Org.). *Declínio da arte*: ascensão da cultura. Florianópolis: Abralic/Letras Contemporâneas, 1998.

SIGAUD, Lígia. O limiar da violência. *Folha de S.Paulo*, 3 abr. 1995. Jornal de Resenhas.

SINDER, Valter. Fronteiras da nação e construção de identidades plurais: o entrelugar da cultura brasileira. In: GOMES, Laura Graziela; BARBOSA, Lívia; DRUMMOND, José Augusto (Org.). *O Brasil não é para principiantes*. 2. ed. Rio de Janeiro: Rocco, 2001.

VEYNE, Paul. O indivíduo atingido no coração pelo Poder Público. In: VEYNE, Paul et al. *Indivíduo e poder*. Lisboa: Edições 70, 1979.

WEBER, Max. Conceptos sociológicos fundamentales. 11. reimp. *Economia y Sociedad*, México, Fondo de Cultura Económica, 1997.

WHITE, Hayden. O valor da narratividade na representação da realidade. *Cadernos de Letras da UFF*, Niterói, n. 3, 1991.

ZALUAR, Alba. *A máquina e a revolta*. São Paulo: Brasiliense, 1985.

_____. Teleguiados e chefes: juventude e crime. In: _____. *Condomínio do diabo*. Rio de Janeiro: Revan/UFRJ, 1994.

_____. Prá não dizer que não falei de samba: os enigmas da violência no Brasil. In: SCHWARCZ, Lilia M. (org.). *História da vida privada no Brasil*. São Paulo: Companhia das Letras, 1998.

_____. Violência e crime. In: MICELLI, Sérgio (Org.). *O que ler na ciência social brasileira (1970-1995)*. São Paulo: Sumaré/Anpocs/Capes, 1999.

_____. As ciências sociais e os pioneiros nos estudos sobre crime, violência e direitos humanos no Brasil. In: LIMA, Renato Sérgio de; RATTON, José Luiz (orgs.). São Paulo, Fórum brasileiro de segurança pública / Urbania / Associação nacional de pós-graduação e pesquisa em ciências sociais, 2011.

5 | Movimentos sociais e teoria crítica: notas sobre a redemocratização brasileira

ANGELA RANDOLPHO PAIVA*

Tem-se presenciado um novo dinamismo global na relação da sociedade com o Estado desde a década de 1970. Em países sob o jugo de regimes autoritários, como os da Europa oriental e da América Latina, ou, ao contrário, em países cujos governos eram democracias consolidadas, viu-se um protagonismo inovador da sociedade civil, cristalizado em várias formas de organização: nas organizações não governamentais em defesa dos direitos humanos e ambientais, nas diversas associações, sejam as profissionais, as sindicais e as religiosas, ou ainda nos vários movimentos sociais que vêm apresentando ação coletiva sustentada desde a década de 1960. No caso brasileiro, esse protagonismo havia sido suspenso em 1964, quando o golpe militar reprimiu a então grande movimentação de setores urbanos e rurais. Na realidade, foi preciso esperar quase duas décadas para que novas formas de associação pudessem ser repensadas no início dos anos 1980, com o novo sindicalismo, com as organizações que pautaram a agenda pública, voltadas para questões específicas ligadas à maior justiça social, e com os movimentos sociais que se organizaram para cobrar a solução dos déficits dos mais variados tipos de direitos humanos.

Era o início da redemocratização brasileira, trazendo demandas antigas, como o acesso à terra e o direito de associação sindical, e demandas mais recentes, como o movimento gay ou o de pessoas com deficiência. Outros, como o movimento negro, de mulheres ou indígena, trouxeram tanto questões antigas, como a desigualdade social produzida por sua subalternidade histórica,

---

* Doutora em sociologia pelo Iuperj, professora e pesquisadora do Departamento de Ciências Sociais da PUC-Rio e do Programa de Pós Graduação em Ciências Sociais – PPGCIS.

quanto questões recentes de reconhecimento de uma nova subjetividade – de gênero, de raça ou de etnias –, com reivindicações específicas para maior equidade na participação social. De qualquer forma, todos esses movimentos fizeram com que cientistas sociais tivessem de se debruçar sobre as novas relações que se estabeleceram entre Estado e sociedade, revitalizando categorias analíticas para sua explicação. Assim, *sociedade civil* passa a ser uma das categorias privilegiadas para entender as novas organizações de grupos que vêm pautar a *esfera pública* com questões bastante variadas e que independem do mercado ou do Estado para sua concertação. Mas não se pode deixar a sociedade civil em um vácuo teórico que pode levar à imprecisão. É preciso relacioná-la à cidadania e ao mundo dos direitos humanos, à esfera pública, à identidade coletiva e ao sujeito político, para a análise da emergência de novos atores sociais que chegam com práticas discursivas renovadoras para a ação concertada.

O presente capítulo vai fazer o percurso teórico desses conceitos que ajudam a entender o momento em que surge o que se convencionou chamar de "novos" movimentos sociais, ou seja, aqueles movimentos cujas reivindicações não estão relacionadas nem à classe nem aos sindicatos, e tampouco aos partidos políticos – formas clássicas de ação coletiva em todo o mundo. Tal análise será feita sempre com referência a movimentos sociais específicos, no sentido de mostrar como a teoria social contemporânea – em especial a teoria crítica –, que trata de movimentos sociais em sociedades de capitalismo avançado, também ajuda a compreender a esfera pública brasileira. Parte-se, portanto, da hipótese de que a redemocratização do país tornou a sociedade mais complexa porquanto mais diferenciada. Assim, se alguns movimentos sociais guardam enorme semelhança com os movimentos sociais europeus e americano, modelos para a ação coletiva nacional, guardando as tradições de protesto de cada país, outros se organizam em torno de demandas redistributivas antigas, como o acesso à terra e direito à moradia, na chave, portanto, da classe social.[1] Mas todos giram em torno de reivindicações dos mais variados tipos de direitos, sejam os de primeira, segunda ou terceira geração, na tipologia de Bobbio (1990), sejam ainda os direitos coletivos ou difusos.[2] Vão ser vistos, portanto, alguns

---

[1] Não é o objetivo tratar do estudo das diversas interpretações teóricas dos vários movimentos sociais. Mesmo os movimentos contemporâneos que se articulam em torno das precárias condições materiais serão tratados na chave dos *direitos* não contemplados na nossa desigualdade estrutural, uma vez que é a demanda preponderante nos vários movimentos sociais.

[2] Outro autor que utiliza a mesma tipologia é Lafer (1991). São autores que avançam na clássica tipologia de Marshall de direitos civis, políticos e sociais. Para Bobbio e Lafer, os direitos

conceitos que ajudam a entender o novo tipo de concertação social que surge então, para entender a lógica subjacente. Tal discussão tem por objetivo último perguntar sobre a validade heurística de tais conceitos para a compreensão dos movimentos sociais contemporâneos em geral, e no Brasil em particular, no momento em que se fala de "novíssimos" movimentos sociais.

Conceitos norteadores

A análise seminal de esfera pública feita por Habermas (1984) é um bom caminho para entender o novo significado da sociedade civil. Na década de 1960, quando analisou a "mudança estrutural da esfera pública", Habermas tinha como objetivo o entendimento da formação das primeiras associações da sociedade civil burguesa a partir do século XVIII, que se reuniam em círculos literários e cafés em condição de igualdade e de autonomia em relação ao Estado e ao mercado, ou seja, pessoas privadas reunidas em público que vão discutir e problematizar questões antes consideradas pertencentes à esfera privada.[3] E com a crescente socialização do Estado e estatização da sociedade verificada no século XX, no que se definiu como a sociedade do bem-estar social, as questões antes restritas à esfera privada, como o *modus vivendi* das famílias e as relações de trabalho, passaram a sofrer crescente interferência estatal na regulação dos constantes novos direitos. É o mesmo Habermas quem vai enfatizar, 30 anos mais tarde, o potencial heurístico de seu conceito de esfera pública para a possibilidade de formação das *relações de associação* na sociedade civil para a ação concertada. Mostra que se trata de uma esfera pública *política* em seu sentido *lato*, ou seja,

> uma esfera pública que funciona politicamente requer mais do que as garantias institucionais do Estado constitucional; também necessita do espírito solidário

---

de primeira geração seriam os individuais (civis e políticos), os de segunda, coletivos (sociais), enquanto os de terceira seriam os de grupo, que contemplam os direitos culturais. Bobbio fala ainda dos direitos de quarta geração, direitos intangíveis, como o direito à paz e ao meio ambiente preservado.

[3] A mesma ideia de esfera pública é concebida por Hannah Arendt (1993) em *A condição humana*, que defende a importância da igualdade mínima como a condição para a participação na esfera pública. Ambos vão chamar de *esfera social* a fusão da esfera pública com a privada na construção do estado do *welfare State*. Habermas não define sociedade civil como a esfera burguesa da definição de Marx (1993) porque 100 anos depois era testemunha do alargamento da sociedade civil europeia com a inclusão da classe trabalhadora no estado de bem-estar social.

das tradições culturais e padrões de socialização, da cultura política e de uma população acostumada à liberdade [Habermas, 1999:453].

Nessa concepção está sempre a possibilidade de mudança de padrão cultural, que vai ser detalhada mais adiante.

Em 1989, quando Habermas faz a atualização de seu conceito, já não vê com tanto pessimismo a massificação que previra no início dos anos 1960 com a atomização da esfera pública. Para isso foi importante, ressalta, outra análise sua, feita na década de 1980 (1984), já incorporando os vários movimentos sociais que surgiram desde então, quando faz a distinção entre *sistema e mundo da vida*. Ao fazer tal separação como espaços independentes, vai situar neste último todo o potencial de novas formas de associativismo da sociedade civil, nas suas práticas discursivas possíveis de realização. Para Habermas, o mundo da vida tem três componentes básicos – cultura, sociedade e personalidade – que, apesar de diferenciados, vão respectivamente integrar os indivíduos em processos reprodutivos de transmissão cultural, de integração social e de socialização. Porque é no mundo da vida, na instância das relações primárias de sociabilidade na família, na vizinhança, na igreja e na escola que as relações de associação podem ser formadas, o que significa diferenciar a cultura (tradições culturais), a sociedade e a personalidade. E para o autor, os movimentos sociais podem surgir nesse ponto de interseção entre os sistemas e o mundo da vida quando esse é racionalizado e questionado. Habermas ressalta ainda que as contribuições teóricas de Jean Cohen e Andrew Arato foram fundamentais para clarificar seu próprio conceito.

E o que analisam esses autores? Para Cohen e Arato (2000:485), o conceito de mundo da vida habermasiano pode definir melhor o que se entende por *sociedade civil*, caso se entenda que a diferenciação estrutural do mundo da vida ocorre por meio da emergência de instituições especializadas na reprodução de tradições (cultura), solidariedade (sociedade) e identidades (personalidade). São instituições que não equivalem nem ao mercado nem às estruturas burocráticas do Estado. Para esses autores, a diferenciação feita por Habermas anteriormente entre o público e o privado ajuda na composição do conceito de sociedade civil se essa diferenciação for vista não como mediação, mas dentro da própria sociedade civil, ou seja, a institucionalização do mundo da vida dar-se-ia quando o privado se torna publicamente relevante em novo "agir comunicativo". Pode acontecer, portanto, a *descolonização* do que era antes tido como um dado no mundo da vida. Ainda segundo Andrew e Arato, a perspectiva dual de Habermas entre sistema e mundo da vida permite à teoria social contemporânea pensar o potencial de racionalização contido na modernidade, o que faz a sociedade civil "objetivo e terreno dos movimentos sociais contemporâneos" (Cohen e Arato, 2000:587).[4]

É no momento em que o mundo da vida deixa de ser aceito sem discussão, como aconteceu com o movimento dos direitos civis nos Estados Unidos ou com o movimento feminista, ambos na década de 1960, que novas relações de associação ressignificam tanto a personalidade quanto a cultura e a própria sociedade na sua luta pela democratização das relações sociais contemporâneas. Segundo Cohen e Arato (2000:588), "a redefinição das normas culturais, das identidades individuais e coletivas, dos papéis sociais adequados, dos modos de interpretação e da forma e conteúdo dos discursos (ao que aqui estamos chamando de políticas de identidade) é parte desse projeto". Pode-se dizer, assim, que as relações de associações pensadas por Habermas guardam potencial sempre presente para novas ações.

O conceito de sociedade civil passa a ser, portanto, lócus privilegiado para a emergência de novas formas de ação coletiva. Sérgio Costa (2002) também ressalta a importância do conceito de sociedade civil desenvolvido por Cohen e Arato, autores que, na realidade, desenvolvem na teoria social a maior reflexão sobre sociedade civil como categoria analítica fundamental para a teoria crítica contemporânea. Como lembra Costa, o próprio Habermas incorpora as críticas feitas por Cohen e Arato e confere outra importância ao mundo da vida, com um caráter duplo – ofensivo e defensivo. A sociedade civil passa a ser, portanto, para Habermas,

> [...] o lugar social de geração de opinião pública "espontânea" posto que ancorada no mundo da vida e, simultaneamente, como o elenco de atores sociais habilitados para conduzir os impulsos comunicativos condensados nas esferas da vida cotidiana às demais órbitas sociais [Costa, 2002:49].

---

[4] A descolonização do mundo da vida é fundamental para entender o momento em que o mundo que é dado sem questionamentos pode ser contestado. É uma contribuição importante para a teoria crítica contemporânea, que encontra ainda na teoria do reconhecimento uma das mais importantes vias para o questionamento do mundo capitalista contemporâneo. A contribuição dos seus principais teóricos vai ser mostrada mais adiante, representando potencial heurístico para entender o movimento social.

É nesse processo da passagem dos "impulsos comunicativos" do mundo da vida para os vários canais dos sistemas sociais que uma ação concertada pode se concretizar. Como vai ser visto mais adiante, tal processo depende de vários componentes para sua realização.

Nancy Fraser é outra autora que parte do conceito de esfera pública de Habermas da década de 1960 para criticá-lo, uma vez que esta é concebida, segundo a autora, como uma esfera pública masculina. Mas mostra a validade do conceito ao desenvolver o que chama de "contrapúblicos subalternos", que são "arenas discursivas paralelas onde membros de grupos sociais subalternos inventam e circulam contradiscursos, os quais, por sua vez, lhes permitem formular interpretações de suas identidades de oposição, interesses e necessidades" (Fraser, 1997a:81). Foi o que aconteceu com os movimentos de mulheres, de negros e de gays ou o ambiental nos Estados Unidos, isto é, a formação de uma "multiplicidade de públicos", cujo objetivo último foi o alargamento da própria esfera pública. Pode-se notar a influência de Habermas em Fraser, tanto para sua construção de espaços subalternos quanto para a capacidade da realização da prática discursiva que Habermas define como o "agir comunicativo". A autora lembra a importância da autonomia da esfera pública frente ao Estado, uma vez que é um "corpo informalmente mobilizado de opiniões discursivas não governamentais que pode servir de contraponto ao Estado" (Fraser, 1997a:90). Indo além de Habermas, Fraser propõe uma esfera pública pós-burguesa, que permitiria um papel mais relevante para espaços públicos emergentes variados.[5] Aqui é preciso diferenciar esses "espaços públicos" de que fala Fraser do conceito de esfera pública mais ampla, entendido em um sentido mais macro em constante relação com o Estado e o mercado. Os espaços contrapúblicos trazem a possibilidade de constante reorganização do mundo da vida de que falam Fraser, Cohen e Arato.

Esta análise está diretamente ligada à importância que se está dando ao mundo da vida racionalizado no âmbito da sociedade civil para a emergência de qualquer movimento social, entendido neste estudo não como qualquer mobilização social, mas como ação sustentada que tenha como objetivo concreto a reivindicação de direitos, que se utilize de repertórios escolhidos para a ação concertada, que mobilize uma identidade coletiva para a solidariedade necessária no grupo, que produza novas significações para os atores

---

[5] No mesmo texto, Fraser trabalha com vários pressupostos. Um deles é o de *weak publics*, que não têm potencial para influir em mudanças sociais, ao passo que os *strong publics* são aqueles que influem tanto na formação de opinião pública quanto no processo decisório da esfera pública.

no momento mesmo em que atuam, e que traga questões problematizadas no seio da sociedade civil para pautar a esfera pública e pedir o alargamento na fruição dos diversos tipos de direitos, com o reconhecimento da legitimidade das novas demandas. Ressaltar a importância desse sentido ampliado da esfera pública é fundamental para pensar a possibilidade de seu constante alargamento provocado pelas várias demandas pensadas em práticas democráticas, entre elas sobressaindo o protagonismo dos movimentos sociais. Ou melhor, há uma luta por uma esfera pública mais democrática e ampliada enquanto se acredita nela. Caso contrário, pode ocorrer o fechamento dessa ação concertada reificada em uma identidade essencializada, correndo o risco de cair na "cilada da diferença", como alertou Pierucci (2000), quando a esfera pública perde sentido e surge a guetização de grupos.

Cabe perguntar, ainda, se essas análises procedem para a compreensão do caso brasileiro. Sérgio Costa (2002:61) defende que o uso do conceito para a análise do contexto brasileiro de redemocratização é válido porque o autor vê a sociedade civil "como um campo próprio de relações sociais marcadas antes pela solidariedade que pela competição" e defende o conceito operacional de sociedade civil que contenha suas funções políticas e atuação na esfera pública. Nesse conceito está incluída a teia de interações consolidadas fora da política institucional de partidos e da economia, como sindicatos e associações profissionais, entre outras formas organizadas nessas duas instâncias. Para ser analisada, é preciso considerar os seguintes aspectos, segundo o autor: (a) sua base de recursos (organizacionais, estratégicos e de formação de opinião pública); (b) base de constituição de grupos, no que se refere às identidades dos atores da sociedade civil, construídas nas próprias formas de ação coletiva; (c) natureza do recrutamento dos membros, geralmente voluntária; (d) natureza dos interesses representados que diferem da política e da economia, pois as ações coletivas da sociedade civil trazem questões e problemas que emergem no mundo da vida e que não necessariamente representam projetos de poder político. Lembra ainda que é preciso uma esfera pública democrática, não só garantidora dos direitos civis básicos, mas também porosa a novas reivindicações.

O pano de fundo da redemocratização é a constante luta pela fruição dos direitos. É o que Leonardo Avritzer (1995) ressalta sobre a mudança na cultura política brasileira com a redemocratização, quando os movimentos sociais ajudam a trazer nova complexidade para as formas de organização sociopolíticas. O autor vai falar de duas culturas políticas: uma anterior, cujos pontos de relação entre o Estado e o sistema político ainda mantêm práticas antidemocráticas, e a atual, que requer novas práticas do aparelho do Estado e suas relações com atores sociais. Há, portanto, uma ambivalência no entendimento das práticas democráticas atuais, e, segundo o autor, é crucial entender essa inter-relação para a compreensão da democracia brasileira atual.

Esta é na realidade a chave principal do que será explorado na análise que segue: no momento em que se concretiza a redemocratização do país, a sociedade civil assume outro papel, não mais aquele de resistência ao regime militar, mas como instância fundamental para a demanda dos mais variados tipos de direitos, tanto os antigos, reprimidos pelo fechamento político, quanto aqueles referentes às novas identidades que são constituídas nas redes de relações sociais do mundo da vida. É o que Sidney Tarrow (2008) vai chamar de "momento de oportunidades políticas", quando mudanças nos constrangimentos para a participação podem criar incentivos importantes para novos ciclos de reivindicações.

E para entender a lógica da ação coletiva sustentada de qualquer movimento social é preciso verificar quais componentes ajudam a definir a passagem de uma mobilização coletiva para movimento social. Serão ressaltados: a existência de um *conflito*, o que requer o estudo de sua natureza; formação de *identidade coletiva* e o necessário reconhecimento de sua legitimidade; emergência do *ator social*, que implica novas formas de *solidariedade*; os novos marcos interpretativos (*frames*), que organizam novos discursos para a tradução de uma pauta reivindicatória específica; os *padrões distintos de mobilização*, sempre com o político e o cultural interligados, compreendendo tanto a análise dos *repertórios* de contestação escolhidos, que dependem de tradições de reivindicações e de transferências de modelos, quanto o relacionamento do movimento com a *opinião pública*, na busca do reconhecimento da legitimidade da demanda reivindicada. Todos esses componentes só podem ser entendidos quando contextualizados na sua "historicidade". Como defende Alain Touraine, é significativa a importância do questionamento das condições sociais, políticas, culturais e históricas de cada época para a compreensão dos movimentos sociais. Na historicidade de que fala Touraine, está a discussão fundamental da fruição dos direitos humanos e o reconhecimento das demandas de diversas orientações.

Vai ser mobilizada, portanto, parte da literatura "americana" que ressalta a oportunidade política e a mobilização de recursos como essenciais para a geração de nova ação coletiva (Tarrow, McAdam e Tilly, especialmente), dando ênfase aos elementos estruturais para a possibilidade de ação. Para complementar, e entender melhor a questão da agência nos movimentos sociais, serão trazidos Touraine, Melucci, Honneth e o próprio Habermas, uma literatura "europeia", autores que focalizam em níveis distintos o ator social nas suas relações de *produção social* em sua luta por reconhecimento. Como o interesse não é fazer o percurso teórico exaustivo das teorias dos movimentos sociais, esses autores surgirão na discussão conceitual que dará suporte à argumentação desenvolvida a seguir.[6]

Entendendo o conflito

Vários autores que estudam movimentos sociais apontam a importância de visualizar o conflito para que a ação concertada possa acontecer. Alain Touraine, desde os anos 1960, vê a existência de um conflito como o ponto central para a emergência de um movimento social. Se então ele o definia como "categorias sociais particulares", como o movimento de mulheres ou o estudantil, que desenvolvem um combate ou significam a expressão da reação a uma crise ou a determinada pressão institucional (1973), anos mais tarde ele define conflito "como parte das sociedades cada vez mais complexas, fragmentadas por um grande número de conflitos que surge, desenvolve-se e é resolvido independentemente uns dos outros" (Touraine, 2007:171). Se lá atrás ele previa que provavelmente os movimentos sociais se incorporariam ao mundo institucional, hoje ele vê sua importância com a concomitante emergência do *sujeito* como antídoto a um mundo cada vez mais circunscrito aos ditames econômicos globalizados. Seria a defesa mais enfática do social, mas agora traduzido pelo padrão de mudança cultural das sociedades complexas. Para a sociologia, significa tratá-lo com novas categorias.

O percurso teórico de Touraine mostra como o autor desenvolveu a ideia de conflito em seus 50 anos de estudos dos movimentos sociais. Se nos anos 1960 ele os definia basicamente como conflito analisado na chave das classes sociais, em que o ator social se engajaria em um movimento pela consciência da condi-

---

[6] A literatura americana de mobilização de recursos enfatiza a *estrutura* possível, enquanto a literatura europeia, trazida aqui com Melucci e Touraine, enfatiza a *agência* para a mobilização social. Para Habermas, e especialmente para Honneth, o mundo da vida descolonizado nas relações de associação na sociedade civil é o elemento que ajuda a entender o passo inicial da emergência dos conflitos sociais. Para análise das várias teorias, ver Gohn (2007) e Alonso (2009); para a diferenciação das duas perspectivas, ver Tarrow (2008) e Melucci (2001).

ção de classe, nos anos 2000, depois de ter sido criticado por seu ator social que surge naturalizado, e depois de ter lido Foucault, ele diz que a noção de *sujeito* é importante para que o ator social possa emergir. Esse sujeito representa o momento em que o indivíduo assume seu grau de reflexividade, na mesma linha proposta por Giddens (1989), e que Foucault (1990) analisa como o momento em que o sujeito consegue distanciar seu *eu* do *nós*, para a construção de sua subjetividade. Mas para Touraine, além do *eu* e do *nós*, há os *outros*, elemento fundamental para a construção da solidariedade necessária para a emergência da ação concertada. Touraine dá como exemplo de tal processo a construção da subjetividade das mulheres, dos jovens e dos ambientalistas – movimentos que considera exemplares para a mudança cultural que está sempre a ressaltar. Nesse longo percurso, percebe-se que o fator cultural vai ser importante elemento para as mudanças. E se durante sua trajetória acadêmica ele chegou a decretar o "fim do social", em *Pensar outramente*, obra mais recente, Touraine (2007) adverte que o conflito pode ser tão geral que não corresponda automaticamente a um tipo de ação, pois podem ser simples mobilizações. Para ser um movimento social, o conflito deve estar relacionado às possibilidades de sua articulação:

> Ao contrário, um movimento social se define pelos atores que o animam e querem mudar o uso que é feito dos principais recursos de uma sociedade. [...] Ele é mais completo do que um conflito, já que traz orientações positivas, mas ele é igualmente mais complexo do que as estruturas revolucionárias. É por isso que eu sempre o defini pela associação de um conflito social e pela identificação com os recursos culturais mais valorizadas numa dada sociedade [Touraine, 2007:172].

Outro autor que trata do conflito como categoria de enorme poder explicativo para a emergência de movimentos sociais é Alberto Melucci, pesquisador italiano que dedicou sua vida acadêmica a entender os movimentos sociais contemporâneos. Para Melucci (2001:35), o movimento social não é uma resposta a uma crise, mas sim a expressão de um conflito que é levado para "[...] além do sistema de relações sociais a que a ação se destina (rompe as regras do jogo, propõe objetivos não negociáveis, coloca em questão a legitimidade do poder, e assim por diante)". Para sua análise, lembra o autor, é preciso ter presentes as distinções analíticas dos movimentos, que são sempre instrumentos conceituais para sua compreensão: a econômica, que precisa ser separada do cultural (simbólico e relacional), do político e do social. De qualquer forma, eles podem significar momentos de inovação cultural, trazendo uma proposta de ruptura com um projeto de mudança social. Melucci (2001:49) enfatiza o desenvolvimento de uma teoria sociológica da produção social que tem os seguintes componentes: (a) uma forma de ação; (b) o contexto social (chamado por ele de matéria-prima); (c) os recursos disponíveis (meios de produção); e (d) relação social (interação para a realização da produção social). Além do mais, a teoria da produção social comporta, segundo Melucci, uma teoria da identidade para que haja a ação coletiva. Esses são componentes que precisam de análise, mas tendo sempre presente que não existe uma relação direta entre determinada situação de privações e o agir coletivo.

Para sua teoria da ação ele vê três condições: continuidade no tempo, identificação do "adversário" e o sentimento de pertencimento na demanda por direitos. Assim, a existência de um "conflito antagonista" é crucial para a emergência dos movimentos contemporâneos, que ele define assim: "Os movimentos sociais nas sociedades complexas são redes submersas de grupos, de pontos de encontro, de circuitos de solidariedade que diferem profundamente da imagem do ator coletivo politicamente organizado" (Melucci, 2001:97). As características das formas recentes de ação coletiva são seis, segundo o autor: (1) há efetiva heterogeneidade das demandas; (2) há um escasso vínculo com o sistema político; (3) as questões privadas vão para o público; (4) há uma superposição entre desvio e movimento social; (5) há um particularismo das formas de resistência e objetivos instrumentais que são reforçados com a solidariedade do grupo; (6) há a busca pela ação direta com a eventual rejeição dos canais de representação. Todas essas características – especialmente a inexistência de vínculos com canais clássicos de representação e as formas de solidariedade construída nas redes dos movimentos que são pautadas na esfera pública – ajudam a definir o que há de novo nos movimentos sociais contemporâneos.

A cada uma dessas características pensadas por Melucci, podemos associar formas de ação coletiva contemporâneas da sociedade brasileira. O item 1 – formas heterogêneas de demandas – está presente em todos os movimentos atuais: de mulheres de todas as classes, LGBT, negros, ambientais, jovens (como o movimento do passe livre), pessoas com deficiência, ou os rurais, de luta por acesso à terra ou dos atingidos por barragem. Todos esses movimentos também estão relacionados ao item 2, uma vez que os movimentos de gênero, raça ou sexo não visam exclusivamente à tomada do poder, mas trabalham com o sistema político para a mudança social e cultural. Quanto ao item 3, questões ligadas a pessoas com deficiência, à discriminação racial e sexual e à violência doméstica também trazem para a esfera pública problemas que antes pertenciam à esfera privada. O item 4 é fundamental para a esfera pública brasileira, pois movimentos vistos como desviantes, como as ocupações dos sem-terra ou dos sem-teto, têm alcançado avanços importantes na sua denúncia no que se refere aos direitos de moradia e à terra. Mais do que a "invasão" de um prédio abandonado ou de um latifúndio improdutivo, a estratégia de ocupação pode ser vista como um ato de desobediência civil na reivindicação por direitos constitucionais, visto que a função social da moradia e da terra está contemplada na Carta de 1988.[7]

O item 5 – a existência de solidariedade de grupos – representa a maior característica dos movimentos contemporâneos, sejam eles os urbanos, como a luta de mulheres por creche na periferia de São Paulo e a luta do movimento negro com a denúncia do racismo e demanda por educação, sejam eles rurais, como os dos sem-terra e a resistência de populações ribeirinhas ou atingidas por barragens. Quanto ao item 6, a ação direta de que fala Melucci precisa ser matizada pelas relações que vão sendo construídas com os canais institucionalizados, como acontece com a pressão feita pelos movimentos sociais nas esferas do Legislativo (promulgação de novas leis), do Executivo (reconhecimento das demandas em novas relações com o Estado) e do Judiciário (proteção jurídica reinterpretada). Assim, a análise de um movimento social precisa atentar para as relações estabelecidas entre os movimentos e os sistemas sociopolíticos institucionalizados, relações que se tornam complexas à medida que os movimentos se consolidam no processo em curso da própria ação coletiva.

No caso do Brasil, país com movimentos sociais de demandas por redistribuição e por reconhecimento, na definição de Fraser, é preciso estar atento para as novas relações estabelecidas porque não há virtude intrínseca nem êxito automático nas mobilizações coletivas. Na década de 1980, Ruth Cardoso (1987) já alertava para o risco de o pesquisador não atentar para as relações complexas construídas e ficar aprisionado no seu objeto de análise. Assim, trabalhar com categorias analíticas é fundamental para o objeto a ser estudado, para manter a "vigilância epistemológica" de que fala Bourdieu (2005).

---

[7] Ver a análise de Lygia Sigaud (2000) acerca das ocupações ocorridas nos engenhos falidos da Zona da Mata pernambucana. A autora mostra como fatores estruturais foram importantes para a permanência nos acampamentos.

Construindo a identidade coletiva

Há unanimidade no que concerne à importância da construção das identidades coletivas para que seja iniciado qualquer processo de mobilização social em direção a um movimento. Se estas eram mais fáceis de ser identificadas na estrutura estável conseguida no curto período em que a modernidade dava conta do estabelecimento de identidades e papéis nas instituições integradoras do social, quando se falava da classe trabalhadora, por exemplo, com o surgimento das formas flexíveis e complexas de os grupos se identificarem na atualidade, pode-se mesmo perguntar se ainda é válido falar de uma identidade coletiva. Vai ser defendido que sim, ainda que essas identidades sejam estratégicas e ferramentas em construção, como analisa Gohn (2010:31).

De qualquer forma, é preciso concordar com Craig Calhoun (1994), que lembra haver no discurso moderno de identidade tanto o nível individual (construção da subjetividade) quanto o coletivo (são marcadores do povo, cultura, língua, gênero ou idade) no mundo contemporâneo, e que as identidades são múltiplas, trazendo novos desafios para a teoria social. Calhoun rejeita tanto a concepção essencialista de identidade, comum na construção do projeto de nação, quanto a concepção do relativismo cultural presente nas discussões pós-estruturalistas, discussões que questionam as identidades da modernidade. Calhoun, ao contrário, defende o *construcionismo social* para se entenderem as identidades complexas de uma sociedade cada vez mais confrontada com as questões da identidade e da diferença: "*To essentialist reason we add constructionism and to this dualism we add the possibility of both deconstructing and claiming identities*"[8] (Calhoum, 1994:18). Para o autor, as políticas de identidade são fundamentais para a construção de uma identidade coletiva, mais bem entendida como um projeto sempre em construção, mas que requer o *reconhecimento* de sua legitimidade, tanto o autorreconhecimento quanto o reconhecimento por outros.[9]

Assim, defende ele, as identidades vistas como reflexos de posições sociais objetivas não conseguem dar conta do dinamismo social implícito nas sociedades

---

[8] "À racionalidade essencialista, nós acrescentamos construcionismo, a este dualismo, acrescentamos a possibilidade tanto de desconstrução quanto de reivindicação das identidades".
[9] Calhoun se vale da análise de Charles Taylor que demonstra que a base social do reconhecimento está ameaçada pela abrangência da mídia global, das redes heterogêneas, das diásporas internacionais, entre outras questões do mundo contemporâneo. A questão do reconhecimento é vital para o que está sendo tratado aqui e será analisado adiante.

contemporâneas e prefere defini-las como "identidades são em geral projetos pessoais e políticos nos quais nós participamos, animados por uma maior ou menor extensão dos recursos da experiência e da capacidade, cultura e organização social" (Calhoum, 1994:28). E se há sempre uma tensão contida tanto na identidade coletiva requerida para a participação de movimentos sociais que vão de alguma maneira reforçar aspectos identitários como recursos para tal participação, há um componente de heroísmo e autossacrifício para a construção da solidariedade, "difíceis de serem entendidas nos termos convencionais da teoria social quanto nas ideologias populares de pura autorrealização pessoal." (Calhoum, 1994:29).

É na mesma linha de construcionismo social de Calhoum que Melucci dá à identidade coletiva uma definição interativa e compartilhada, uma vez que ela é construída e negociada pelos atores envolvidos nos processos de relações sociais. O autor aponta para dois aspectos importantes:

> O processo de construção, manutenção, adaptação de uma construção coletiva tem sempre dois ângulos: de um lado, a complexidade interna de um ator, a pluralidade de orientações que o caracteriza; de outro, a sua relação com o ambiente (outros atores, oportunidades/vínculos). Tal processo é a base para a construção de expectativas e para o cálculo dos custos e benefícios da ação [Melucci, 2001:69].

Seria o processo descrito por Tilly (1978) da formação do *catnet*, quando os atores reúnem as condições de perceberem suas condições semelhantes. Para isso, deve haver *catness* (abreviação de *category*), ou seja, a identidade compartilhada por um grupo com nitidez de fronteiras de todos aqueles que compartilham as mesmas características; e deve haver *netness* (relacionado às *nets*), ou seja, a solidariedade que pode se realizar intra e intergrupos para a mobilidade social. Em suma, é o momento em que há o questionamento do mundo da vida colonizado, para seguir com Habermas, quando se questionam os padrões de subalternidade ou invisibilidade existentes. A título de exemplo no caso brasileiro, a formação de uma identidade coletiva em torno da negritude, categoria privilegiada, foi fundamental tanto para o questionamento da harmonia racial presente como uma das crenças centrais da sociedade brasileira, quanto para a formação de redes dos vários movimentos negros que vieram denunciar os padrões históricos de subalternidade na esfera pública, principalmente naqueles referentes ao acesso à educação e ao mercado de trabalho. Mas é preciso entender com mais detalhes esse processo de construção do ator social.

Ator social em construção

Até agora vimos que a existência de conflitos sociais não gera automaticamente a mobilização para um movimento social. Pelo contrário, vemos que há uma *latência,* que inclusive pode nunca ser realizada se o processo descrito acima – de formação de identidade coletiva para a explicitação do conflito na esfera pública – não se traduziu na emergência do ator social que tem de encontrar condições políticas favoráveis para a ação social.

A principal característica do ator social, portanto, diz respeito ao processo que se dá na passagem de sua construção de identidade individual para a identidade coletiva, em um processo de abertura para a solidariedade social. É o surgimento da empatia que ocorre quando a referência para a orientação do indivíduo se amplia. Quem traduziu bem essa passagem foi Mead (1967): na construção da identidade individual, os indivíduos se localizam naquilo que Mead chamou de "outros significativos", o mundo da família e das relações mais próximas. À medida que a socialização ocorre, esse momento dá lugar ao "outro generalizado", a esfera social mais ampla na qual deve estar implícito um grau de empatia para a realização da solidariedade social. Esse foi o processo ocorrido em vários países europeus no século XIX, quando o acordo societário se ampliou com a universalização progressiva dos direitos humanos, sendo que a educação primária e as primeiras regulações no mundo do trabalho organizado (Bendix, 1996) resultaram nos movimentos sociais clássicos da classe trabalhadora, que pediam a inclusão no mundo dos direitos. Como lembra Bendix, a ampliação dos direitos veio para mitigar o paradoxo da promessa de igualdade em sociedades com produção econômica capitalista geradora de crescente desigualdade.

Em sociedades como a brasileira, com a construção da desigualdade estrutural vista de forma naturalizada (Souza, 2002), esse "outro generalizado" não se realiza plenamente porque fica reduzido a grupos específicos enquanto outros vivem na periferia da esfera pública. De outro ângulo, é a descrição feita por Elisa Reis (1998) das formas de "familismo amoral" presentes na sociedade brasileira, que não alcançou o mínimo de igualdade para a participação social. É a formação de uma solidariedade ambivalente, uma vez que não se constrói um marco de valores e normas que alcance toda a sociedade na realização mínima dos direitos. Assim, as "forças do atraso" estão sempre a conviver com os impulsos da modernização brasileira, como bem analisa Werneck Vianna (1997).[10]

---

[10] Há uma extensa bibliografia para a análise da formação social brasileira no que se refere à ambivalência das promessas constitucionais com o acordo social existente (Soares, 2000), com

A redemocratização, porém, traz a emergência dos conflitos latentes e o surgimento de novos atores sociais na esfera pública. Esse ator social, analisado tão bem por Touraine desde suas primeiras análises dos movimentos sociais da década de 1960, tem significado em estudos recentes a compreensão mais profunda do que venha a ser o sujeito. Segundo Touraine (2007:129), a ideia de sujeito completa a própria ideia de modernidade. Ele defende o conceito de *individuação* para o surgimento de um impulso para a postura que "possa tirar [o sujeito] da oposição cada vez mais vazia entre o mundo do indivíduo e aquele da sociedade". Mas se esse processo pode significar a identificação a uma comunidade bastante minoritária ou crenças muito individualizadas, para o autor, ao contrário, está implícita uma postura mais ativa do sujeito:

> [...] a afirmação da individualidade e o processo de individuação não se reduzem à rejeição da vida regrada pelas instituições. A individuação é, na realidade, endereçada contra muitos outros aspectos da sociedade, sobretudo quando esta está em ruínas, mas ela age como força de defesa dos direitos em todos os aspectos da vida social e cultural, e não fora deles [Touraine, 2007:130].

O ideário de direitos assume posição central na sua análise e se constitui em uma saída para o impasse de uma sociedade massacrada pelo consumo, pela propaganda e pela mídia. E quando Touraine percebe que o sujeito está cada vez mais afastado da sua capacidade de mudança social, ele vê como saída o processo da construção da relação de si para si e do distanciamento necessário para que sua capacidade de reflexão leve esse sujeito à emergência de sujeitos em interação. Para o autor, a ideia de direitos humanos é o que dá alento depois de um longo período de enfraquecimento das lutas sociais: "O sujeito se constitui na mais forte afirmação de si pelo indivíduo e pelo ator social, desde que ele não se contente em resistir passivamente à dominação dos aparelhos de produção, de consumo e de gestão" (Touraine, 2007:184).

Ao fazer essa análise detalhada da construção do sujeito, Alain Touraine está mais perto de explicar que o ator social não se materializa de forma espontânea. Dá como exemplos os movimentos ecológicos e os de mulheres, movimentos

---

a hierarquia nas relações sociais (DaMatta, 1993), com a modernização conservadora a manter um acordo societário excludente (Reis, 1998) e com a presença do Estado para articular as mudanças (Carvalho, 1991), entre outras interpretações exemplares.

que evidenciam o processo descrito por ele como processo de construção da subjetividade ancorada na construção de um sujeito reflexivo realizado nessa individuação de que fala. Podemos também dizer que o mesmo aconteceu com o movimento dos direitos civis nos Estados Unidos, quando os negros, depois de décadas de submissão das mais cruéis nos estados sulistas, tornam-se esses sujeitos de que fala Touraine. Tal construção do sujeito representa boa ferramenta de análise para entender por que esses movimentos ocorreram naquele determinado momento e não antes. De qualquer forma, para o autor, os movimentos de mulheres e os ambientais significam mudança de paradigma tanto no plano epistemológico quanto ontológico, em direção à mudança de padrão cultural.

Como tem sido destacado aqui, trata-se sempre de um processo. Na maior parte dos casos, os movimentos sociais têm caráter educativo e apresentam uma pedagogia no processo de ação coletiva (Gohn, 2010). O momento em que indivíduos se engajaram em movimentos sociais é o que McAdam (1982) descreveu como "liberação cognitiva" e o autor dá como exemplo o movimento dos direitos civis, quando a participação dos indivíduos deu-se inicialmente como membros das igrejas onde a ação social era concertada, e que, aos poucos, iam vislumbrando todo o potencial de seu engajamento. Foi a construção do ator social *em processo*, e, segundo depoimento de vários militantes do movimento, um mundo novo se abria na construção de sua subjetividade de ser um negro na militância ativa não violenta: era preciso aprender a não ser submisso nem violento, padrões que predominavam até então (Paiva, 2003).

McAdam (1982:51) combina a liberação cognitiva com o processo que envolve outros dois fatores: a expansão das oportunidades políticas e as organizações de base já existentes para que, então, possa haver o "potencial estrutural para a ação coletiva exitosa" que se traduz em novas formas de solidariedade social. Se ele descrevia esse como o processo realizado com a militância negra sulista do fim dos anos 1950, o mesmo pode ser aplicado para entender as novas formas de ação coletiva do movimento negro dos anos 1970 no Brasil. Quando os vários movimentos negros se reuniram em 1978, os três componentes estavam presentes. Era o momento inicial de abertura política, foi formada uma *rede* pelos vários "coletivos" negros que apresentavam diversas tendências de ação, e a participação no movimento foi vital para a liberação cognitiva, quando houve a ressignificação da identidade negra.[11]

---

[11] Ver o livro organizado por Verena Alberti e Amilcar Pereira (2007) – *Histórias do movimento*

No processo descrito até aqui, foi ressaltada a importância da análise do conflito, da construção de identidade coletiva, do entendimento do que seja o ator social. É o que Tarrow (2008) chama de realização da solidariedade social. Essa é a condição básica para a realização de um movimento social, o momento em que há a liberação dos mais profundos sentimentos de solidariedade e identidade. Trata-se um ponto em comum das duas vertentes que temos destacado aqui: tanto a literatura americana quanto a europeia ressaltam a solidariedade social como o momento em que os atores agem coletivamente.

O que está implícito em toda a análise é a importância da existência de práticas democráticas e, no caso brasileiro, da redemocratização do país para que a sociedade civil pudesse afinal assumir não só demandas por maior equidade em uma esfera pública tão desigual, mas também projetos de ressignificação de novos direitos. Elas requerem a tradução dos sentidos novos construídos na ação, ou seja, a construção de novos discursos. E aqui está a importância de entender os marcos interpretativos, os frames para a explicitação, a tradução e a interpretação dos conflitos.

Elaborando novo marco interpretativo

A literatura americana de teoria de mobilização de recursos registra com muita ênfase a construção de novos *frames* para a tradução de reivindicações distintas. Tarrow, por exemplo, ressalta que a cultura da ação coletiva é construída sobre marcos interpretativos e emoções, cujo objetivo é a passagem da insatisfação ou frustração pessoal para a mobilização. Nesses marcos, os símbolos são escolhidos, direitos são refraseados em novas demandas, argumentos são selecionados e organizados em um sistema de significados com o intuito de reforçar as identidades em construção, e líderes se preocupam com a elaboração de discursos convincentes. A linguagem assume, portanto, importância vital na elaboração de novas semânticas que servem de referência para a ação coletiva. A habilidade dos discursos linguísticos elaborados pelos líderes é a condição mesma para a realização do que Habermas (1987) entende por "agir comunicativo". E a validade de suas demandas está muito relacionada ao modo como os marcos são cons-

---

negro no Brasil –, registro valioso de vários militantes dos diversos movimentos, que descrevem esse momento de liberação cognitiva.

truídos. As demandas fazem parte de um processo em construção e do mundo relacional aqui destacado como componente intrínseco de um movimento social; os *frames* são elaborados e reelaborados no processo em curso.[12]

Esse processo de comunicação converge com a literatura que estamos chamando aqui de europeia. Tanto Melucci quanto Touraine ou Habermas vão enfatizar a importância dos canais de comunicação internos na construção das redes que formam os grupos dos movimentos sociais, e externos, no que concerne à eficácia da tradução das novas demandas para a esfera pública mais ampla. Como exemplo, pode-se lembrar a eficácia dos discursos do movimento dos direitos civis, quando o movimento negro se referia à Constituição americana para mostrar que os negros americanos eram cidadãos de segunda classe e pediam a inclusão no mundo dos direitos nela prometidos. Assim, diferentemente de outros líderes que apelavam para a separação ou mesmo para a resposta da violência com violência, o movimento dos direitos civis construiu o discurso dos direitos e da justiça social, discurso caro à sociedade mais ampla porque é a base da própria Constituição.

Certamente isso também significa padrões distintos de mobilização e repertórios variados de ação coletiva. Implícita ainda está a ideia de que as estratégias de ação coletiva vão depender da natureza dos conflitos trazidos para a esfera pública. De qualquer forma, o potencial para a construção de *redes* de solidariedade social está bastante relacionado ao modo como os atores elaboram seus discursos para torná-los legítimos na esfera pública.

Padrões de mobilização

Quando Tarrow fala em repertório de confronto, lembra que este depende basicamente da cultura política de cada contexto nacional e varia no tempo e no espaço, desde as tradicionais revoltas camponesas e incêndios intencionais até as formas urbanas de greves, parada de máquinas ou mesmo sua destruição, além de petições, protestos, passeatas. Segundo o autor, cada cultura política

---

[12] A importância da linguagem para a capacidade da reflexividade dos agentes sociais (Giddens, 1989) e para a elaboração dos novos marcos de referência foi apontada por vários teóricos contemporâneos que puderam elaborar a importância do discurso com base nas contribuições feitas por Saussure na linguística.

tem sua memória de protesto, como as barricadas francesas ou as petições inglesas. O que se viu de inovador desde meados do século XX foram formas de protesto coletivo de desobediência civil, como pensada por Gandhi na Índia, o que inspirou Martin Luther King Jr. nos EUA logo depois. Tal estratégia vai ser usada pelo movimento dos sem-terra ao ocupar fazendas improdutivas ou dos sem-teto quando ocupam prédios públicos abandonados.[13]

De qualquer forma, as estratégias pensadas pelos movimentos sociais são fundamentais para o êxito da ação coletiva. Em um país com longa tradição democrática, as várias combinações de repertórios podem ser pensadas segundo sua tradição política, mas em países de democracia recente, como o Brasil, os repertórios de confronto têm de conviver com a pouca tradição de explicitação de conflitos na esfera pública, o que geralmente resulta em práticas policiais violentas e reação conservadora da grande mídia. Assim, está mesmo em curso um *aprendizado* de ação social, seja para aqueles movimentos que lutam por questões antigas, como o MST, os sem-teto, as mulheres ou os negros, seja para aqueles que estão construindo uma identidade coletiva nova, como as pessoas com deficiência, o movimento LGBT (questões antes circunscritas ao mundo privado) ou o movimento ambiental (que vem questionar o próprio processo de desenvolvimento econômico e sua consequente utilização dos recursos naturais). As estratégias, portanto, dependem do tempo de luta e da natureza da mobilização coletiva. Ao mesmo tempo em que publicitam suas ações na esfera pública, trabalham em constante diálogo com o Legislativo e Executivo para a formulação de novas leis que vão ser determinantes para a mudança do padrão cultural, como se falava incialmente. Exemplos recentes são o reconhecimento civil das relações homoafetivas e a tipificação do racismo como crime inafiançável.

Não é por outra razão que Touraine acredita que os movimentos sociais estão na própria essência do que seja o processo social. Como lembra Maria do Glória Gohn, há constante incorporação de novas culturas políticas de inclusão e do respeito à diferença:

> Há neles, na atualidade, uma ressignificação dos ideais clássicos de igualdade, fraternidade e liberdade. A igualdade é ressignificada com a tematização da jus-

---

[13] A década de 2000 trouxe uma revolução nos padrões de mobilização com o uso das novas tecnologias nas comunicações, e o uso da internet tem demonstrado o alcance e a rapidez com que questões são discutidas nas mídias sociais e levadas para os espaços públicos. Não se deve pensar que isso significa que as mobilizações tradicionais se tornaram anacrônicas, mas sim que há uma mudança de escala, ou seja, maior dinamismo para sua mobilização.

tiça social; a fraternidade se retraduz em solidariedade; e a liberdade associa-se ao princípio da autonomia – da constituição do sujeito, não individual, mas coletivo [...] Os movimentos sociais sempre têm um caráter educativo e de aprendizagem para seus protagonistas [Gohn 2010:16].

Essas três ideias – justiça social, solidariedade e autonomia – são, na realidade, componentes básicos dos novos movimentos sociais. É na justiça social que a igualdade formal se radicaliza para cobrar sua realização. No tocante à solidariedade, esta assume uma nova dimensão, não mais significando sentimentos de filantropia produzidos verticalmente, mas a solidariedade social, cujo sentimento fundamental é a paridade na participação e o pertencimento ao grupo na horizontalidade de seu engajamento. E a autonomia é a liberdade que se realiza quando o movimento consegue produzir uma ação sustentada que se relaciona com as instituições a partir de um lugar em que a identidade coletiva passa a estar legitimada e preservada para que se realize.[14]

E os direitos humanos aparecem como a questão a ser elaborada em marcos interpretativos distintos na redemocratização da esfera pública. No caso brasileiro, os enormes déficits para a fruição dos vários tipos de direitos humanos conformam pauta constante da agenda dos movimentos que lutam pela efetivação desses direitos. E são a base tanto para a reelaboração de discursos quanto para estratégias pensadas para publicizar na esfera pública questões que não haviam sido articuladas nesse tipo de ação concertada. Afinal, muitos se organizam em lutas por reconhecimento de questões antes invisibilizadas, conforme enfatizado pela teoria crítica.

Direitos e reconhecimento

Para entender a demanda mais radical na luta pelos direitos humanos, a teoria do reconhecimento tem enorme validade heurística. Como lembra Nancy Fraser (1997b), as lutas pelo reconhecimento e pela redistribuição são lutas distintas. No caso da luta pela redistribuição, são os movimentos que demandam

---

[14] Essas três ideias ajudam a diferenciar os movimentos aqui analisados dos movimentos "feios" que se organizam na sociedade civil, lugar também da emergência de movimentos racistas, xenófobos ou de grupos neonazistas, entre vários outros, que operam em lógica inversa.

bens materiais (como terra e moradia); outros lutam pelo reconhecimento de suas novas subjetividades, como os gays, pessoas com deficiência ou ambientalistas. No entanto, alguns movimentos apresentam ambas as lutas, como os das mulheres e dos negros, que, pela condição de subalternidade conferida ao seu *status*, têm tanto a demanda por *reconhecimento* de sua nova subjetividade quanto pela *redistribuição* dos bens sociais, resultado de práticas de discriminação, cujo resultado é a desvantagem sistemática para a participação na esfera pública. Fraser lembra que a distinção entre as injustiças sociais e culturais são analíticas apenas, uma vez que a falta de reconhecimento do igual valor da mulher ou do negro levou ao problema de alocação das oportunidades no mercado de trabalho e na esfera pública em geral.

A discussão contemporânea sobre reconhecimento, que ganha força na década de 1980, vem complementar o que se está ressaltando sobre a importância heurística de categorias como sociedade civil e identidade coletiva. Na realidade, é o reconhecimento político e cultural de novas questões, que são colocadas na esfera pública e que provocam conflitos antes não visibilizados, que ajuda a entender o novo sujeito de direitos que luta por uma cidadania ativa, como define Dagnino (1994), os grupos antes subalternizados que não mais se conformam com os lugares a eles definidos em acordo social hierarquizado e desigual. Se Charles Taylor (1994) observa que é o *respeito ao indivíduo de igual valor* que provocou e continua provocando a tarefa incessante da construção de uma sociedade mais igualitária, Axel Honneth (2003) faz uma minuciosa análise da "gramática moral dos conflitos morais". Para ambos, a importância do enfoque hegeliano da eticidade construída nas relações subjetivas é fundamental para entender as formas de reconhecimento, tanto naquelas sociedades em que foi alcançada a universalização mínima dos direitos quanto naquelas em que formas de desrespeito e não reconhecimento são ainda muito presentes. Para Charles Taylor, a política do reconhecimento se realiza quando a sociedade consegue admitir, e *reconhecer*, a legitimidade das demandas que pautam a construção de novas identidades coletivas, e estas são incorporadas em seus projetos societários. Para isso, há um pressuposto básico: o reconhecimento do igual valor, tanto para as políticas universalizantes de igualdade quanto para as políticas da diferença, trazidas para a esfera pública pelos novos movimentos sociais.[15]

---

[15] Charles Taylor, pensador canadense, tem como pano de fundo o multiculturalismo logrado no Canadá depois das grandes tensões de décadas passadas. Na "política do reconhecimento" deve

Honneth (2003), por outro lado, está interessado em saber como se constroem instâncias em que sentimentos morais de injustiças podem aflorar. Para isso, trabalha com três formas de reconhecimento e suas formas de desrespeito nas dimensões da personalidade. Na primeira dimensão, as formas de reconhecimento se realizam nas relações primárias do amor e da amizade para a aquisição da *autoconfiança* no desenvolvimento da personalidade de qualquer pessoa, sendo formas de desrespeito correlatas os maus-tratos e a violação. Na segunda dimensão, elas se dão nas relações jurídicas com a afirmação dos direitos para que essa personalidade possa adquirir o *autorrespeito* na sua integração social, sendo as consequentes formas de desrespeito a privação de direitos e a exclusão. A última dimensão acontece na comunidade de valores, na instância da solidariedade nas relações sociais, quando pode ser desenvolvida sua *autoestima*. Esta, quando não se realiza, dá lugar à degradação e à ofensa. Na primeira, sua integridade física pode estar ameaçada; na segunda, sua integridade social, e, na última, sua própria dignidade.

Contudo, para Axel Honneth, os padrões de reconhecimento recíproco têm a possibilidade de se realizar no mundo da vida social,

> pois toda realização emocional negativa que vai de par com a experiência de um desrespeito nas pretensões contém novamente em si a possibilidade de que a injustiça infligida ao sujeito se lhe revele em termos cognitivos e se torne motivo de resistência politica [Honneth, 2003:224].

Nesse ponto, o autor visualiza a capacidade da formação de redes de solidariedade para o surgimento dos movimentos sociais. Ele ressalta que *pode* e não que *tem* de se revelar o potencial cognitivo para um movimento social. E como esse processo pode ser realizado para Honneth? Depende de uma "semântica coletiva" que permita a construção de uma identidade coletiva no momento em que há a ruptura dos sentimentos de desrespeito mencionados acima.

Sentimentos de lesão dessa espécie só podem tornar-se a base motivacional de resistência coletiva quando o sujeito é capaz de articulá-los num quadro de inter-

---

estar implícito o ideal do ser humano de "igual valor" para a construção de uma esfera pública mais diferenciada. Em tal projeto societário, padrões de grande desigualdade social ou cultural não têm lugar.

pretação intersubjetivo que os comprova como típicos de um grupo inteiro; nesse sentido, o surgimento dos movimentos sociais depende da existência de uma semântica coletiva que permite interpretar as experiências de desapontamento pessoal como algo que afeta não só o eu individual, mas também um círculo de muitos outros sujeitos [Honneth, 2003:258].

As experiências de desrespeito desagregadas e sentidas individualmente podem se transformar em "luta por reconhecimento", no momento em que o engajamento tira os sujeitos da "ação paralisante" da personalidade distorcida para a ação social. Tal semântica coletiva depende do potencial linguístico para a construção de marcos significativos. Surge, assim, o sentimento de autorrespeito para lutar pela autoestima no reconhecimento jurídico das novas demandas para a construção da autoconfiança nas relações sociais. Guarda muita semelhança com o analisado por McAdam como a "liberação cognitiva" no processo de engajamento em um movimento social. Mas a análise de Honneth ajuda a entender esse passo atrás, quando a apatia é quebrada nas redes de relações sociais intersubjetivas e pode surgir a solidariedade social (aquela pensada por Mead) e que traduz a demanda de direitos não antes reconhecidos. Nesse caso, são formadas redes de solidariedade social.[16] No caso brasileiro, a análise feita por Ilse Scherer-Warren desde a década de 1990 dá a exata dimensão da importância das "redes de movimentos sociais" para a concertação coletiva.[17]

Devido ao escopo do presente trabalho, não se pode aqui alongar demasiadamente esta discussão fascinante. Honneth lembra ainda uma questão importante: tal mudança depende, em última análise, da transformação cultural que deve ocorrer para a ampliação radical das relações de solidariedade. E esse é o último aspecto que precisa ser ressaltado e que foi mencionado ao longo de todo o texto: todos os movimentos sociais, tanto os que demandam redistribuição quanto os que pedem reconhecimento, pedem a *mudança no padrão cultural*, tanto no nível

---

[16] A análise de Honneth é pertinente porque parte do reconhecimento pensado por Hegel, ao qual o autor agrega a psicologia social de George Herbert Mead para chegar à dimensão da solidariedade social que não foi contemplada por Hegel. Em sua análise, percebe-se a importância dos direitos nessa construção.

[17] Scherer-Warren começa trabalhando a importância a criação de redes para analisar os primeiros movimentos da década de 1970 (1996). Atualmente tem mostrado ainda seu potencial analítico para a análise de fóruns e redes dos movimentos latino-americanos (2007) e para a abordagem pós-colonial dos movimentos sociais (2011).

sociocultural quanto no político. É por isso que Alvarez, Dagnino e Escobar (2000) vão falar de "política cultural" em uma dimensão relacional, quando atores vocalizam outros significados que não o da ordem cultural dominante – os das minorias, da oposição, dos alternativos, cujas demandas podem ser aceitas no plano político. É essa dimensão política da mudança cultural que é importante para que novas demandas sejam aceitas como legítimas e passem a fazer parte do jogo político no que se refere ao sistema jurídico, de representação ou ainda na aquisição de novo *status* social. E como pano de fundo para a emergência de todas as demandas está o potencial da realização radical dos direitos humanos, marco que pode ser sempre traduzido em novas interpretações, em especial em um país com forte déficit na realização dos mais diversos tipos de direitos.

Conclusão

Certamente muito ainda poderia ser analisado sobre o processo que ocorre para a emergência de um movimento social. O percurso feito privilegiou algumas categorias que considero fundamentais para a compreensão da lógica da ação concertada. Procurei mostrar como são importantes três níveis de análise: (a) o político, tanto na sua dimensão micro, com a institucionalização do mundo da vida, quanto no macro, em que práticas democráticas podem reconhecer a legitimidade das novas demandas e estão aptas (ou não) a validar sua emergência na esfera pública; (b) no nível social propriamente dito, quando foi ressaltada a importância da produção de novas relações sociais, o que exige novo quadro axiológico que contraponha ao padrão vigente e que denuncie a não completude de promessas constitucionais, forjando outros padrões, primeiro no plano discursivo produzido e depois para o eventual reconhecimento jurídico na esfera pública; (c) no nível cultural, no momento em que as teias de significado se ampliam para abrigar esses novos padrões que podem ser incorporados a práticas democráticas em constante renovação.

E não é por outra razão que a democracia apareceu nessa análise como a condição *sine qua non* para a emergência dos novos movimentos sociais, tanto para a transformação do padrão sociocultural dominante quanto para a mudança da cultura política existente. No caso brasileiro, país de todos os déficits de direitos humanos na sua história republicana, a redemocratização trouxe consigo a possibilidade sempre presente de mudança social de forma contínua e sustentada. Para os cientistas sociais, trata-se de momento ímpar em nossa história, quando somos testemunhas das várias reivindicações, sempre trazendo antigos e novos conflitos para a esfera pública, em uma revitalização da sociedade civil que imprime novas formas de organização com o surgimento de identidades coletivas que se reforçam nas redes de solidariedade possíveis, na busca incessante para a realização substantiva da fruição de direitos e o exercício da cidadania.

Quando novos direitos são pensados e redes de concertação se formam em nível planetário, vemos que a relação da sociedade civil com a esfera pública pode representar a constante ampliação de novas formas jurídicas, pautas renovadas para a representação política e legitimação de demandas que saem do cultural para o embate político. E esse processo – na relação entre mudança cultural e reconhecimento político – pode mesmo definir as relações postas para o entendimento do pedido de um leque variado de mudanças sociais.

No momento em que termino este capitulo, junho de 2013, os espaços públicos das principais cidades brasileiras (praças e grandes avenidas) foram ocupados por uma grande onda de mobilização social a pedir a efetiva realização dos mais diversos tipos de direitos. Mobilização que começou com o movimento do passe livre (MPL) em São Paulo, em um protesto contra o aumento da passagem do transporte público, expandiu-se para um leque de demandas que pedem, de novo, os mais variados direitos – saúde, educação, segurança, mobilidade urbana –, ou seja, direitos realizados de forma precária. Há também demandas específicas de leis que há anos estão sendo tramitadas (ou engavetadas...), no que pode vir a ser a transformação da cultura política do país.

Apesar das inúmeras questões envolvidas, pode ser o momento inicial de uma nova cultura política, quando se descobre o poder de engajamento nas manifestações públicas. Vemos o potencial de novo recurso para mobilização – as redes sociais, forma inusitada para a concertação da sociedade civil, com líderes transversais de vários movimentos, o que vai ao encontro dos sentimentos de cidadania, cuja fruição de direitos se encontra ainda não cumprida, o que traz a latência para a explicitação do conflito, ressaltada ao longo do texto. Há um descompasso entre a rapidez do potencial de mobilização e as instituições políticas existentes nos vários níveis de governo, instituições que estão custando a entender as novas reivindicações. Pode ser o momento de reafirmação do poder da sociedade civil que vai levar a demandas em novo padrão de cultura cívica, agora com o uso de tecnologias da informação, que tem demonstrado os espaços discursivos elaborados com tal dinamismo que permite a rápida ocupação dos espaços públicos. De qualquer forma é um processo que está em curso e pode trazer inúmeras mudanças, tanto para os novos movimentos analisados acima quanto para formas de mobilização que podem ajudar a empreender mudanças efetivas no padrão da cultura política do país.

REFERÊNCIAS

ALBERTI, Verena; PEREIRA, Amilcar. *Histórias do movimento negro no Brasil*. Rio de Janeiro: Pallas/FGV, 2007.

ALONSO, Angela. As teorias dos movimentos sociais: um balanço do debate. *Lua Nova*, n. 76, 2009.

ALVAREZ, Sonia E.; DAGNINO, Evelina; ESCOBAR, Arturo (orgs.). Introdução. In: _____. *Cultura e política nos movimentos sociais latino-americanos*: novas leituras. Belo Horizonte: UFMG, 2000. p. 15-57.

ARENDT, Hannah. *A condição humana*. Rio de Janeiro: Forense, 1993.

AVRITZER, Leonardo. Cultura política, atores sociais e democratização. *Revista Brasileira de Ciências Sociais*, São Paulo, n. 28, 1995.

BENDIX, Reinhard. *Construção nacional e cidadania*. São Paulo: Edusp, 1996.

BOBBIO, Norberto. *A era dos diretos*. Rio de Janeiro: Campus, 1990.

BOURDIEU, Pierre. *O ofício do sociólogo*. Petrópolis: vozes, 2005.

CALHOUN, Craig. Social theory and the politics of identity. In: CALHOUN, Craig (Ed.). *Social theory and the politics of identity*. Massachusetts: Blackwell Publishers, 1994. p. 9-36.

CARDOSO, Ruth. Movimentos sociais na América Latina. *Revista Brasileira de Ciências Sociais*, São Paulo, v. 1, n. 3, 1987.

CARVALHO, José Murilo. *Os Bestializados*. São Paulo: Companhia das Letras, 1991.

COHEN, Jean; ARATO, Andrew. *Sociedad civil y teoria política*. México, DF: Fondo de Cultura Económica, 2000.

COSTA, Sérgio. *As cores de Ercília*: esfera pública, democracia, configurações pós-nacionais. Belo Horizonte: UFMG, 2002.

DAGNINA, Evelina. Os movimentos sociais e a emergência de uma nova nação de cidadania. In: _____. *Anos 90*: política e sociedade no Brasil. São Paulo: Brasiliense, 1994. p. 103-115.

DAMATTo, Roberto. *Relativizando*. Rio de Janeiro: Rocco, 1993.

FOUCAULT, M. *As palavras e as coisas*. São Paulo: Martins Fontes, 1990.

FRASER, Nancy. Rethinking the public sphere. In: _____. *Justice interrupts*: cultural reflections on the "post socialist" condition. Nova York: Routledge. 1997a. p. 69-98.

_____. From redistribution to recognition? Dilemmas of justice in a "postsocialit" age. In_____. *Justice interrupts*: cultural reflections on the "post socialist" condition. Nova York: Routledge. 1997b.

GIDDENS, Anthony. *A constituição da sociedade*. São Paulo: Martins Fontes, 1989.
GOHN, Maria da Glória. *Teorias dos movimentos sociais*: paradigmas clássicos e contemporâneos. São Paulo: Loyola, 1997.
_____. Movimentos sociais e redes de mobilização no Brasil contemporâneo. Petrópolis: Vozes, 2010.
HABERMAS, Jürgen. *Mudança estrutural na esfera pública*. Rio de Janeiro: Tempo Brasileiro, 1984.
_____. *The theory of communicative action*. Boston: Beacon Press, 1987. v. II.
_____. Further reflections in the public sphere. In: CALHOUN, Craig (ed.). *Habermas and the public sphere*. Cambridge: The MIT Press, 1999. p. 421-461.
HONNETH, Axel. *Luta por reconhecimento*: a gramática moral dos conflitos sociais. São Paulo: Ed. 34, 2003.
LAFER, Celso. *A reconstrução dos direitos humanos*. São Paulo: Companhia das Letras, 1991.
MARX, Karl. *A ideologia alemã*. São Paulo: Hucitec, 1993.
MCADAM, Doug. *Political process and the development of black insurgency*. Chicago: The University of Chicago Press, 1982.
MEAD, George Herbert. *Mind, self & society*. Chicago: The University of Chicago Press, 1967.
MELUCCI, Alberto. *A invenção do presente*. Petrópolis: Vozes, 2001.
PAIVA, Angela R. *Católico, protestante, cidadão*. Belo Horizonte: UFMG, 2003.
PIERUCCI, Antonio Flávio. *As ciladas da diferença*. São Paulo: Ed. 34, 2000.
REIS, Elisa. *Processos e escolhas*. Rio de Janeiro: Contracapa, 1998.
SCHERER-WARREN, Ilse. *Redes de movimentos sociais*. São Paulo: Loyola, 1996.
_____. Fóruns e redes da sociedade civil: percepções sobre exclusão social e cidadania. *Política e sociedade*: revista de sociologia e política, v. 6, n. 11, 2007. p. 19-40.
_____. Para uma abordagem pós-colonial e emancipatória dos movimentos sociais. In: _____; LÜCHMANN, L. H. (Org.). *Movimentos sociais e participação*: abordagens e experiências no Brasil e na América Latina. Florianópolis: UFSC, 2011. p. 17-35.
SIGAUD, Lygia. A forma acampamento: notas a partir da versão pernambucana. *Novos Estudos Cebrap*, n. 58, nov. 2000.
SOARES, L. E. Uma interpretação do Brasil para contextualizar a violência. In: PEREIRE, Carlos Alberto Messeder; HERSCHMANN, Michael (orgs.). *Linguagens da violência*. Rio de Janeiro: Rocco, 2000.
SOUZA, Jessé. *A construção social da subcidadania*. Belo Horizonte: UFMG, 2002.
TARROW, Sidney. *Power in movement*. Cambridge: Cambridge University Press, 2008.
TAYLOR, Charles. The politics of recognition. In: GUTMANN, Amy (Ed.). *Multiculturalism*. Princeton: Princeton University Press, 1994.
TILLY, Charles. *From mobilization to revolution*. Boston: Addison-Wesley, 1978.
TOURAINE, Alain. Movimentos sociais. In: FORACCHI, Marialice Mencarini; MARTINS, José de Souza (org.). *Sociologia e sociedade*: leituras de introdução à sociologia. Rio de Janeiro: LTC, 1977.
_____. *Pensar outramente*. Petrópolis: Vozes, 2007.
WERNECK VIANNA, Luiz J. *A revolução passiva*. Rio de Janeiro: Revan, 1997.

6 | Cidade mutante

MARIA ALICE REZENDE DE CARVALHO[*]

Este texto reúne duas notas breves e autônomas, referidas à vida urbana contemporânea, que deixam entrever um argumento comum a elas: o quanto o conceito sociológico de cidade se encontra enrijecido *vis-à-vis* a experiência atual dos citadinos. Sua principal sugestão é a de que a prevalência do paradigma oitocentista de cidade pode ser inibidora do avanço da agenda democrática.

1.

Entre os meses de outubro e novembro de 2005, ocorreu uma violenta rebelião juvenil na periferia de Paris, mais precisamente na comuna de Clichy-sous-Bois, departamento de Seine-Saint-Denis. Incêndios de carros, apedrejamentos de policiais e outros delitos de difícil contenção se seguiram à morte, aparentemente acidental, de dois jovens afrodescendentes que, ao fugirem de uma blitz, procuraram abrigo em uma subestação de distribuição de energia e acabaram eletrocutados. Os protestos contra a ação policial duraram 20 dias, espalhando-se rapidamente por outras cidades da França. No dia 17 de novembro, a polícia considerou debelado o motim, mas o "estado de emergência" instaurado em 25 departamentos franceses continuou em vigor até o dia 4 de janeiro de 2006.

O então ministro do Interior, Nicolas Sarkozy, declarou ao jornal *Le Monde* que a violência era prática usual daquela "ralé" e prometeu "limpar" os bairros problemáticos com mangueiras de água à pressão – o que levou a imprensa a afirmar que aquela forma agressiva e insultuosa com que o ministro se referia aos incidentes de novembro indicava a antecipação da campanha presidencial

---

[*] Doutora em sociologia, professora da PUC-Rio.

na França.¹ Contudo, como em outros momentos críticos da república, o debate trouxe para o centro da reflexão os temas da igualdade civil e do governo regido pelo interesse coletivo. Falou-se, então, do retraimento das agências estatais de seguridade social durante as quatro décadas que precederam aquela explosão e se tentou dimensionar o impacto que tal retraimento teria produzido sobre os segmentos mais carentes da sociedade.

A partir daí, o uso de noções como "guetificação", para significar os processos em curso nos *banlieues* de Paris, bem como a adoção de outras expressões igualmente extraídas do léxico sociológico norte-americano, abalou o maciço intelectual e político do republicanismo francês, sabidamente refratário a comparações com a grande democracia do norte. Löic Wacquant (2001), por exemplo, que vinha elaborando a diferenciação entre guetos norte-americanos e bairros periféricos franceses desde meados da década anterior, observou que a segregação na França é menos uniforme etnicamente do que a dos EUA e basicamente associada à pobreza decorrente da degradação do trabalho e do enfraquecimento da classe trabalhadora. Mas reconheceu que o levante juvenil de 2005 demonstrava que a "nova pobreza" podia ser concomitante ao surgimento de ideologias raciais, e que, nesse caso, elas assolariam a totalidade do hemisfério norte (Mingione e Morlicchio, 1993; Cross, 1992).

Wacquant, na ocasião, recordou que o recrudescimento da hostilidade antiárabe na sociedade francesa nos anos 1990 ajudara a fortalecer politicamente a Frente Nacional² e, como resposta, ampliara a atuação de movimentos antirracistas no país. Tal antagonismo, segundo o autor, aumentou a temperatura política na França, que, com os acontecimentos de Seine-Saint-Denis, punha em perspectiva o massacre ocorrido na cidade de Los Angeles em 1992, quando mesmo aqueles que não se pautavam por critérios raciais pegaram em armas.³ Foi, enfim, esse imaginário bélico, a que a mídia emprestou um "efeito de

---

¹ A eleição para a sucessão do presidente Jacques Chirac, em 2007, a nona eleição presidencial da Quinta República, contou, inicialmente, com 12 candidatos, entre os quais Nicolas Sarkozy, mobilizando fortemente a sociedade francesa durante o ano de 2006. O segundo turno, ocorrido no começo de 2007, foi decidido entre ele e a socialista Ségolène Royal, derrotada com 47,94% dos votos.
² Frente Nacional é o nome do partido político francês fundado em 1972 e liderado por Jean-Marie Le Pen até sua renúncia, em 2011. Populista e xenófoba, a agremiação se consolidou nos anos 1990 como a principal força do nacionalismo na França. Sua agenda pública inclui o protecionismo econômico, o combate à imigração não europeia e a "tolerância zero" à criminalidade, defendendo a deportação de imigrantes ilegais, criminosos e desempregados.
³ Wacquant (2001:26) descreve a batalha de Los Angeles nos seguintes termos: "No gueto de South Central, motoristas brancos são arrancados de seus carros e espancados, lojas são depre-

objetividade", que deflagrou, em 2006, o debate sobre a crise de Paris e demais metrópoles contemporâneas, ameaçadas não apenas materialmente, mas também na sua dimensão simbólica, como signo da modernidade esclarecida.

Constituíram-se, imediatamente, dois "partidos". De um lado, os defensores da república, ou melhor, da "cidade republicana", para quem continuavam a valer os pressupostos universalistas e de quem se ouviram cerradas alegações quanto à necessidade de integração ilimitada de todos os franceses, independentemente de sua ancestralidade ou das crenças que professavam. De outro lado, ergueram-se críticos daquele "partido", que, com maior ou menor grau de radicalidade, investiram contra o que costumam chamar de colonização embutida no projeto integracionista, entre os quais – e principalmente – aqueles para quem a igualdade é um substantivo plural, comportando tantas diferenciações quantas forem as formas de autoidentificação dos sujeitos.

Essas posições eram mais ou menos previsíveis, pois, afinal, são expressões recorrentes da discussão filosófica acerca da igualdade e dos direitos dos cidadãos nas repúblicas modernas. Contudo, para além dessa polarização entre o que se poderia denominar o *integracionismo francês* e o *comunitarismo anglo-saxão*, a imprensa concedeu espaço considerável a uma terceira perspectiva, crítica de ambas. Curioso, mas não surpreendente, foi, então, o destaque que assumiu um de seus formuladores: Patrick Chamoiseau, intelectual negro, nascido em Fort-de-France, capital do departamento da Martinica, e vencedor, em 1992, do mais alto prêmio literário francês, o Goncourt, por seu romance *Texaco* (1993).[4]

O livro trata da epopeia de três gerações de habitantes de um *bidonville* de Fort-de-France em seu esforço de preservação dos costumes crioulos – temática, aliás, já presente em seu primeiro romance, *Chronique des sept misères* (1986), que denuncia o gradual desaparecimento do *djobeur*, espécie de "faz-tudo" dos mercados martinicanos e símbolo da criatividade associada à identidade crioula. Chamoiseau, portanto, é considerado um intelectual francês

---

dadas, carros da polícia tombados e incendiados. [...] Tão avassaladora é a explosão que nem os bombeiros nem a polícia são capazes de impedir a queima de centenas de prédios. A rebelião espalhou-se prontamente, multiplicando-se as cenas de saques de massas. É decretado estado de emergência e sete mil efetivos federais, incluindo 1.200 fuzileiros navais, são convocados. Francoatiradores e tiroteios entre amotinados, polícia e comerciantes, que pegam em armas para defender suas lojas, elevam o cômputo de mortes a 45. Ao final do terceiro dia de levante, cerca de 2.400 pessoas sofreram ferimentos, 10 mil foram presas; mil famílias perderam suas casas, milhares de indivíduos, o emprego".

[4] O romance foi publicado pela editora francesa Gallimard, em 1992, e, no Brasil, pela Companhia das Letras, em 1993. Sobre Chamoiseau, ver Noronha (2003).

que, contudo, tem uma visão da França a partir de suas periferias, de suas margens, compreendendo os dilemas envolvidos no jogo inclusão/exclusão que, como martinicano, conhece tão bem.

Formulador, juntamente com Edouard Glissant,[5] do que chamou de política da relação, Patrick Chamoiseau afirma que na modernidade tardia o sentido do que somos não é mais dado pela família, pelo pertencimento a uma cultura, pela língua, pela cor da pele ou pelos deuses eventualmente adorados, sendo descortinado somente pela relação que travamos com o outro. Trata-se, pois, de reconhecer a existência de uma nova identidade em construção no mundo, caracteristicamente instável porque fertilizada por distintos repertórios (Bernabé, Chamoiseau e Confiant, 1993; Hall, 2005), e alheia à unidade, à ideia de um núcleo absoluto e fechado, tal como representada tanto na *comunidade artificial de cidadãos*, organizada em torno da igualdade civil, quanto na *comunidade natural de indivíduos*, conformada segundo valores e interesses comuns.

De acordo com essa perspectiva relacional, as respostas disponíveis no repertório ocidental seriam inadequadas para lidar com a irrupção de identidades instáveis e negociadas, como as dos jovens manifestantes, uma vez que, tais respostas, embora distintas, procedem da mesma ilusão moderna de que é possível "resolver" racionalmente o conflito inerente à convivência humana, mediante a construção de uma identidade convencional e congelada, de uma identidade unificada, que se ancora na ideia do consenso e de um território compartilhado (Mouffe, 1994). Socializados, contemporaneamente, na multiplicidade e na negociação, permanecemos, contudo, engolfados por uma imaginação regressiva, vincada por diferenciações absolutas e binárias que o Iluminismo estabeleceu (particular x universal, tradição x modernidade) ou vem potencializando em sua versão tardia, a exemplo do acirramento das clivagens raciais.

Enfim, esse descompasso entre o que *já* somos e o que *ainda* não temos – uma imaginação capaz de operar traduções da diversidade experiencial que nos move – constituiria, para Chamoiseau, a grande questão do nosso tempo. Para ele, o mundo que vive dentro de nós não mais se reconhece nos dispositivos legados pela modernidade e responsáveis pela modelagem das velhas nações e das velhas repúblicas. Por isso, a afirmação de identificações múlti-

---

[5] Edouard Glissant (1928-2011) cunhou o termo "criolização" para ressaltar o caráter aberto, instável e relacional da mestiçagem, para além da dialética, das sínteses unitárias. Entre nós, é fácil a associação de Gilberto Freyre a essa chave (DaMatta, 1981, 1985, 1987; Araujo,1994), com a diferença de que os intelectuais martinicanos conheceram, no pós-Segunda Guerra, um prestígio político crescente, patrocinado internacionalmente por Jean-Paul Sartre e outros intelectuais franceses.

plas, provisórias e instáveis protagonizada pelos jovens rebelados no outono parisiense de 2005 assumiu, para Chamoiseau, o sentido de um desafio, de um "*formidable enjeu*" para a construção de uma nova imaginação pública em escala planetária (Chamoiseau, 2005).

* * *

A esta primeira nota, seguem-se algumas observações. A intervenção de Patrick Chamoiseau no debate público francês contribuiu para aplacar concepções xenófobas de ordem e restaurar o tema do conflito como fundamento positivo da vida democrática. Teve também o mérito de localizar na política – e não na economia, como vinha sendo a tônica – o cerne dos embates, inclusive as disputas territoriais na cidade. Assim, ao afirmar que a luta dos jovens por reconhecimento extrapolava a dimensão *welfaireana*, Chamoiseau contribuiu para atenuar a hostilidade dos setores médios com a juventude pobre na França, plantando, ademais, o princípio da autonomia como base de uma existência digna.

Visão aproximada à dele foi a de Alain Caillé, expressa logo depois dos acontecimentos de 2005, em um texto sobre a questão do reconhecimento e sua centralidade na teoria sociológica. Segundo Caillé, tal noção compreenderia duas acepções. Na primeira, o reconhecimento é um "bem" tão desejado quanto qualquer outro, e, nesse caso, a luta por reconhecimento se traduziria em uma modalidade particular da luta redistributiva. Na segunda acepção, contudo, ele é um "valor" dos sujeitos, que esperam vê-lo reconhecido. Nesse caso, o reconhecimento não se enunciaria no registro do *ter*, e sim do *ser*, o que torna pouco provável que o direito seja suficiente para produzir o reconhecimento desejado. Nas palavras de Caillé (2008):

> Na crise das periferias francesas que eclodiu em novembro de 2005 ficou claro que não era o Direito que discriminava e que estava na raiz do problema de reconhecimento sentido pelos manifestantes. Não foi então ao Direito que eles recorreram, mas, de forma difusa, ao conjunto da sociedade francesa.

Portanto, Patrick Chamoiseau e Alain Caillé convergem no diagnóstico de que a questão central para os jovens insurretos de 2005 não era econômica nem propriamente política, se conferirmos a essa palavra um sentido estrito, de disputa institucional, ou mesmo um sentido republicano, de pleno acesso aos direitos de cidadania. Para ambos, embora as esferas da economia e da política costumem concentrar nossa atenção e obscurecer as demais, o debate sobre reconhecimento contém distintos ângulos e não pode prescindir da ideia de valorização dos sujeitos sociais – individuais ou coletivos. Amor e respeito, por exemplo, habitam o contexto moral subjacente à admissão de um sujeito à comunidade política – e terá sido essa dimensão moral do reconhecimento que, segundo Caillé, foi reclamada nas manifestações de 2005. Assim, mais do que exigir direitos econômico-sociais ou políticos, os jovens dos *banlieues* parisienses exigiram a constituição de laços, de uma aliança baseada na generosidade para com seus valores, para com o que são. Exigiram, afinal, a instituição de uma vida em comum, fundamento de toda política (Caillé, 1998).

Outro comentário relativo aos episódios de 2005 e às intervenções intelectuais produzidas naquele contexto diz respeito às chamadas "identificações negociadas" – noção de que se vale Chamoiseau para criticar as identidades duras, nucleares, e o próprio princípio da segmentação que se aplica às identidades, assim como aos paradigmas analíticos e às formas de ação dominantes na modernidade. A ênfase do autor nas relações, nas trocas humanas, permite perceber, por contraste, o quanto a autoconsciência ocidental é marcada por uma imaginação segmentadora, que orienta desde o debate acadêmico até nossas escolhas éticas e políticas. No exemplo fornecido por Caillé (1998), lidamos com Estado e mercado como dimensões maiúsculas e estanques; e a consequência disso se traduz na incapacidade, sob a racionalidade moderna, de pensar a política como algo inscrito na própria sociedade – nos interesses e autoconsciência sociais. Em outras palavras, a modernidade cancelou a possibilidade de experimentarmos a política como *ethos*, como *modo de viver* socialmente.

É verdade que as fronteiras que a modernidade nos legou – nacionais, conceituais, morais, enfim, todas elas – vêm sendo revisadas por processos concretos de interdependência em curso no mundo. Tais processos não são dominantes, mas já existem e, em futuro não muito distante, deverão impor à racionalidade moderna uma inflexão epistemológica e ético-política. Abordar a questão do aquecimento do planeta, por exemplo, exige uma perspectiva transnacional, integrando, ademais, diversas temporalidades e dinâmicas que, no Ocidente, compõem o que se entende por esferas econômica, política e social. Processos embrionários de interdependência são identificáveis também nas questões que concernem às cidades globais, crescentemente alvos de articulações e deliberações extralocais. Desse ponto de vista, a notória subordinação dos gestores de cidades que sediam megaeventos internacionais aos comitês organizadores daqueles certames é apenas a exageração de um processo que parece ter curso, em diferentes escalas, nas principais metrópoles do mundo.

Algumas consequências podem ser inferidas desses processos emergentes. Hoje, estando a política franqueada à participação cidadã em uma escala jamais vista, as grandes questões do nosso tempo tendem a não mais se resolver mediante o empenho político da sociedade, pois são questões que cortam transversalmente os subsistemas, exigindo, portanto, uma esfera intersistêmica de deliberação que, contudo, não existe (Costa, 2001a; 2001b). Por isso, a participação política ou incidirá sobre questões menores, bagatelas parlamentares, ou será tida como ineficaz, dado que circunscrita a uma única esfera institucional que já não é capaz de produzir soluções adequadas às grandes questões do mundo contemporâneo.[6]

Daí, talvez, a explosão das ruas. O Occupy Wall Street, movimento que contesta, principalmente, o domínio do capital financeiro sobre a política dos EUA, bem como o protesto de desempregados europeus contra as novas instituições econômicas criadas em seus países por pressão política da Alemanha, são expressões da intuição massiva de que a completa separação entre economia e política (entre capital global e Estado nacional) é uma fábula moderna em lento mas efetivo, declínio. Por isso, a visão de praças e grandes avenidas tomadas por milhares de pessoas, em sua maioria jovem, é tão dramática. Ela fornece a imagem do teatro de operações sociais modernas – a cidade do capitalismo organizado – tomado de assalto por práticas que desconstroem alguns dos seus fundamentos. A política rotinizada no sistema representativo é confrontada pela urgência do grito, dos acampamentos nas vias públicas, da mesma forma que as identidades unificadas do mundo do trabalho cedem lugar, agora, conformadas, a identificações mutantes, contingentes, forjadas a quente.

Quando Chamoiseau se refere a uma sensibilidade pública compatível com a atual complexidade do mundo e reconhece nos acontecimento de 2005 um combustível dessa nova sensibilidade, pode-se supor que, para ele, tal rebelião terá representado um momento de suspensão de identidades congeladas e de negociação de identidades contextuais.[7] Dessa perspectiva, Chamoiseau integra um

---

[6] Este argumento segue de perto o de Ulrich Beck. Para ele, quando a falibilidade das instituições modernas é percebida, a sociedade se torna reflexiva, isto é, passa a se pensar como um arranjo contingente e a procurar outras soluções, abrindo-se para novos espaços de ação política (Costa, 2001a).
[7] Crítico das identificações essencializadas, inclusive as raciais, na entrevista que concedeu a Philippe Triay (2005), Chamoiseau indaga: "[...] eu, que sou negro, o que tenho em comum com

vasto campo de produção intelectual muito heterogêneo, interessado em reafirmar os princípios da relação e da interdependência contra os essencialismos em voga. De modo que, sem ser propriamente um ativista dos estudos pós-coloniais, reconhece tanto quanto Stuart Hall e Paul Guilroy, intelectuais anglo-saxões da diáspora negra, a importância da reconstrução analítica da modernidade entrelaçada à experiência colonial, de forma a destacar o traço híbrido de toda a cultura. Criolização é o termo, então, de que Chamoiseau se vale para recusar a forma de organização identitária prevalecente na modernidade ocidental e destacar o caminho que vem sendo percorrido na constituição de identidades abertas, instáveis, que respondem à política inscrita na vida social.

Na tradição sociológica, Elias e Dunning (1994) já haviam chamado a atenção para organizações e atividades sociais que têm curso na cidade, mas que fogem à ética social predominante nas sociedades urbano-industriais.[8] Práticas esportivas e torcidas organizadas fundariam, segundo os autores, enclaves sociais temporários, nos quais seriam aceitas manifestações de proximidade, igualdade e solidariedade, em dissintonia com a rotina de uma sociedade formal, hierarquizada e individualista (Gomes, 2002). Mas o desafio que se pode extrair da sugestão de Chamoiseau reside, talvez, na impulsão da democracia a partir da sociabilidade.

O aspecto, pois, a reter das posições assumidas por Chamoiseau e Caillé nos conflitos de 2005 não é a crença em que, com a mobilização das ruas, os modos tradicionais de operação política serão oxigenados e tampouco a representação ingênua da política, como "uma ideia na cabeça e um smartphone na mão". Isso seria uma simplificação injusta com os autores, cuja questão fundamental é a inserção da política na vida social, como atividade criadora da identidade de sujeitos individuais e coletivos. Tal questão é vital à democracia e também à teoria social, pois uma de suas implicações nesse plano será a diluição da polaridade em que a sociologia contemporânea se debate, há décadas, entre agência e estrutura.

A nota seguinte é uma reconstrução analítica da relação entre economia, sociedade e política no contexto de emergência das primeiras cidades ociden-

---

Colin Powell [secretário de Estado na presidência de George Bush, entre 2001-2005] ou Condoleezza Rice [secretária de Estado na presidência de George Bush, entre 2005-2009]"?

[8] No Brasil, a antropologia domina esse debate, tendo como referência a obra de Roberto DaMatta, especialmente os celebrados livros *Carnavais, malandros e heróis* (1981) e *A casa e a rua* (1985).

tais de massa. A história do trabalho na Inglaterra – que é uma história das cidades industriais no século XIX – seria de grande valia ao argumento. Aqui, porém, se tratará de Paris, ou melhor, da percepção que atores e intérpretes manifestaram acerca do papel daquela cidade na viabilização do domínio da racionalidade econômica na era moderna.

2.

A metrópole, desde sua origem, é fruto da expansão capitalista e condição para ela.[9] Em 1848, a Europa viveu uma crise econômica motivada pelo excedente de capital não reinvestido. Desemprego, fome e utopia pequeno-burguesa, nas palavras de Karl Marx, levaram, então, centenas de homens e mulheres às ruas de Paris, no episódio descrito por ele em *O dezoito Brumário de Louis Bonaparte*. O movimento, como se sabe, foi duramente reprimido pela burguesia republicana, que, com isso, favoreceu a ascensão de Bonaparte ao poder, sem solucionar o problema de fundo.

Ele foi enfrentado após o golpe de 1851, quando Bonaparte se proclamou imperador e instituiu uma política de investimento em infraestrutura. Isso foi feito mediante a expansão do crédito imobiliário, que, como se sabe, desempenha papel mediador entre a poupança e o investimento. Por meio dele, toda a poupança francesa foi canalizada para a construção de estradas de ferro dentro e fora do país, instalação e melhoria de seus portos bem como drenagem de pântanos, ampliando substancialmente a oferta de postos de trabalho (Niveau, 1970:187-189). Mas a grande mudança se deu em 1853, com Georges-Eugène Haussmann, a quem Napoleão III confiou as obras de remodelação da cidade de Paris (Harvey, 2013:39). De modo que a emergência da cidade-luz se

---

[9] A sugestão é de Polanyi (1980), para quem a autorregulamentação imperfeita do mercado no século XIX gerou ameaças institucionais de diferentes tipos: nas economias domésticas, o desemprego e a tensão entre as classes; na economia internacional, a pressão sobre o câmbio, que tendia a impedir as exportações e exigiu soluções "criativas" de reinvestimento do lucro capitalista. Uma dessas soluções foi a expansão e a revitalização urbanas. Portanto, as metrópoles, Paris e Londres, mas também Berlim e São Petersburgo, além de todo o sistema de cidades que se espalhou planetariamente, não foram expressões meramente acidentais de um modo de vida. Segundo Polanyi, na passagem do século XVIII ao XIX, não se poderia prever que as cidades assumiriam tanta relevância na estruturação da civilização ocidental. Se isso ocorreu foi porque a constante expansão urbana atenuava as ameaças de crise do capitalismo.

deveu a uma crise, cuja solução a tornaria um verdadeiro centro de consumo, turismo e inovações culturais, como os cafés e as lojas de departamentos, que fizeram de Paris o modelo, por excelência, da metrópole oitocentista – *a capital do século XIX*, como a ela se referiu Walter Benjamin.[10]

Em 1866, porém, a Inglaterra conheceu uma crise de liquidez que se alastrou pelos países com que mantinha relações econômicas. Na França, o Crédit Mobilier, primeiro grande banco de negócios, abriu falência, e, logo em seguida, o sistema de financiamento que sustentava as obras públicas quebrou. Napoleão III, em desespero, decretou guerra à Alemanha, e, por fim, a Comuna de Paris, a maior revolução urbana dos tempos modernos, coroou a debacle do Império. Segundo Benjamin (2006), a Comuna evidenciou o fato de que a nova metrópole foi erguida sobre segmentos sociais excluídos do seu dinamismo, que, portanto, sonhavam recobrar a antiga cidade, aquela que, embora articulada ao sistema econômico, mantinha alguma autonomia em relação à financeirização. Para o autor, a adoção do ferro, que em poucos anos mudou a feição urbanística das metrópoles e liberou a arquitetura do campo das artes, foi também o símbolo da mútua dependência entre escalada industrial-financeira e produção do espaço urbano – isto é, o ferro foi o símbolo da transformação das cidades em "produto" (Lefebvre, 2008). Em resumo, a Paris do século XIX não representou apenas a vitória de um padrão de organização espacial, mas a consagração de *um modo de produção de cidades* que não mais se retrairá.

Ele se atualiza, de fato, na modernização das cidades latino-americanas – entre o final do século XIX e o início do século XX –, processo que contou com significativa participação de capitais europeus, notadamente ingleses, na forma de empréstimos a grupos nacionais ou de investimentos diretos no setor de serviços urbanos, compreendendo, por exemplo, iluminação pública e transportes. Comparece também na reconstrução das cidades europeias arruinadas durante a II Guerra Mundial e, mais ou menos na mesma época, na suburbanização norte-americana, que além de mobilizar o capital financeiro, oxigenou fortemente a indústria automobilística e de eletrodomésticos, pilares indispensáveis ao novo modo de vida. O mesmo receituário se observa ainda nos *booms* imobiliários provocados pela revitalização dos centros históricos das chamadas cidades globais na passagem do século XX ao XXI e, mais recen-

---

[10] No pequeno *exposé* de 1935, que integra a obra *Passagens* e se tornou conhecido sob o título de *Paris, capital do século XIX*, Benjamin recorta seis cenários da Paris oitocentista, o último deles referido às reformas haussmanneanas, apresentadas como método de cancelamento das liberdades da classe trabalhadora, sem que, para tanto, a lei tivesse que ser suspensa.

temente, na urbanização da China, cuja escala é inédita, mas seus fundamentos não são, no essencial, distintos daqueles já mencionados.

A fórmula da "financeirização", que organizou o crédito necessário à expansão urbana em escala planetária, tem conhecido muitas crises – a última delas, a das "hipotecas podres", que teve origem nos EUA e efeitos espargidos pelo mundo. Ocorre que a essas crises se seguem novos giros de investimento em projetos de reestruturação urbanística, impondo a destruição das áreas mais antigas das cidades, cujos moradores, em geral trabalhadores pobres e desempregados, são empurrados para regiões cada vez mais distantes. Em suma, a "destruição criativa das cidades" (Harvey, 2013) é um método de dinamização econômica que está na raiz da intricada relação entre políticas urbanas, interesses empresariais, fundos públicos e especuladores privados. Tal método é, hoje, uma prática "naturalizada", que marca o cotidiano e define o destino das populações das grandes cidades – de Londres a Seul, de Nova York a Pequim.[11]

Esse modo de estruturação do mundo urbano, que impõe às cidades o recuo da comunidade política e o avanço dos interesses econômicos, já havia sido decifrado, como se viu, por Walter Benjamin (2006) no começo do século XX. Benjamin não é notável apenas porque, em poucas páginas, associou as obras de Haussmann ao imperialismo napoleônico, desvelando o alinhamento, até então inédito, entre política, capital financeiro e especulação imobiliária, com todas as terríveis consequências sociais de que, afinal, se nutriu o levante revolucionário de 1871. Ele é notável também porque entendeu o projeto urbanístico de Napoleão III e Haussmann como uma forma de colocar Paris sob um regime de exceção – isto é, uma forma de, sem infringir a lei, empurrar o caos e a desordem que pudessem advir da multidão faminta para as margens da cidade, e, com essa simples "racionalização espacial", neutralizar todos os modos de disputa, de exercício da soberania pelos cidadãos. Embelezar o centro urbano, nesse sentido, não significou exatamente a criação de "duas" cidades geograficamente contíguas – a da burguesia e a da "ralé". Significou, mais

---

[11] Harvey (2013:42) relata que, na década de 1990, construtoras e incorporadoras de Seul contrataram capangas para invadir e destruir bairros pobres que haviam sido erguidos décadas antes em áreas que se tornaram muito valorizadas. A ação dos capangas visava não apenas à destruição das casas, mas também da totalidade dos bens de seus moradores. Embora todos os despejos contenham doses variadas de violência, nem sempre, porém, são atos de força. A principal favela de Mumbai, denominada Dharavi, teve suas terras avaliadas, recentemente, em US$ 2 bilhões, e a pressão para desocupação do local tem mobilizado argumentos humanitários e ambientais, que mascaram o interesse imobiliário.

precisamente, uma disposição verticalizada da exclusão, pois a destituição política que Napoleão III e Haussmann impuseram a Paris recaiu indistintamente sobre ricos e pobres (Zizek, 2003). Para Benjamin, a metrópole é, pois, a vitória do capital em diferentes cenários, entre eles, o dos novos bulevares.

Outro sinal de alerta sobre o recuo da política nas cidades contemporâneas veio à luz em meados do século XX, mais precisamente em 1968 – ano em que os jovens ocuparam ruas e universidades em nome da liberdade pública. O alerta, naquele contexto, terá partido do livro *A revolução urbana*, de Henry Lefebvre (2008), um dos mais eloquentes diagnósticos acerca da centralidade da construção de cidades para a expansão capitalista. Segundo Lefebvre, a relevância dos processos de urbanização, para essa finalidade, é tão grande que as cidades não cessarão de avançar e, com elas, as lutas urbanas, momento em que se jogam partidas decisivas à reprodução capitalista.

Por fim, na última quadra do século XX, a reflexão sobre a civilização urbana incluiu outras regiões do planeta, passando a girar em torno de algumas grandes cidades do Norte e do Sul, que se tornaram núcleos de coordenação, controle e prestação de serviços para o capital global. Essas são, de acordo com Sassen (1998), as cidades globais, nas quais empresas e governos podem se utilizar dos produtos do mercado financeiro e contratar serviços especializados. Para a autora, o fenômeno da globalização se traduz na conformação de uma rede transnacional de cidades e regiões estratégicas, como o Vale do Silício, na Califórnia, que tem incluído, ainda que em ordem de grandeza distinta, metrópoles situadas em países em desenvolvimento – São Paulo, Buenos Aires, Bangkok, Taipei ou Cidade do México.

Não se observa imediatamente nessas cidades a destruição completa da sua fisionomia urbanística e social. E, em alguns casos, a valorização das tradições e da história local se impõe como mais um dos serviços ofertados ao capital global para a produção de *marketing* e *branding*. Contudo, como aponta Sassen, é evidente que, em tais cidades, os altos preços praticados pelo setor internacionalizado – que inclui atividades subsidiárias, como restaurantes, butiques, hotéis etc. – inviabilizam a competição dos empreendimentos domésticos por espaço e investimentos, provocando a substituição das lojas de vizinhança por estabelecimentos voltados às novas elites urbanas de alta renda. A onda de elevação dos preços atinge também o setor imobiliário, que tem seus patamares distorcidos pela expectativa de negócios mais lucrativos. Enfim, essas características se encontram presentes em todas as cidades globais do primeiro mundo, mas se tornam mais evidentes nas grandes cidades americanas – do sul, principalmente.

Quando se trata de cidades globais, um aspecto importante a considerar é o fato de que, para sua constituição, foram decisivas a abertura dos mercados de ações a investidores estrangeiros e a privatização de empresas de serviços públicos – ambos os procedimentos bastante frequentes ao final do século XX. Em outras palavras, assim como as metrópoles oitocentistas, as cidades globais não se organizaram sem a construção política das condições institucionais para atração do capital transnacional. E as mudanças que ele introduz no espaço urbano – como a especulação imobiliária ou a gentrificação comercial e residencial – não se desenvolvem sem que o governo local abdique da sua capacidade de regulá-las.

Em suma, a última quadra do século XX trouxe, ainda uma vez, a articulação entre expansão econômica e processos de reconfiguração urbanística, com mediação da política. O impacto dessa nova combinação nem sempre é tão evidente como no caso do centro urbano de Frankfurt – que os jovens alemães têm chamado de "Bankfurt" –, mas as transformações ocorreram e são comuns tanto às cidades globais de países desenvolvidos quanto àquelas do hemisfério Sul. Tais transformações se caracterizam, na maior parte das vezes, pela combinação de processos de revitalização urbanística com violenta precarização das cidades, expressa na expulsão de moradores tradicionais das áreas valorizadas, intensificação de assentamentos irregulares, diminuição de postos de trabalho acessíveis à população local, exceto os que se ligam direta ou indiretamente às obras públicas. Caracterizam-se também pelo aprofundamento da desigualdade e reaparecimento da pobreza absoluta, notadamente daquela proveniente de países da África e da Ásia, que tiveram a agricultura familiar destruída pela agroindústria, por desastres ambientais ou bélicos e que acorreram às cidades globais mais próximas de suas realidades, buscando trabalho e remuneração.[12] Caracterizam-se, por fim, pela coexistência de uma classe transnacional de novos-ricos e uma classe média local, que, comparativamente à geração anterior – a de seus pais –, vem perdendo em educação e salário, com poucas chances de adquirir sua casa própria. Sassen reconhece nesses fatos

---

[12] Na região metropolitana de São Paulo, por exemplo, é significativo o número de bolivianos que ali se estabelecem em busca de melhores condições de vida. Até agora a ocupação mais comum desse contingente é a manufatura de roupas, em oficinas insalubres e regime de trabalho que beira a escravidão.

um processo sistêmico de "expulsão da cidadania", que deve ser pensado como indicativo de uma nova fase do capitalismo global (Sassen, 2013).

* * *

Dois brevíssimos comentários se agregam a esta segunda nota. O primeiro diz respeito à caracterização oitocentista de cidade como "totalidade", o que explica a reiterada alegação de que existiria um único centro, a partir do qual seria possível ranquear posições sociais e, por conseguinte, a gravidade dos conflitos urbanos. As lutas por cidade, nesse caso, se dariam em torno da conquista do centro – perspectiva, como se viu, de Walter Benjamin, nas primeiras décadas do século XX, e ainda de Henry Lefebvre, que, *grosso modo*, se mantém até hoje.

O tema é complexo porque, por um lado, essa caracterização destaca, com justa razão, o lugar em que a tradição condensou maiores recursos e possibilidades de agência cidadã. Mas, por outro, é uma caracterização que se tornou conservadora, pois não atina com potencialidades "ex-cêntricas", e toma a complexidade urbana como sinônimo da eterna subsunção de novos territórios à lógica prevalecente, ou seja, toma complexificação como sinônimo de adição, como reiteração ampliada, como modernização sem o moderno (Werneck Vianna, 2011). Os efeitos urbanísticos dessa agregação territorial em cidades brasileiras têm sido apontados com insistência por Magalhães (2006), porém a implicação política dessa forma de conceber a cidade costuma ser o ocultamento de potencialidades desconhecidas e inovadoras presentes nas periferias urbanas.

A concepção, portanto, de cidade oitocentista, como espaço liso, desenervado, que se organiza pelo espraiamento do centro, tende a deslegitimar conflitos que têm como objeto a democratização de parcelas dela, lugares onde é possível vislumbrar iniciativas solidárias, espaços de cooperação política e produtiva de sujeitos individuais e coletivos, que veem suas chances de integração no mundo facilitadas por esse agenciamento. O fenômeno, como se sabe, não é novo, mas ainda é pouco valorizado, tendo conhecido algum destaque somente com base em pesquisas sobre bairros étnicos em cidades norte-americanas, onde melhor se divisariam redes territorializadas de apoio social e mútua proteção.

Hoje, contudo, iniciativas territorialistas, com ou sem substrato étnico, podem assumir dimensão ainda mais afirmativa porque, no atual contexto de integração seletiva à dinâmica da globalização, estratégias estritamente defensivas não serão suficientes para impedir a escalada desorganizadora do capital sobre o espaço urbano e suas formas de organização popular. Tais iniciativas, portanto, mesmo se originalmente localistas e auto-orientadas, são levadas a conceber movimentos mais amplos de articulação social e construção de alianças políticas, vindo a constituir, pelo menos potencialmente, esferas de formação de opinião e adensamento do espaço público democrático (Carvalho, 2002).

O segundo comentário se liga ao anterior, mas repõe, de algum modo, indagações relativas às identificações múltiplas, provisórias e instáveis, que foram objeto da primeira parte do texto. Assim como nela se tratou do tema das interações relativamente espontâneas, produtoras de identificações a quente, aqui é necessário considerar o território de modo similar. A cidade, forma material da modernidade, talvez necessite ser inquirida por seus espaços mais instáveis, mais precários, a fim de que se problematize a gênese da organização de um modo de vida, de um *ethos* urbano. Como afirma Agier (2008): "Analisar os quadros de identificação local que nascem em situações de extrema precariedade [...] permite repensar a localidade e o próprio fato urbano em si".

REFERÊNCIAS

AGIER, Michel. O acampamento, a cidade e o começo da política. In: CORDEIRO, G.; VIDAL, F. (Org.). *A rua*: espaço, tempo e sociabilidade. Lisboa: Livros Horizonte, 2008.

ARAUJO, R. Benzaquen. *Guerra e paz*: Casa grande & senzala e a obra de Gilberto Freyre nos anos 30. Rio de Janeiro: Ed. 34, 1994.

BENJAMIN, Walter. Paris, capital do século XIX. In: *Passagens*. Trad. Irene Teodora H. Aron. Belo Horizonte: UFMG, 2006. 1167 p.

BERNABÉ, J., CHAMOISEAU, P.; CONFIANT, R. *Élogue de la créolité*. Paris: Gallimard, 1989.

CAILLÉ, Alain. Nem holismo, nem individualismo metodológicos. *Revista Brasileira de Ciências Sociais*, São Paulo, v. 13, n. 38, 1998.

_____. Reconhecimento e sociologia. *Revista Brasileira de Ciências Sociais*, São Paulo, v. 23, n. 66, 2008.

CARVALHO, Maria Alice R. de. Cidade e democracia: as transformações do homem público. In:

PACHECO, Anelise; HARDT, Michael; VAZ, Paulo. *Vozes no milênio*: para pensar a globalização, Rio de Janeiro: Gryphus/Museu da República, 2002a.

CHAMOISEAU, Patrick. *Texaco*. São Paulo: Companhia das Letras, 1993.

_____. Entrevista concedida a Philippe Triay. *France Télévision*, Paris, 2005.
CHATTERJEE, P. *Colonialismo, modernidade e política*. Salvador: UFBA, 2004.
COSTA, Sérgio. As ciências sociais e a constelação pós-nacional: Habermas, Beck e os estudos pós-coloniais. *Revista Crítica de Ciências Sociais*, Lisboa, n. 59, p. 65-91, fev. 2001a.
_____. Teoria social, cosmopolitismo e constelação pós-nacional. *Revista Novos Estudos Cebrap*, n. 59, p. 4-19, 2001b.
CROSS Malcom (Ed.). *Ethnic minorities and industrial change in Europe and North America*. Cambridge: Cambridge University Press, 1992.
DAMATTA, Roberto. *Carnavais, malandros e heróis*. Rio de Janeiro: Zahar, 1981.
_____. Dona Flor e Seus Dois Maridos – um romance relacional. In: _____. *A casa & a rua*: espaço, cidadania, mulher e morte no Brasil. São Paulo: Brasilense, 1985.
_____. A originalidade de Gilberto Freyre. *BIB*, Rio de Janeiro, n. 24, 1987.
ELIAS, N.; DUNNING, E. *Sport et civilisation*. Paris: Agora, 1994.
GLISSANT, E. Introdução a uma poética da diversidade. Juiz de Fora: UFJF, 2005.
GOMES, Paulo Cesar da C. *A condição urbana*: ensaios de geopolítica da cidade. Rio de Janeiro: Bertrand Brasil, 2002.
HALL, S. *Identidade cultural na pós-modernidade*. Rio de Janeiro: Contraponto, 2005.
HARVEY, David. *The condition of postmodernity*. Oxford: Basil Blackwell, 1989.
_____. O direito à cidade. *Piauí*, Rio de Janeiro, n. 82, p. 38-43, 2013.
LEFEBVRE, Henry. *A revolução urbana*. Belo Horizonte: UFMG, 1999.
MAGALHÃES, Sérgio. *A cidade na incerteza*. Rio de Janeiro: Viana&Mosley/Prourb, 2006.
MINGIONE, F.; MORLICCHIO, F. New forms of urban poverty in Italy: risk path models in the North and South. *Internacional Journey of Urban and Regional Research*, v. 17, n. 3, p. 413-427, 1993.
MOUFFE, Chantal. *O regresso do político*. Lisboa: Gradiva, 1996.
NIVEAU, Maurice. *Histoire des faits économiques contemporains*. Paris: Presses Universitaires de France, 1970.
NORONHA, Jovita. *Uma vida em ato*: a autobiografia intelectual de Patrick Chamoiseau. Tese apresentada ao Programa de Pós Graduação de Letras da Universidade Federal Fluminense, Niterói, 2003.
POLANYI, Carl. *A grande transformação*: as origens da nossa época. Rio de Janeiro: Campus, 1980.
SASSEN, Saskia. *The global city*: New York, London, Tokyo. Princeton: Princeton University Press, 1991.
_____. *As cidades na economia mundial*. Rio de Janeiro: Studio Nobel. 1998.
_____. El momento de los sin poder. Entrevista concedida a Steven Navarrete Cardona. *Revista Arcadia.com*, Bogotá, 18 jul. 2013.
WACQUANT, Löic. *Os condenados da cidade*: estudos sobre marginalidade avançada. Rio de Janeiro: Revan, 2001.
WERNECK VIANNA, L. *A modernização sem moderno*. Rio de Janeiro: Contraponto/Fundação Astrogildo Pereira, 2011.
ZIZEK, Slavoj. *Bem-vindo ao deserto do real*! São Paulo: Boitempo, 2003.

7 | Mãos visíveis e invisíveis na construção do Brasil moderno[1]

EDUARDO RAPOSO[*]

A observação do Brasil, ou pelo menos de algumas de suas características mais permanentes e mais significativas, encontra-se inevitavelmente associada à imagem de um país que se moderniza rapidamente, mas que, contraditoriamente, reproduz práticas políticas tradicionais e antiquadas. Uma das faces visíveis e atuais desse paradoxo é achada na maneira mais rotineira de fazer política nas democracias modernas, que são as eleições. No Brasil, sobretudo no ambiente multipartidário posterior à redemocratização de 1988, de dois em dois anos, partidos políticos e governos, para obterem vitórias eleitorais e construírem suas bases de apoio parlamentar, estabelecem coalizões políticas e partidárias as mais surpreendentes, unindo agremiações modernas a arcaicas, o que parece confirmar a sentença segundo a qual aqui não se governa sem aliança com o atraso.[2]

Manifestações dessa natureza, epidérmicas, expressam, porém, características de um Brasil mais profundo, forjado ao longo da construção de suas instituições públicas. Processo influenciado por tradições e valores advindos de diferentes

---

[*] Doutor em ciência política, estudou no Instituto Universitário de Pesquisas do Rio de Janeiro (IUPERJ) e no Instituto de Estudos Políticos de Paris (IEP). É professor e pesquisador do Departamento de Ciências Sociais da PUC-Rio.
[1] Para Maria Alice Rezende de Carvalho e Roberto DaMatta.
[2] Pode-se, certamente, explicar algumas manifestações eleitorais de tal paradoxo utilizando o conceito de "presidencialismo de coalizão", que nos diz que as chances de vitória eleitoral das agremiações partidárias nacionais são tão maiores quanto mais amplas forem suas coalizões com outras e diferentes agremiações, o que eventualmente produz alianças aparentemente contraditórias, pelo menos do ponto de vista de seus programas e do perfil de seus eleitores. Mas não é essa lógica que o autor quer desenvolver no texto quando se refere aos paradoxos do país.

civilizações em diferentes tempos que, em terras brasileiras, se encontraram e se entrelaçaram compondo as bases institucionais da civilização nacional.

Albert Hirschman, em seu clássico estudo *As paixões e os interesses*, chama a atenção para o Estado e para o mercado como instituições inventadas pela modernidade ocidental para substituir a lógica das sociedades teocráticas medievais em decadência. Estado e mercado aparecem, em seu estudo, como duas das principais instituições fornecedoras de critérios para organizar as emergentes sociedades modernas. Os países europeus que surgiram das cinzas do mundo medieval em decadência criaram, gradualmente, a partir do século XII, mãos visíveis – Estados nacionais dotados de capacidade coercitiva e limitadora de paixões individualistas, possessivas e, portanto, antissociais, na célebre acepção de Hobbes – e mãos invisíveis, ou seja, mercados modernos que transformaram em veículo civilizatório ambições e interesses individuais.[3]

A partir de então, Estados e mercados se afirmaram como as mais importantes instituições reguladoras da vida moderna, adquirindo, em cada país que se formava, intensidades e características próprias. Também foram próprias e irregulares as relações do Estado e do mercado com as diferentes épocas da história moderna. Durante o século XIX, os mercados preponderaram, e em outros, como no século XX, os Estados foram os principais protagonistas. Fato é que, consideradas as variações de lugar e época, todos os países do mundo moderno constituíram-se alicerçados em Estados nacionais e mercados modernos.

Observar as características e a ação de Estados e mercados me parece adequado e pertinente para entender o caráter institucional das nações modernas. Com essa intenção, olho para o Brasil, um país edificado no hemisfério Sul há pouco mais de 500 anos e marcado por uma formação institucional híbrida. Qual o caráter do Estado e do mercado no Brasil moderno? Em que circunstâncias e períodos históricos essas duas instituições adquiriram aqui maior ou menor importância política? Refletir sobre essas questões é o objetivo deste texto.

Procurando facilitar a leitura, organizei o presente trabalho em quatro partes. Essa pequena introdução, em que a questão a ser abordada foi definida e delimitada. Uma segunda parte, intitulada "Estados, mercados e crises do mundo

---

[3] Mais recentemente, a partir do final do século XX, surgiu um terceiro domínio, o chamado terceiro setor, formado por ONGs, corporações, associações, redes etc. Não são, porém, objeto das presentes reflexões.

moderno" (subdividida em: "Sinais trocados nos desfechos das crises econômicas" e "Crises políticas"), em que proponho observar o comportamento de estados e mercados modernos confrontados a algumas das principais crises dos séculos XIX e XX. Uma terceira parte, chamada "Estado, mercado e crises do Brasil moderno" (subdividida em: "Origens ibéricas", "Em terras brasileiras", "Competição corporativa" e "Mercado e liberalismo à brasileira"), procura traduzir para a gramática tupiniquim algumas correlações da dinâmica que envolve, no Brasil, mercado, Estado e crises, em que características próprias e irredutíveis da realidade nacional aparecerão em primeiro plano. Finalmente, uma conclusão, chamada "Estado 'regra' x Estado 'prêmio'", realiza algumas considerações finais. Elementos que combinados pela mão da história e observados e analisados em suas dinâmicas e aspectos mais marcantes podem, acredito, nos ajudar nessa tentativa de compreender um pouco melhor o Brasil moderno.

Estados, mercados e crises no mundo moderno

Inicio propondo observar as crises do mundo moderno com base em duas categorias básicas e distintas que levam a desfechos igualmente diferenciados. Refiro-me às crises econômicas e às crises políticas que, frequentemente, ocorreram ao mesmo tempo. Antes de avançar nas reflexões necessárias, algumas palavras sobre o que entendo aqui por crise. Primeiramente, crises são, sobretudo para os cientistas políticos, objetos/momentos privilegiados de análise, porque nelas mostram-se exaltados, portanto mais expostos e mais claros, aspectos da sociedade que, em conjunturas rotineiras, seriam mais difíceis de detectar. Conhecer suas características e a frequência com que ocorrem é uma forma de conhecer aspectos essenciais das sociedades onde prosperam. Crise é aqui entendida, tal qual sugerido por Michael Dolbry, como um conflito que, generalizado, transborda e atinge todo o sistema institucional, todo o país (Dolbry, 1986).

No ambiente global e cíclico do capitalismo mundial, expressa o esgotamento e a consequente modificação de regimes políticos e econômicos, revelando-se assim de grande valia para conhecer a dinâmica e os limites das sociedades do mundo moderno. Em geral políticas liberais, desenvolvimentistas, democráticas e autoritárias se revezam intermediadas por crises.

Sobre a relação existente entre crises e regulações institucionais, pode ser lembrado que foi em consequência de situações de crise que a Europa, a partir do século XII, passou a delimitar fronteiras nacionais e a criar centros de poder. A respeito desse quadro, Immanuel Wallerstein (1980) aponta-nos a enorme multiplicação das revoltas camponesas na Europa ocidental do século XIII. Elas se produziram na Inglaterra, no Norte da Itália e, depois, na costa de Flandres, no início do século XIV; na Dinamarca, em 1340; em Mallorca, em 1351; na França, com a *"jacquerie"* de 1358 e um pouco em toda a Alemanha – e isso bem antes da guerra dos camponeses, em 1525.

Essas revoltas ocorreram em um quadro de epidemia, fome, recessão generalizada da economia e despovoamento das cidades. Em um ambiente como esse, a manutenção da ordem tornou-se tarefa extremamente difícil. Nem os senhores feudais, individualmente, nem os Estados-cidade encontravam-se em condições de promover o recrutamento de uma força armada para tal finalidade. Foi nesse quadro que apareceram os grandes restauradores da ordem: Luís XI na França, Henrique VII na Inglaterra e Fernando de Aragão e Isabel de Castela na Espanha. Foram eles que criaram mecanismos financeiros que possibilitaram a coleta de impostos e a formação de uma estrutura burocrática civil e militar que foi a origem dos Estados modernos.

De maneira geral, crises continuam a estimular a criação e a fortificação de instituições estatais que surgem exatamente com a finalidade de regulá-las. Não é, portanto, inadmissível supor que o conhecimento das características de determinadas crises possa nos revelar parte do que surgirá para regulá-las.

Roberto DaMatta, em *Carnavais, malandros e heróis* (DaMatta, 1997), procurando diferenciar o Brasil de outros países, nos diz que numa sociedade a crise indica algo a ser corrigido; noutra, representa o fim de uma era, sendo o sinal de catástrofe. No Brasil, creio, em razão de seu hibridismo, crises carregam os dois significados, paradoxo que nos ajuda a, considerado em sua dimensão histórica, compreender a dialética dos mecanismos sociais e a transformação de regimes políticos e econômicos que, tendo sido um dia "soluções", com o tempo se tornam "problemas", envelhecidos e ultrapassados por novos acontecimentos, sendo atingidos por conflitos e, finalmente, por crises.

Sinais trocados nos desfechos das crises econômicas

Estabelecido esse tabuleiro inicial, chamo a atenção para uma primeira dimensão – no plano da longa duração histórica sugerida por Fernand Braudel –

que interfere na dinâmica e na importância adquirida pelos mercados e pelos Estados modernos na regulação das crises de natureza econômica. Refiro-me ao aspecto cíclico do capitalismo que, alternadamente, elege ou o Estado ou o mercado como protagonistas do processo de desenvolvimento econômico, deixando para o outro a tarefa de criticar e "resolver" os impasses criados pelo primeiro. A história do mundo ocidental, nos últimos 150 anos, nos remete aos papéis desempenhados, circularmente, tanto pelos governos e Estados quanto pelos mercados na regulação das crises provocadas por fatos de natureza econômica ou, simultaneamente, política e econômica.

A chamada longa depressão de 1873 (crise econômica), que conjugou de maneira explosiva excesso de créditos e uma superprodução industrial com a incapacidade dos mercados em absorver os produtos oferecidos pela Inglaterra, teve como efeito a ação reguladora de governos e Estados dos países da Europa e nos Estados Unidos, que ativaram barreiras para proteger suas produções internas e os empregos da classe trabalhadora.

A crise de 1929 (mista), encerrando um período de força política e econômica dos mercados financeiros, dá lugar ao nascimento de Estados keynesianos que se afirmaram, sobretudo a partir do fim da II Grande Guerra, como patrocinadores da estabilidade social e do crescimento econômico no mundo ocidental. A partir de então, os Estados foram os principais protagonistas da organização econômica do mundo ocidental, assumindo como principal tarefa a promoção do crescimento econômico e do pleno emprego, tendo patrocinado o bem-estar social de boa parte da população mundial.

Porém, invertendo os sinais, os Estados keynesianos entraram em crise a partir dos anos 1970 (crise mista), perdendo espaço para uma sociedade mais globalizada e para os mercados financeiros, que passaram a ser os promotores do desenvolvimento econômico de um novo mundo que surgia. Em decorrência da crise dos Estados desenvolvimentistas, ocorrida a partir dos anos 1980, a presença do Estado como instituição primordial ao planejamento e ao financiamento do crescimento econômico entra em declínio, atingido por inúmeros eventos de natureza global e por violentos processos de hiperinflação e endividamento, o que fez com que o mercado, as políticas estabilizadoras e os bancos centrais mais independentes passassem a predominar.

A esse respeito, não deixa de ser significativo que, nessa crise iniciada nos anos 1970, não apenas os Estados dirigidos por coalizões conservadoras tenham adotado políticas econômicas liberais, como a Inglaterra de Margareth

Thatcher em 1979, os Estados Unidos de Ronald Reagan em 1980, a Alemanha de Kohl em 1982 e a Dinamarca de Schluter em 1983 (com inúmeras variações nas políticas públicas aplicadas). Também os eurossocialistas Miterrand na França, González na Espanha, Soares em Portugal, Craxi na Itália e Papandreou na Grécia seguiram caminhos semelhantes. O mesmo ocorreu na Austrália, na Nova Zelândia e nos países do Leste europeu, como Polônia, Rússia e República Tcheca. Na América Latina também ocorreu o mesmo com o Chile de Pinochet, o México de Salinas, a Argentina de Menem, a Venezuela de Carlos Andrés Perez, o Peru de Fujimori e, no Brasil, do governo Sarney até os três primeiros anos do governo Lula.

Invertendo os sinais, mais uma vez, a crise financeira de 2008 (econômica), que começou nos Estados Unidos, atingindo rapidamente uma economia global extremamente interdependente, trouxe de volta a importância das ações estatais que, esquecendo as preocupações com o equilíbrio fiscal, passaram a desembolsar vultosos recursos para estimular a economia de seus países, tentando evitar a depressão econômica. Somos todos keynesianos agora, escreveu um comentarista econômico a respeito dessa nova fase do capitalismo.[4]

Sobre os períodos de expansões financeiras, o historiador italiano Giovanni Arrighi (1996), que de um artigo sobre os anos 1970 acabou escrevendo *O longo século XX*, chama a atenção para o fato de tais períodos terem ocorrido várias vezes na história do capitalismo,[5] lançando boas pistas de pesquisa sobre aspectos não só da crise que então se configurava, mas também das manifestações cíclicas do capitalismo em sua dimensão histórica mais ampla.

A alternância desses períodos veio sempre na forma de crises que ora questionaram a capacidade do Estado como o principal promotor do desenvolvimento econômico das sociedades a que servem, ora as instituições do mercado frequentemente infladas por processos que misturaram excesso de otimismo com excesso de crédito.

Essas crises, que rompem com os tempos passados, apresentam-se sempre como enigmas, tanto para Estados quanto para mercados, que se veem obri-

---

[4] Martin Wolf. *Financial Times*.
[5] Para Arrighi, em esquema interpretativo deduzido de Braudel, "o capital financeiro não é uma etapa especial do capitalismo mundial, muito menos seu estágio mais recente. Ao contrário, é um fenômeno recorrente, que marcou a era capitalista desde os primórdios, na Europa do fim da Idade Média, e início da era moderna. Ao longo de toda a era capitalista, as expansões financeiras assinalaram a transição de um regime de acumulação em escala mundial para outro". Ver Arrighi (1996).

gados a se adaptar a novas circunstâncias, transformando, frequentemente, o que havia sido solução em um novo problema a ser enfrentado. Assim – este é o ponto a ser ressaltado –, Estados são chamados para "resolver" crises dos mercados, e mercados são chamados para "resolver" crises dos Estados.

A respeito dessa dinâmica, deve ser dito que, se Estados e mercados frequentemente competem entre si, propondo soluções próprias para as crises econômicas de seus países, sua convivência gera também um tipo de equilíbrio que, em princípio, evita que uma dessas instituições se torne senhora absoluta da política. A esse respeito, é interessante notar que, assim como o século XIX desenvolveu um indesejado mercado autorregulado, nos termos de Polanyi, o século XX desenvolveu regimes políticos totalitários em que Estados ou partidos-Estado também se autorregularam.

Crises políticas

Se as crises econômicas impõem, em razão de suas naturezas, os termos de suas "soluções", nas crises de natureza política as soluções são, necessariamente, políticas. Nesses casos, é o elemento essencialmente político que fornece a lógica do jogo, em que alianças e ações estratégicas, por parte de grupos e atores envolvidos, é que definem seus desfechos e, frequentemente, a transformação de seus regimes.

Exemplo de crise política, com consequências fundamentalmente políticas, ocorreu na França em 1848, cenário de uma das mais clássicas análises políticas já escritas: *O dezoito Brumário*, de Karl Marx, em que o autor interpreta o golpe de Estado que levou Luis Bonaparte à frente do governo francês.

É certo que a situação social da população francesa de então era calamitosa e as condições econômicas pioraram com más colheitas agrícolas, o que empobreceu o campesinato, e com o desemprego urbano, que ameaçava o trabalhador da indústria. Circunstâncias que criaram, sem dúvida, as condições que possibilitaram à oposição – formada por uma precária aliança entre classes – a derrubada do rei Luis Filipe I. Porém os acontecimentos decisivos para o desfecho da crise – o golpe de Estado que levou Bonaparte ao poder – dependeram sobretudo de circunstâncias políticas. A esse respeito, deve ser dito que, na perspectiva marxista, o Estado é entendido como expressão da infraestrutura econômica da sociedade, da luta de classes, não sendo considerado uma realidade em si. O Estado só ganha independência, tornando-se o protagonista da história e objeto central de análise, em situações excepcionais, quando o equilíbrio e o impasse entre as principais classes sociais propiciam as circunstâncias para tal. Exatamente o caso do bonapartismo.

No século XX, o final da II Guerra Mundial, que envolveu a reconstrução do mundo sob a coordenação dos países aliados, foi outro momento de crise essencialmente política. O modelo econômico não estava no centro dos acontecimentos, e sim o confronto em escala mundial entre regimes e ideologias políticas.

Como dito, deve ser considerado que inúmeras crises do século XX apresentaram, porém, características mistas com importantes componentes tanto econômicos quanto políticos. No Brasil, como veremos nas seções seguintes, as crises dos anos 1930, 1945, 1964 e 1970 estão nesse contexto, tendo provocado desfechos e transformações significativas nos padrões de organização da vida política e econômica do país.

Estado, mercado e crises do Brasil moderno

Para tentar compreender como essa dialética – que envolve Estado, mercado e crises – se manifestou e ainda se manifesta no Brasil moderno, sugiro localizá-la entre duas tradições que estiveram muito próximas do país em dois momentos decisivos da formação de seu caráter institucional. Primeiramente, durante o período colonial, foi influenciada pelo antigo mundo ibérico, em que o elemento estatal (monarquia) não foi limitado por forças sociais independentes e portadoras de projetos políticos próprios (burguesia, Igreja etc.), e no qual o mercado (mercadores) associou-se à nobreza e submeteu-se à monarquia com vistas à exploração dos negócios advindos das descobertas do além-mar. Situação que propiciou ao Estado maior independência e uma enorme ascendência sobre as demais instituições nacionais.

Posteriormente, a referida dialética entre Estado, mercado e crises, sobretudo no Brasil do século XIX, foi influenciada pelas experiências históricas dos países da Europa continental – em que pese suas enormes diferenças – e pelos Estados Unidos, onde mercados e sociedade civil protagonizaram eventos que definiram seus destinos como sociedades modernas. Refiro-me às revoluções burguesas, aos cismas protestantes e à invenção dos parlamentos modernos.[6]

---

[6] Essa dialética da modernidade brasileira, envolvendo Estado, mercado e crises, também pode ser vista, com nuances e erudição variáveis, na literatura sociológica, estabelecendo polêmicas

Origens ibéricas

Sobre o caráter do Estado português, Wanderley Guilherme dos Santos, em um trecho de seu livro *Ordem burguesa e liberalismo político*, nos fornece informações significativas.[7] Portugal

> inaugura o período moderno da história humana cativo de um movimento – a Contrarreforma – obscurantista e restaurador. Unem-se em Portugal um movimento de retorno à escolástica, contrário às ciências, contrário à secularização dos costumes e ao humanismo individualista do movimento renascentista e uma forma econômica e social de acumulação de riquezas onde o grupo mercantil, interessados nos negócios das descobertas e das grandes navegações marítimas, alia-se à nobreza fundiária, ambos estreitamente caudatários da monarquia antes que em oposição a ela. Trata-se portanto de um sistema comprometido com uma ordem econômico-social em dissolução por toda a Europa, e amparado por um movimento cultural reacionário, oposto a toda mensagem de renovação que vai então pelo mundo [Santos, 1978:18].

A civilização desenvolvida em Portugal, antirreformista e associada a uma atividade econômica mercantilista, constituiu-se em um caminho que pouco tinha a ver com o capitalismo industrial que iria florescer na Europa continental e que dominaria os séculos XIX e XX. Com a chegada das revoluções indus-

---

e disputas que também se manifestaram no mundo político e ideológico. A despeito dos inúmeros temas que passaram a compor as preocupações da sociologia que nascia em um Brasil mais industrializado e urbanizado, uma série de autores, cada um à sua maneira compondo cenários e justificativas próprias, valorizaram o Estado ou o mercado como entes fundamentais da organização social e política brasileira. Entre os que consideraram o Estado no centro de suas reflexões, figuram, em décadas diferentes do século XX, autores como Oliveira Vianna e Azevedo Amaral, de tiragem claramente autoritária; iberistas como Richard Morse; barrocos como Rubem Barbosa; democratas como Sergio Buarque de Holanda; e desenvolvimentistas, oriundos da Comissão Econômica para a América Latina e o Caribe (Cepal), liderados aqui no Brasil por Celso Furtado. Criticando a natureza ou a excessiva presença do Estado e exaltando as virtudes das forças do mercado e da sociedade civil, também com enormes variações de ênfases e apoiados em construções teóricas distintas, podem ser relacionados autores como Tavares Bastos, Eugênio Gudin, Raimundo Faoro, Simon Schwartzman etc.

[7] Como é sabido, no que se refere a Portugal metrópole, há outras interpretações históricas e sociológicas que não pensam Portugal necessariamente como fonte de atraso. Refiro-me, por exemplo, a Richard Morse, Ruben Barbosa Filho e mesmo Gilberto Freyre.

triais na Europa continental, já no século XIX, as características econômicas e políticas portuguesas se traduziram em dificuldades crescentes para Portugal se separar da economia de exploração colonial, apesar de sua decadência em todas as partes do mundo. Não por mero acaso, Portugal foi o último país europeu a se desligar de suas colônias, apenas em 1974, no contexto da Revolução dos Cravos, não tendo sido a economia colonial substituída satisfatoriamente por nenhuma outra atividade econômica. Parte da crise de Portugal de hoje, no contexto do Mercado Comum Europeu, prende-se à sua origem de potência colonial, agora sem colônias e destituído de uma nova vocação.

O Estado português, nascido nesse ambiente, desenvolveu algumas características que podem nos ajudar a entender o Estado brasileiro. Uma dessas características diz respeito à motivação fundamental de seu surgimento, que foi a luta contra os mouros. Portugal, antecipando-se aos países da Europa continental, constituiu-se como Estado-nação pelas mãos de Afonso Henriques, já no século XII, para retomar o domínio sobre seus territórios, ocupados pelos árabes por sete séculos, não sendo resultado, como ocorreu em alguns outros países da Europa continental, da transferência de poder e atribuições por parte de grupos sociais com prestígio econômico e força política.

Desenvolveu-se na índole ibérica uma vocação eminentemente política e estatal, direcionada principalmente para o controle de sua população e de seu território. Historicamente, nenhuma outra agenda interpôs-se com sucesso a essa meta, mantendo-se o Estado português longe da influência de outras forças sociais que, nos países da Europa ocidental, participaram do poder central, oferecendo-lhes outras atribuições e ampliando suas vocações. Enquanto as nações da Europa continental do Ocidente impuseram a seus Estados compromissos compatíveis com as forças sociais que surgiam no processo de constituição de seus Estados nacionais, no mundo ibérico o "Estado político" permaneceu soberano, sem ser ameaçado, com sucesso, por nenhuma outra meta social ou econômica.

Em terras brasileiras

Essa situação de força do Estado e de falta de projetos alternativos por parte de outros segmentos sociais marcou toda a história portuguesa, tendo transbordado para as terras brasileiras como efeito da colonização aqui implantada.

A esse respeito, é interessante notar que, diferentemente dos países da Europa continental, no Brasil o Estado nasceu antes da própria sociedade. No período colonial, foi o Estado que formou a sociedade, atribuindo a certos grupos chances de ganho econômico e de identidade política por meio da concessão pela Coroa portuguesa de alvarás de exploração comercial ou de títulos de nobreza. Nessa fase colonial, sem os anticorpos de uma nacionalidade que começaria a surgir mais visivelmente apenas no século XIX, o Brasil sofria influência direta apenas do Estado português.

Assim visto, o Brasil, por herança colonial, esgota parte substancial de suas forças e de seus recursos na tarefa da dominação pura, deixando constantemente em segundo plano políticas públicas ligadas à agenda da modernidade burguesa, como desenvolvida nos Estados Unidos e nos países da Europa continental, como desenvolvimento econômico, justiça social e democracia política.

O aumento da presença do Estado no desenvolvimento social brasileiro não é difícil de ser observado. Em uma brevíssima apreciação, não podemos negligenciar os seguintes fatos e datas. Com a perda da maior parte dos privilégios das capitanias hereditárias, ainda durante o reinado de d. João III, a capital da colônia foi sediada na Bahia, tendo sido nomeado um governador-geral com amplos poderes, tanto políticos quanto econômicos e religiosos. Essa reforma, levada a cabo em 1549, burocratizou uma larga faixa da vida da colônia até então nas mãos da iniciativa privada, promovendo a centralização de um sistema anteriormente descentralizado. A partir da descoberta de ouro em Minas Gerais, em 1693, e dos acontecimentos que degeneraram na chamada Guerra dos Emboabas, em 1708, houve nova centralização na administração da colônia. Posteriormente, na década de 1720, o governo aprofundou essa centralização, tanto em função das reações resultantes do recolhimento do quinto real quanto também da corrida aos diamantes encontrados na região. Porém o processo de centralização mais sistemático realizado pela metrópole portuguesa deu-se no reinado de d. José, que chamou, para ocupar o cargo de secretário de Estado para Assuntos Exteriores e de Guerra, Sebastião José de Carvalho e Melo, o marquês de Pombal, que governou Portugal entre 1755 e 1777.

A reforma pombalina, que visava à modernização da nação portuguesa por meio da retomada do poder pela burocracia, não tardou a chegar ao Brasil. Em 1759, são expulsos do país os jesuítas. Pombal, por um decreto, extingue as capitanias hereditárias, que passam a ser controladas pelo Estado. É estabelecida no Brasil uma única entidade fiscal para todo o Império, o Real Erário.

Mesas de inspeção são criadas nos principais portos do país, visando fiscalizar e controlar a exportação de açúcar e tabaco. Mais tarde, em 1755, é criada a Companhia Geral de Comércio do Grão-Pará.

Todas essas medidas, apresentadas pelo Estado português, iam criando, pouco a pouco, uma burocracia estatal no território brasileiro. Nessa tensão entre o centro e os setores autônomos, a balança pende, ora para um lado, ora para outro. No longo prazo, porém, vence sempre o poder central, a burocracia desse Estado, que pouco a pouco ganha contorno, definindo seus compromissos e seus parceiros privilegiados. Em 1808, com a fuga da família real para o Brasil devido à invasão de Portugal pelos exércitos napoleônicos, há um novo surto de centralização graças à mudança de todo o aparato burocrático da Corte para a cidade do Rio de Janeiro.

Outro momento definitivo no processo de formação do Estado brasileiro foi, em 1822, a declaração oficial da independência do país, que deu a d. Pedro o título de "Imperador Pedro I". Esse ato precedeu a um processo de fortificação do Estado com base na Constituição de 1824, extremamente unitária e centralizadora. Após nove anos de reinado, d. Pedro I abdica em favor de seu filho, que, posteriormente, em 1840, é declarado maior de idade ainda com 14 anos, ocupando efetivamente o trono. Apesar de algumas passagens dos liberais pela situação nesse período, a política volta a ser marcada por uma forte centralização do poder. Uma das principais peças da chamada "reação conservadora" foi a Lei Interpretativa do Ato Adicional, que, ao entrar em vigor em 1841, aniquilou os poderes locais, limitando a autoridade das assembleias das províncias, possibilitando a criação de uma polícia uniforme e a militarização da Guarda Nacional.

Durante a República, os três maiores movimentos de centralização do poder ocorreram em 1930, 1937 e 1964, quando o Estado brasileiro, em pleno processo de expansão do capitalismo industrial, se torna mais intervencionista e centralizado.

Competição corporativa

O corporativismo estatal brasileiro, essa dimensão da vida política nacional ligada ao mundo ibérico pelo menos em algumas de suas características, sempre andou de mãos dadas com três outras características que marcaram permanentemente a vida política nacional no século XX. Refiro-me ao autoritarismo político, à instabilidade institucional e às desigualdades sociais.

O caso mais evidente da falta de universalidade das políticas públicas brasileiras, já no período pós-1930, é o da população rural, que foi sistematicamente abandonada por todos os governos, tenham sido eles civis, militares, liberais ou desenvolvimentistas. Aliás, movimentos políticos do mundo rural que tiveram repercussão nacional contam-se nos dedos e, além de terem sido menos numerosos, foram infinitamente menos importantes do que os ocorridos no Brasil urbano. Canudos, no século XIX, as Ligas Camponeses, nos anos 1950 a 1970, e o Movimento Sem-Terra, nessa passagem de século. A maneira tremendamente diferenciada com que são tratadas pelo Estado as inúmeras corporações profissionais no Brasil é outro exemplo evidente. Aposentadorias e todos os tipos de benefícios são distribuídos desigualmente entre trabalhadores e funcionários da iniciativa privada e da administração pública, que, por sua vez, se dividem em inúmeros outros grupos pertencentes aos diferentes poderes das administrações direta ou indireta, também com tratamentos de enorme desigualdade em decorrência de suas proximidades com o centro de poder estatal.

Nesse novo Brasil, entidades de classe, grupos empresariais, partidos políticos e entes federativos competiram por mais espaço junto a esse Estado que, tendo sido o principal estrategista da modernização nacional, consolidou uma sociedade com acessos extremamente desiguais aos benefícios controlados por suas instituições.

O corporativismo, que procurou dominar as mais importantes vias de acesso ao Estado de um país que se modernizou a passos largos, e a decorrente instabilidade e autoritarismo, que passaram a fustigar esse Estado, tornaram-se, a partir de então, características marcantes do Brasil moderno.

Para compreender a natureza desse padrão corporativo e instável de organização política, creio ser preciso reconhecer que diante da importância estratégica que as instituições estatais adquiriram,[8] os grupos políticos passaram a

---

[8] A partir dos anos 1930, o Estado brasileiro transformou-se no grande promotor da industrialização nacional e da urbanização que a acompanhava, controlando cada vez mais atividades estratégicas, serviços, orçamentos e uma grande folha de funcionários. Principal estrategista de um prolongado período de notável crescimento econômico, patrocinou a inclusão social por meio da criação da previdência social, do Ministério do Trabalho e do imposto sindical, tendo se fortalecido também junto às categorias patronais pelo reconhecimento de suas associações,

relegar a um segundo plano a competição pelos seus serviços, dedicando-se prioritariamente a disputar a exclusividade do acesso e do controle político dessas instituições, procurando modificá-las segundo suas visões de mundo, seus interesses e suas práticas políticas. Nesse ambiente, os grupos que conquistavam o poder se aperfeiçoaram na tarefa de excluir dos benefícios controlados pelo Estado seus concorrentes, que, por sua vez, procuravam desestabilizar essas mesmas instituições que os excluíam. Essa dinâmica fez oscilarem permanentemente identidades e atribuições das instituições públicas nacionais, à mercê das pressões e dos interesses das diferentes coalizões políticas que se alternavam no poder.

Essa modalidade de competição corporativa e desestabilizadora passou a acompanhar a vida pública nacional a partir de 1930, produzindo rupturas que se manifestaram em episódios tão significativos para a nossa história moderna, como a própria Revolução de 1930, a Constituinte de 1934, o golpe de Estado em 1937, a redemocratização do país em 1945, o suicídio de Getúlio Vargas em 1954, a renúncia de Jânio Quadros em 1961, a difícil posse de João Goulart – que, em apenas dois anos e sete meses à frente da presidência da República, trocou cinco vezes seu ministério e duas vezes o sistema de governo – e o próprio golpe que o depôs em março de 1964. Tal instabilidade continuou a revelar-se durante o regime militar – que editou 17 atos institucionais, modificando profundamente as constituições de 1946 e 1967 – e esteve presente também nas duas últimas décadas, como o demonstram a renúncia do presidente Fernando Collor de Mello em 1992 e as constantes modificações infligidas à moeda nacional.

Uma das mais nefastas consequências dessa competição foi que as instituições estratégicas de cada governo acabaram se transformando em alvos a serem desestabilizados pelos grupos que não reconheciam seus interesses e suas visões de mundo expressos nos seus perfis e nas suas práticas políticas.

Esse padrão nos diferencia dos países em que instituições e regras estão voltadas para metas que não são exclusivamente políticas e que foram moldadas e aceitas pela maioria de suas populações; situação que propicia, por meio

---

federações e confederações, e pela criação de conselhos nos quais seus representantes tinham assento. Essa situação propiciou às burocracias estatais uma incomparável capacidade de gerar oportunidades de ganhos para os grupos que se organizavam sob sua tutela, fato que não poderia deixar de interferir e marcar o modelo de competição política do país como um todo.

do apoio dessa população, o respaldo necessário para que tais instituições planejem, de forma mais estável, o desenvolvimento das sociedades a que servem.

O modelo político brasileiro pouco tem a ver com o processo de *State making* que caracterizou os últimos dois séculos das sociedades ocidentais do hemisfério norte. Lá, as barreiras legais e institucionais restritivas à entrada de novos atores no jogo da competição política – como gênero, idade, raça, religião e instrução – foram paulatinamente eliminadas. Tal processo, que acabou conformando os atuais regimes democráticos da Europa ocidental e dos Estados Unidos, caracterizou-se pela abertura e pela consequente inclusão de novos atores na arena de competição política. Já no Brasil, apesar de todas essas barreiras também já terem sido formalmente derrubadas, o acesso às políticas públicas e aos bens e serviços, que efetivariam e caracterizariam uma participação universal em nossa sociedade, é monitorado por um arcabouço corporativo que promove, ao contrário, uma violenta seleção entre os grupos em disputa.

Mercado e liberalismo à brasileira

No que se refere ao mercado, sua presença na vida pública brasileira veio por outras vias. Na verdade o Brasil já nasceu como fornecedor de matérias-primas para os grandes mercados modernos que participaram centralmente da criação de nações e da integração de um novo mundo que, no período medieval, era bem mais local e fragmentado. A esse respeito é interessante notar que Roberto Simonsen, ao manifestar-se contra a tese segundo a qual o feudalismo foi o regime político e econômico aqui implantado por Portugal, chama a atenção para a natureza do mercado capitalista que desde então regia a economia brasileira. À época da descoberta, Portugal não vivia em regime feudal – o rei é um "autêntico capitalista, seus vassalos chegam ao Novo Mundo com o desejo de enriquecer. Os poderes que lhes são delegados têm apenas o objetivo de assegurar-lhes lucros. Apenas a forma jurídica dessa concessão assemelha-se às instituições feudais. Seu conteúdo, em compensação, é exclusivamente capitalista" [Simonsen, apud Topalov, 1978:14].

A vida econômica brasileira desenvolveu-se, de sua origem até 1808, no contexto do pacto colonial, como fornecedora de matérias-primas para a metrópole portuguesa. Com a transferência da Corte para o Brasil, em razão das invasões napoleônicas, dois fatos transformaram significativamente o padrão do mercado e da economia brasileira. A abertura dos portos brasileiros ao comércio internacional e a criação do Banco do Brasil, que, no correr de sua história, criou inúmeros serviços e funções adequando-se à evolução da economia nacional.

O século XIX foi, também no Brasil, um período de avanço do liberalismo e das forças do mercado.[9] Nesse século, os grandes proprietários rurais adquiriram mais poder, diminuindo assim o poder do centro político. A esse fato somou-se a Constituição de 1824, que ampliou os direitos individuais e políticos no país, o Código de Processo Penal (1832) e o Ato Adicional (1834), que confirmaram a autonomia local, fortalecendo o poder privado. Também, com a abdicação de d. Pedro I, em 1831, a regência descentraliza as forças políticas em direção a municípios e províncias. O liberalismo político brasileiro, na época, se realizava associando-se a essa descentralização, que coincide com os interesses de autonomia dos senhores de terra defendendo também a livre concorrência e condenando o excesso da intervenção estatal na sociedade e no mercado. Com a renúncia, da pasta da Justiça, de Diogo Antônio Feijó, um dos fundadores do Partido Liberal, termina esse período de avanço do liberalismo. O primeiro passo da reação centralizadora, como dito, foi a Lei de Interpretação do Ato Adicional, que privilegiou o Legislativo e fez com que as assembleias provinciais perdessem terreno.

Porém, com a abolição da escravatura em 1888 e a proclamação da República em 1889, as ideias liberais, em voga pelo mundo, continuam a prosperar no Brasil.

Nesse fim de século, passam a conviver em terras brasileiras ideias e instituições do mundo colonial ibérico entrelaçadas a ideias e instituições provenientes dos países que foram palcos de revoluções burguesas e de cismas protestantes em que, diferentemente do ocorrido na península Ibérica, os grupos

---

[9] O liberalismo, com sua recepção no Brasil, foi objeto de inúmeras análises sociológicas hoje clássicas. A maior ou menor adaptação das instituições oriundas de países liberais trazidas de um ambiente social significativamente diverso do brasileiro foi tema de trabalhos, entre outros, de Oliveira Vianna, Tavares Bastos, Raimundo Faoro, Roberto Schwarz, Wanderley Guilherme dos Santos, Bolívar Lamounier e Luiz Werneck Vianna. Porém a argumentação que desenvolvo no presente artigo não se refere a essa discussão. O que pretendo mostrar a respeito desse ponto é como algumas das principais características de nossas instituições públicas podem ser problematizadas a partir do hibridismo de nossa formação social e institucional.

que surgiram no processo de constituição de seus Estados nacionais se fortaleceram e passaram a impor aos centros de poder em formação valores, limites e compromissos, adequando-os a seus interesses e a suas visões de mundo. A respeito da presença de ícones dessa vertente civilizatória nas terras brasileiras é interessante lembrar que livros como *O contrato social*, de Jean Jacques Rousseau, uma das principais inspirações da Revolução Francesa, circulavam amplamente nas mãos dos inconfidentes mineiros (Peres, 2003), que conspiravam exatamente pela independência brasileira de Portugal. Na verdade, não só a Inconfidência Mineira, mas a maior parte dos movimentos revolucionários do século XIX, como a Conjuração Baiana e a Revolução dos Padres, foi influenciada pelo ideário de liberdade e igualdade da Revolução Francesa. Também, quando foi instituída a Constituição de 1891, após a proclamação da República brasileira, houve forte influência do constitucionalismo norte-americano, sobretudo quanto à forma republicana de governo e do Estado federalista aqui implantados.

Em todo esse período, os ciclos econômicos de um Brasil ainda essencialmente agrário e exportador sucederam-se, conformando um mercado que era ativado essencialmente pela demanda externa, criando dependência e atraso. Com a decadência do ciclo do açúcar, as oligarquias do Nordeste perdem parte de sua posição política no país. Os cafeicultores do Centro-Sul iniciam, então, novo período da economia nacional, promovendo uma acumulação de capital que seria a base para o processo de industrialização e urbanização do país. Somente a partir dos anos 1930, com a desorganização da economia mundial em razão da I Guerra Mundial e do *crack* da Bolsa de Nova York, é que a economia brasileira passa a produzir não apenas para exportação, mas também para o mercado interno. Surgem, a partir de então, uma burguesia e um proletariado mais expressivos. O setor de serviços também se desenvolve com a formação de profissionais liberais e de burocracias estatais.

Nesse ciclo que se estende a partir da década de 1930, o Estado surge como o principal articulador do desenvolvimento econômico do país. Em versões tanto democrática (como durante o período 1945 a 1964 e, posteriormente, a partir do fim do primeiro mandato do presidente Lula) quanto autoritária (durante os governos militares de Costa e Silva a Figueiredo), o Estado foi, de fato, o principal agente do crescimento da economia nacional.

Porém, a partir da crise dos anos 1970-80, que corresponde, no Brasil, ao fim dos governos militares, a pauta liberal passa, novamente, a orientar as políticas públicas a serem adotadas na área econômica, situação que vigorou do governo Sarney até os três primeiros anos do primeiro mandato de Lula. Nesse longo período, os liberais lutaram contra a excessiva intervenção do Estado na economia, combatendo o que chamavam de populismo econômico, defendendo o equilíbrio orçamentário, políticas fiscais responsáveis e políticas monetárias como meio de evitar processos inflacionários e desajustes econômicos.

Enfim, mercado e Estado estiveram presentes, alternando protagonismos, em todo esse período da modernidade brasileira inaugurado nos anos 1930. Em seguida, vamos estabelecer algumas correlações advindas dessa alternância, que teve como ponto de ruptura as crises políticas e/ou econômicas e os períodos dela decorrentes.

Dialética da modernidade brasileira

O Brasil, pelas lentes de sua formação híbrida, traduzia as crises políticas e econômicas que iam pelo mundo em manifestações próprias, com desfechos que conformaram o perfil das modernas instituições públicas nacionais. Vistos mais de perto, foram os seguintes os desfechos das principais crises brasileiras. A principal delas, a crise de 1930, que inaugurou um Brasil mais urbano e mais industrializado, foi de natureza mista. Encerrou tanto um período liberal na economia agrário-exportadora brasileira, dando início a um longo período de políticas públicas desenvolvimentistas, quanto, no mundo político, encerrou a fase da política eminentemente oligárquica, iniciando uma mudança radical nas instituições públicas nacionais, que se fortaleceram, se multiplicaram e se modernizaram, adequando-se a uma nova fase da história republicana brasileira.

A Revolução de 1930 é o grande marco do processo da modernização brasileira que, com suas características próprias, marcaria um longo período da história nacional. Apesar da modernização das instituições públicas ocorrida a partir de então, o corporativismo foi a principal marca do Estado que surgia e que passou a distribuir de maneira extremamente desigual, entre grupos, classes e setores que o apoiavam, os benefícios que administrava em razão de suas capacidades de apoiarem/pressionarem esse Estado no contexto da competição política corporativa.

A crise de 1945 foi, no Brasil, de certa maneira mista, considerando-se que houve a redemocratização do país e a prática de políticas econômicas de cunho liberal no primeiro ano do governo Dutra.

Nesse primeiro ano de governo, Dutra promoveu abertura comercial e financeira do país, diminuindo significativamente os valores das tarifas alfandegárias para todos os produtos aqui comercializados, mantendo a taxa de câmbio em regime de flutuação. Era a ressaca do Estado Novo, com seu Estado forte, intervencionista e corporativo. Tal política, porém, desencadeou uma forte crise de escassez de divisas no país, levando o governo a modificar sua postura liberal e adotar medidas que passaram a atribuir ao Estado importância muito maior do que a que havia desfrutado nessa primeira fase. A partir de então, entre os anos 1947 e 1951, engaja-se em um plano de ações orientado para os setores de saúde, alimentação, transporte e energia – o Plano Salte. Dutra tentou ser liberal em um momento desenvolvimentista, contrariando sua época com seus prognósticos e tendências, o que se mostrou inviável.

A crise do segundo governo Vargas atualizou as características do processo de modernização do Brasil, que vinham caracterizando o desenvolvimento de nossas instituições, divididas entre uma vocação política de natureza corporativa e outra, de natureza mais universal. Foi uma crise mista, e seu desfecho transformou, mesmo que por pouco tempo, a tendência política e o regime econômico então praticado. Mesmo antes do desfecho provocado por sua morte e do advento das políticas liberais produzidas pelo governo Café Filho, a área econômica de seu governo havia mudado de orientação desde a crise de 1953, que levou o governo a substituir Horacio Lafer e Ricardo Jafet por Oswaldo Aranha e Marcos de Souza Dantas, que se comprometeram com metas anti-inflacionárias, com o combate ao desequilíbrio das contas públicas, assumindo preocupações e críticas de origem oposicionista e liberal da época.

O governo de Juscelino Kubitschek foi um dos poucos ou mesmo o único governo desse período sem crises. Estado e mercado compartilharam estratégias comuns visando ao desenvolvimento, mas também competiram disputando espaço e protagonismo. Confrontado com dilemas e pressões que opunham políticas de austeridade monetária a políticas desenvolvimentistas, e políticas nacionalistas a políticas que facilitavam a entrada do capital internacional no país, JK realizou um governo movido pelas forças estatais comprometidas com o esforço da industrialização nacional. As tensões entre desenvolver a economia e evitar a escalada inflacionária estiveram sempre presentes, mas o governo rompe com o FMI, rejeitando as propostas de implantação do câmbio livre e de aprofundamento de medidas de caráter anti-inflacionário.

No curto governo de Jânio Quadros, o esforço foi estabilizador, de combate à inflação, preparando, porém, terreno para um posterior esforço desenvolvimentista, que foi inviabilizado pela renúncia do presidente.

Durante o instável governo de João Goulart, a crise expressava a falta de consenso sobre questões centrais naquele momento de indefinição institucional e de acirramento das tensões políticas. A importância, o poder e o perfil do Estado e do mercado que os diferentes grupos políticos em disputa desejavam, certamente, eram temas aquecidos naquele momento. Nesse período, houve intenções sobretudo desenvolvimentistas, mas também alguma preocupação com o combate à inflação. O Plano Trienal de Desenvolvimento Econômico e Social, elaborado por Celso Furtado durante a gestão parlamentar de Brochado da Rocha, recebeu a colaboração do monetarista Casimiro Ribeiro, que redigiu a parte anti-inflacionária do documento.

Com a queda do governo Goulart, entram na pauta do governo Castello Branco reformas econômicas de natureza liberal, que atribuem ao mercado e ao capital privado – nacional e internacional – lugar de destaque no novo regime econômico que estava sendo implantado. No campo político, há a transformação de um regime democrático em outro autoritário.

O principal documento governamental desse período – o Plano de Ação Econômica do Governo (Paeg) – continha os princípios das reformas que deveriam estancar o processo inflacionário em curso e estabilizar a economia brasileira, tendo sido criados, com esse propósito, o Banco Central do Brasil e o Conselho Monetário Nacional.

Há uma crise no final do governo Castello Branco, com mudanças tanto na vida econômica nacional – com a saída do liberal Otávio Gouvêa de Bulhões do Ministério da Fazenda e a entrada do desenvolvimentista Delfin Neto – quanto na vida política – com a saída do "sorbonista" Castello Branco e a entrada do "linha dura" Costa e Silva.[10]

Há uma crise no final desse período desenvolvimentista dos governos militares – Costa e Silva, Médici, Geisel e Figueiredo –, que corresponde à crise final de todo o ciclo de governos militares. A partir de então, todos os governos, agora civis, passam a adotar medidas de natureza liberal para combater

---

[10] Os militares chamados "sorbonistas" ainda mantinham uma faixa de convivência com os setores "liberais" da sociedade, enquanto os militares "linha dura" eram mais radicais, tendo aprofundado o regime de exceção no país.

o processo inflacionário que havia se tornado o inimigo público nº 1 do país, situação que só muda depois dos três primeiros anos do governo Lula.

A crise que atravessou todo o governo Figueiredo expressou tanto o final de um período de autoritarismo político quanto de um período de políticas econômicas desenvolvimentistas, tendo sido elaborado o último plano desenvolvimentista do regime militar, o III PND. A partir de então, os planos governamentais foram destinados a combater o processo inflacionário que havia se instalado no país. Iniciam-se, nesse período, tempos dominados por uma pauta liberal em que o combate à inflação tornou-se o principal compromisso de todos os governos eleitos. Como já comentado, esse quadro permaneceu até os três primeiros anos do primeiro mandato do governo Lula, quando estiveram à frente do Ministério da Fazenda e do Banco Central do Brasil Antônio Palocci e Henrique Meirelles, respectivamente, que mantiveram os principais fundamentos econômicos da administração FHC: metas inflacionárias, câmbio flutuante, superávit primário e responsabilidade fiscal. Somente depois desse período, com a "casa" arrumada e com a tradição keynesiana reforçada pela crise de 2008, é que o Brasil adquire as circunstâncias necessárias para envolver o Estado em políticas desenvolvimentistas.

Conclusão: Estado "regra" x Estado "prêmio"

Encerro, então, onde iniciei, dirigindo minha atenção para o hibridismo brasileiro. Nem estamento burocrático autônomo nem Estado como epifenômeno do mercado. O hibridismo dialético, responsável pela alternância entre as lógicas do mercado e do Estado, é que foi aqui desenvolvido para tentar entender a natureza e os desfechos das crises do Brasil moderno. Um Brasil moderno onde políticas desenvolvimentistas, liberais, democráticas e autoritárias desfilaram, interrompidas por crises que anunciaram seus limites, produzindo desfechos que, analisados em seu conjunto, talvez tenham nos ajudado a conhecer um pouco melhor suas características mais comuns e persistentes.

À semelhança do ocorrido em outros países, no Brasil as crises verificadas em períodos e governos desenvolvimentistas tiveram desfechos encaminhados por políticas de natureza liberal. Também, ao inverso, as crises ocorridas em períodos e governos estabilizadores e liberais foram reguladas pela presença e pela ação de governos e Estados. Os Estados acabaram sendo chamados para regular as crises dos mercados, e os mercados acabaram sendo chamados para regular as crises dos Estados, limitando as pretensões de soluções definitivas e exclusivas por parte dos adeptos de ambas as instituições.

Entrelaçado a esse processo, predominou, na vida política nacional, um tipo de competição que promoveu, com frequência, a substituição de democracias por regimes autoritários, e vice-versa. Competição na qual o Estado deixou de ser o regulador, transformando-se no "prêmio" dado aos vencedores, que o transformavam em seus "avatares", tendo sido assim produzido o período mais instável da história republicana brasileira.

Porém, quase 30 anos passados sem crises políticas que nos tenham levado a regimes autoritários, pode-se sugerir que as instituições públicas nacionais estejam mais apoiadas por uma população mais instruída e mais consciente, sendo, portanto, cada vez mais cobradas a prestar serviços verdadeiramente públicos e não corporativos, como é frequente em nossa história. Instituições que, no seu conjunto, têm respondido e conseguido "resolver" conflitos, evitando que se transformem em crises com desfechos imprevisíveis. A morte de Tancredo Neves, o *impeachment* de Collor, a posse de Lula, os planos de estabilização da moeda nacional, a Ação Penal nº 470 (mensalão) e as crises internacionais que frequentemente bateram às portas do Brasil foram momentos que exigiram a atuação de um Estado democrático dotado de recursos institucionais e apoio popular para atuar como regulador de tensões tão ameaçadoras.

Hoje, o tema da mobilidade urbana, gota d'água e estopim das manifestações que ocorrem nas principais capitais do país em junho de 2013, traz novo desafio. A demanda por melhores serviços públicos básicos e maior participação, sobretudo dos jovens, na vida política está presente nas ruas com uma magnitude nunca vista no país, sobretudo em tempos de democracia política. O governo, em todas as suas instâncias, defronta-se com o desafio de entender a mensagem e processá-la para que a vida democrática do país continue avançando.

REFERÊNCIAS

ABRANCHES, Sérgio Henrique H de. Presidencialismo de coalizão: o dilema institucional brasileiro. *Dados*: revista de ciências sociais, v. 31, n. 1, p. 5-33, 1988.
ARRIGHI, Giovanni. *O longo século XX*. Rio de Janeiro: Contraponto/Unesp, 1996.
BRASIL. Ministério do Planejamento e Coordenação Econômica. Programa de Ação Econômica do Governo – 1964-1966 (Síntese). 2. ed. *Documentos EPEA*, n. 1, maio 1965. 243 p.
BRAUDEL, Fernand. *La Mediterranée et le monde mediterrenéen à l'époque de Philippe II*. Paris: Armand Colin, 1985.
DAMATTA, Roberto. *Carnavais, malandros e heróis*: para uma sociologia do dilema brasileiro. Rio de Janeiro: Rocco, 1997.
DOLBRY, Michael. *Sociologie des crises politiques*. Paris: Fondation National des Sciences Politiques, 1986.
HIRSCHMAN, Albert. *As paixões e os interesses*. Rio de janeiro: Paz e Terra, 1979.
HOBBES, Tomas. *O Leviatã*. São Paulo: Abril, 1974.
HOLANDA, Sérgio Buarque de. *Raízes do Brasil*. Rio de Janeiro: José Olympio, 1936.
MARX, Karl. *O 18 Brumário e cartas a Kugelmann*. Rio de Janeiro: Paz e Terra, 1977.
POLANYI, Karl. A grande transformação: as origens de nossa época. Rio de Janeiro: Campus, 1980.
RAPOSO, Eduardo. *Banco Central do Brasil*: o Leviatã ibérico. Uma interpretação do Brasil contemporâneo. Rio de Janeiro: PUC-Rio; São Paulo: Hucitec, 2011.
ROUSSEAU, Jean Jacques. *O contrato social*. São Paulo: Abril Cultural, 1978.
SANTOS, Wanderley Guilherme dos. *Ordem burguesa e liberalismo político*. São Paulo: Duas Cidades, 1978.
TOPALOV, Christian. *Estruturas agrárias brasileiras*. Rio de janeiro: Francisco Alves, 1978.
WALLERSTEIN, Immanuel. *Capitalisme et économie monde*: 1450-1640. Paris: Flammarion, 1980. Vol. I, p. 27.
WERNECK VIANNA, Luiz. *Revolução passiva*: iberismo e americanismo no Brasil. Rio de Janeiro: Revan, 1997.

8 | A trajetória do federalismo na redemocratização brasileira: competição como regra e cooperação como princípio

RICARDO ISMAEL*

O modelo federalista é marcado por algumas ambiguidades recorrentes: unidade x diversidade; centralização x descentralização; forças centrípetas x forças centrífugas; cooperação x competição. Para os propósitos deste texto, é importante destacarmos uma delas. Relativamente ao arranjo federativo, a cooperação encontra-se presente na origem e no seu desenvolvimento, influenciando permanentemente a relação entre os participantes. Entretanto, a cooperação não pode ser pretexto para a intervenção do governo federal na esfera estadual, tampouco para permitir a criação de qualquer hierarquia federativa entre os entes federados. A competição é resultado natural da não centralização do modelo federalista. As diversas unidades territoriais possuem poderes para disputar os recursos necessários para seu desenvolvimento econômico e social. O ambiente competitivo, porém, não deve inibir a formação de arenas políticas cooperativas e a elaboração de projetos compartilhados entre as unidades da federação. O federalismo, portanto, pode ser situado no *continuum* cooperação/competição, no qual as relações entre a União e os estados-membros, e destes entre si, podem ser descritas pela presença simultânea de elementos cooperativos e competitivos (Elazar, 1984).

No debate contemporâneo sobre federalismo e suas assimetrias, destacam-se dois modelos com princípios orientadores bem diferentes. De um lado, o federalismo norte-americano, no qual é residual, salvo circunstâncias atípicas, a preocupação da União em corrigir as desigualdades socioeconômicas entre os estados-membros. De outro, o federalismo alemão, no qual mecanismos cons-

---

* Cientista político, doutor em ciência política/Iuperj, professor e pesquisador do Programa de Pós-Graduação em Ciências Sociais da PUC-Rio.

titucionais de cooperação vertical e horizontal procuram assegurar uma homogeneidade das condições de vida (Schultze, 1995). As características do modelo federalista adotado em cada país podem, portanto, influenciar significativamente a questão das desigualdades sociais e econômicas no território nacional.

O federalismo cooperativo no Brasil ganhou contornos mais precisos a partir dos anos 1950, com a formulação de políticas regionais federais que visavam à integração das economias subnacionais e à transferência de investimentos para as regiões menos desenvolvidas. A criação da Superintendência do Desenvolvimento do Nordeste (Sudene), em 1959, representou um marco inicial, significando uma primeira tentativa de política consistente de desenvolvimento regional, levada adiante pela União e tendo a região Nordeste como espaço preferencial (Furtado, 1989).

No contexto do recente processo de redemocratização do país, a Constituição Federal de 1988 pode ser vista como resultado de duas tendências principais. A primeira delas esteve ligada à manutenção dos mecanismos cooperativos do Estado federal no Brasil. Nesse caso, os trabalhos dos constituintes tiveram como pano de fundo a disputa entre as regiões Nordeste, Norte e Centro-Oeste e aquelas com maior participação relativa na economia nacional. A segunda tendência diz respeito à consolidação do processo de descentralização político-financeira que vinha marcando a transição democrática. Dessa vez, o conflito envolvia a União, os estados e os municípios brasileiros, tendo como objetivo a redefinição da participação das unidades subnacionais no bolo tributário nacional (Ismael, 2005).

O caminho seguido pela federação brasileira a partir dos anos 1990 não foi capaz de propiciar reduções expressivas nos desequilíbrios econômicos entre as unidades territoriais. Alguns chegam a afirmar que "existe um consenso de que as heterogeneidades econômicas entre as regiões, que também se manifestam entre os estados e municípios, constituem o principal problema do federalismo brasileiro [...]" (Souza, 2006:189).

A tabela 1 mostra uma leve desconcentração econômica favorecendo as regiões Norte, Nordeste e Centro-Oeste no período de 1995 a 2010. Entretanto, no último ano da série, aproximadamente 72% da economia nacional ainda estavam concentrados nas regiões Sul e Sudeste. Além disso, não se deve esquecer que a economia nordestina é um exemplo da persistência das desigualdades regionais no país. Apesar das mudanças recentes ocorridas na região, que proporcionaram maior inclusão social, expansão da renda e do consumo das famílias e avanço do setor industrial, o Nordeste ainda apresenta indicadores econômicos aquém dos desejáveis. O PIB *per capita*, por exemplo, ainda corresponde a menos da metade da média nacional, patamar semelhante ao que registrava em 1960 (Mendes e Monteiro Neto, 2012).

Tabela 1. Participação (%) das grandes regiões no produto interno bruto do Brasil a preços de mercado corrente (1995-2010)

Grandes regiões	Ano						
	1995	1999	2001	2003	2005	2007	2010
Norte	4,2	4,2	4,5	4,8	5,0	5,0	5,3
Nordeste	12,0	12,4	12,6	12,8	13,1	13,1	13,5
Sudeste	59,1	58,2	57,7	55,8	56,5	56,4	55,4
Sul	16,2	16,4	16,7	17,7	16,6	16,6	16,5
Centro-Oeste	8,4	8,8	8,5	9,0	8,9	8,9	9,3
Total	100	100	100	100	100	100	100

Fonte: IBGE (2012a).

A análise da participação relativa dos municípios brasileiros no produto interno bruto (PIB) é ainda mais reveladora quando se trata de dar visibilidade à concentração espacial das atividades econômicas no território nacional. Como pode ser visto na tabela 2, para o ano de 2010, os 309 municípios economicamente mais desenvolvidos representavam 75% do PIB nacional e reuniam aproximadamente 54% da população brasileira. A racionalidade econômica continua impulsionando as migrações internas na direção desses destinos, pois nessas localidades encontram-se os melhores empregos e oportunidades de mobilidade social, como também maior acesso aos serviços sociais. Migram, na maioria das vezes, os mais jovens, os mais ambiciosos e os mais insatisfeitos com as limitações impostas pelo lugar de origem, ausências essas que terminam consolidando um quadro difícil de mudar, marcado por milhares de municípios sem arrecadação própria, incapazes de atender às demandas sociais e fortemente dependentes do poder discricionário dos governos estadual e federal.

Tabela 2. Número de municípios e participação relativa e acumulada dos municípios e da população, segundo as faixas de participação relativa no produto interno bruto do Brasil – 2010 (1)

Faixas de participação relativa no PIB total do Brasil	Número de municípios	Participação relativa (%) Dos municípios	Participação relativa (%) Da população	Número de municípios acumulado	Participação relativa (%) Dos municípios	Participação relativa (%) Da população(1)
Até 25%	6	0,1	13,7	6	0,1	13,7
De 25% a 50%	48	0,9	17,0	54	1,0	30,7
De 50% a 75%	255	4,6	23,4	309	5,6	54,1
De 75% a 95%	1.943	34,9	31,4	2.252	40,5	85,4
De 95% a 99%	1.988	35,7	11,3	4.240	76,2	96,7n
De 99% a 100%	1.325	23,8	3,3	5.565	100,0	100,0

Fonte: IBGE (2012b). (1) População do censo demográfico 2010, dados sujeitos a revisão.

Quais deveriam ser as características do federalismo cooperativo no Brasil nesse início de século? Essa é uma pergunta ainda atual e sem uma resposta adequada, até porque não encontrou espaço na agenda pública nacional nos últimos anos.

Este capítulo pretende discutir a evolução do federalismo brasileiro a partir da Constituição Nacional de 1988, ressaltando dois aspectos centrais na discussão sobre os mecanismos cooperativos e competitivos predominantes no período, com rebatimento na persistência das desigualdades regionais. Mais precisamente, desejamos mostrar que a descentralização político-financeira da Constituição de 1988 estimulou a criação de sistemas de incentivos fiscais nos estados da federação, introduzindo a chamada guerra fiscal. Por outro lado, a partir do início dos anos 1980, observa-se uma mudança no padrão de atuação da União no território nacional, apontando para um esvaziamento da questão regional nos governos Fernando Henrique Cardoso (1995-2002) e Luiz Inácio Lula da Silva (2003-2010).

A expansão de sistemas de incentivos fiscais industriais nas unidades subnacionais

A Constituição Federal de 1988 foi tomada por uma tendência descentralizadora, fazendo com que as unidades subnacionais consolidassem seu processo de autonomia política – iniciado com as eleições para governador, em 1982 – e alcançassem uma participação maior no bolo tributário nacional.

É bom lembrar que o fortalecimento dos governadores ao longo do processo de redemocratização do país, particularmente a partir das eleições estaduais de 1982, foi um dos elementos-chave no processo de descentralização político-financeira posterior. O modo como se deu a transição política no país favoreceu a forte presença dos governadores no cenário político da época. A participação deles na campanha das "Diretas Já", em 1984, e na eleição de Tancredo Neves, em 1985, contribuiu para seu fortalecimento nos derradeiros acontecimentos do regime militar (Abrúcio, 1998). Essa significativa presença dos governadores no plano político teve desdobramentos no federalismo brasileiro. Na década de 1980, antes mesmo da Assembleia Nacional Constituinte, foram aprovadas três emendas constitucionais (nº 17/1980, nº 23/1983 e nº 27/1985) alterando o então art. 25 da Constituição Federal, ampliando a participação de estados e municípios nos recursos tributários disponíveis (Brasil, 1996). Tal tendência consolidou-se no sistema tributário aprovado pelos constituintes. Além disso, as unidades subnacionais conquistaram maior liberdade para legislar sobre matéria tributária, dando margem, nos anos seguintes, à concessão desenfreada de benefícios fiscais na tentativa de atrair investimentos privados.

O novo federalismo fiscal definido pela Constituição de 1988 tornou o sistema tributário brasileiro, na visão de alguns, o mais descentralizado entre os países em desenvolvimento, proporcionando, portanto, maior autonomia financeira para estados e municípios (Souza, 1998). A própria federação saiu mais fortalecida, pois uma efetiva autonomia política das unidades subnacionais frente à União depende fortemente da autonomia financeira delas. O novo cenário, entretanto, trouxe duas consequências importantes para o federalismo brasileiro dos anos de 1990. Por um lado, como persistem as desigualdades econômicas entre os estados no país, a descentralização resultou em diversos centros de poder com forças desiguais para competir entre si e para influenciar as decisões políticas nacionais (Souza, 1998). Por outro lado, a maior participação dos estados nos recursos públicos disponíveis, consagrada na Constituição de 1988, abriu as portas para uma acirrada disputa por investimentos privados entre eles, sem nenhuma contrapartida cooperativa significativa (Abrúcio e Costa, 1998).

A concessão de incentivos fiscais vinculados ao ICMS, principal tributo na esfera estadual, foi amplamente exercida pelos estados brasileiros na década de 1990, por meio de legislações estaduais específicas. Representou também um indicativo do poder alcançado pelos governadores, tendo em vista que os incentivos fiscais estaduais são oferecidos sem a aprovação do Conselho de Política Fazendária (Confaz), sem um amparo legal mais amplo que envolva a União e o conjunto dos estados da federação (Varsano, 1997).

Alguns aspectos contribuíram para o surgimento da chamada guerra fiscal entre os estados brasileiros. É preciso observar, por exemplo, que a federação brasileira continuou assimétrica, em função das diferenças entre as economias estaduais. No entanto, ela modificou-se nos últimos anos, no sentido de ter atualmente mais polos econômicos estaduais do que no passado, de modo que existem mais estados em condições de competir por investimentos privados mediante a da concessão de incentivos fiscais (Abranches, 1995). Além disso, o recente processo econômico de inserção do Brasil na economia internacional estimulou a competição entre os estados e a redução de suas cargas fiscais, tendo em vista a necessidade de ampliar a competitividade do país e de atrair investimentos privados estrangeiros (Fiori, 1995). Outro aspecto também tem sido mencionado para justificar a guerra fiscal. Para alguns, a concessão de incentivos fiscais, aliada à mão de obra barata, tem levado muitas empresas para o Nordeste, fazendo com que boa parte dos estados da região se transformasse em defensores da guerra fiscal (Benevides Filho, 1997). Finalmente, a indefinição do governo federal em seu papel de agir como uma instância de coordenação federativa no complexo processo de descentralização em curso no país contribuiu para a guerra fiscal entre os estados (Silva, 1997).

A criação de sistemas estaduais de incentivos fiscais começou no início dos anos 1990, tendo o estado do Espírito Santo como precursor. A partir de então, outras unidades estaduais (Santa Catarina, Paraná, Minas Gerais, São Paulo, Rio Grande do Sul, Bahia, Mato Grosso, Mato Grosso do Sul, Ceará, Goiás e Rio de Janeiro) também adotaram programas de incentivos fiscais no período de 1991 a 1994, ampliando a competição horizontal no modelo federalista brasileiro (Abrúcio e Costa, 1998).

A evolução dos acontecimentos, porém, revelou a ampliação da disputa nos anos subsequentes. No início de julho de 1995, o secretário de Planejamento do estado do Rio de Janeiro defendeu a concessão de incentivos fiscais, por ocasião da instalação de uma montadora de automóveis, como forma de restringir a histórica concentração industrial no estado de São Paulo. Além disso, criticou o sistema tributário nacional por também beneficiar São Paulo (Alencar, 1995). Naquela oportunidade, o secretário da Fazenda de Pernambuco colocou-se em posição contrária à guerra fiscal, pois, entre outros motivos, "incentivos caberiam em uma política regional de desenvolvimento que, diferenciando a aplicação de impostos federais por regiões ou projetos, levasse à frente um processo unitário de desenvolvimento equilibrado para o país" (Cabral, 1995). Essa posição inicial do governo pernambucano, entretanto, foi revista posteriormente, com a criação de um programa de incentivos fiscais ainda no terceiro governo Arraes. Isso era um sinal de que terminava prevalecendo a ideia de que a concessão de benefícios fiscais era inevitável, pois, do contrário, o estado não conseguiria trazer nenhum novo empreendimento privado (Araújo, 1997b).

Em julho de 1995, o governador de São Paulo, Mário Covas, criticou a guerra fiscal por provocar, segundo ele, redução de 12% na arrecadação do ICMS estadual no ano de 1994. Defendeu o estabelecimento de regras iguais de recolhimento do ICMS para todos os estados da federação, admitindo, nesse caso, uma pequena margem de manobra para os governadores reduzirem as alíquotas do imposto. Na ocasião, os governadores de Alagoas e da Paraíba se pronunciaram defendendo a concessão de incentivos fiscais para a instalação de empresas privadas em seus estados (São Paulo, 1995). Pouco tempo depois, em fevereiro de 1996, o governador Mário Covas, até então uma das resistências à concessão de incentivos fiscais, resolveu enviar para a Assembleia Legislativa estadual, em regime de urgência, um projeto de lei criando estímulos fiscais para as indústrias se instalarem em São Paulo (Mário Covas, 1996). Em dezembro de 1996, a atitude do estado de São Paulo é duramente criticada, pelo então senador Waldeck Ornelas (PFL-BA), por oferecer "incentivos financeiros a indústrias nas mesmas proporções que os estados mais pobres do Norte e do Nordeste". O parlamentar complementa dizendo que "ainda é tempo de entenderem, entre nós [brasileiros], que o erro não é os incentivos fiscais dos estados pobres, mas o fato de São Paulo ser a maior cidade nordestina do Brasil" (Ornelas, 1996).

Ainda no ano de 1996, o estado da Bahia entrou em conflito com outra unidade da federação. Em agosto, o presidente Fernando Henrique encontrou-se com o deputado José Carlos Aleluia (PFL-BA), juntamente com o líder do governo no Congresso, senador José Roberto Arruda (PSDB-DF), para negociar uma medida provisória com incentivos federais para as montadoras de automóveis se instalarem nas regiões Nordeste, Norte e Centro-Oeste (FH promete, 1996). Na mesma época, o governador Antônio Britto, do Rio Grande do Sul, criticou a medida provisória do setor automotivo, a qual procurava dar incentivos federais para a localização de montadoras nas regiões menos desenvolvidas do país. O governador admite, entretanto, que "para o Rio Grande do Sul e, pelo que tenho ouvido pessoalmente, para os governadores Paulo Afonso (SC) e Jaime Lerner (PR), é dever de todos os brasileiros formular um novo projeto de desconcentração industrial e de incentivos às regiões mais pobres do país". Complementa, dizendo:

> Considero indispensável que o Congresso Nacional preste esse serviço ao Brasil, estabelecendo com velocidade o cenário e o rito para a criação de mecanismos que permitam uma competente reorganização da política brasileira de desenvolvimento regional, com apoio do Ipea, do BNDES e todos os governos estaduais [Britto, 1996:7].

Mais à frente, em outubro de 1997, o governador do Ceará defendeu a guerra fiscal, argumentando que sem as facilidades oferecidas pelos estados do Nordeste os empresários nacionais preferirão se instalar entre São Paulo e os países do Mercosul, onde existe mercado (Tasso defende, 1997). Na mesma época, Jereissati dizia que "a falta de uma política [federal] de desconcentração industrial obriga os estados do Nordeste a criarem sua política de incentivos fiscais", como foi o caso do Ceará. Além disso, defendeu a ideia de que a renúncia fiscal do governo federal, na qual o Nordeste não é o maior beneficiário, esteja associada a uma política de desconcentração industrial (Jereissati, 1997). Aliás, na época, um político próximo ao governador ia bem mais além, pois se colocava contra a política de incentivos fiscais centralizada no governo federal, deixando clara sua posição de que cada estado devia ter sua política tributária (Benevides Filho, 1997).

A guerra fiscal ampliou-se no final dos anos de 1990, tomando, em alguns momentos, ares de um conflito federativo e revelando a necessidade de um novo federalismo fiscal no Brasil (Silva, 1997). Mesmo os estados do Nordeste, adeptos muitas vezes no passado da ação regional, abraçaram a ideia dos incentivos fiscais estaduais, embora existissem posições diferentes entre os estados mais desenvolvidos. Certamente as unidades estaduais nordestinas não possuem a mesma capacidade para conceder incentivos fiscais. Bahia, Pernambuco e Ceará levam vantagem nessa discutível estratégia de atração de empreendimentos industriais. Além disso, os três estados mais desenvolvidos também competem entre si por investimentos privados, o que traz tensões e ressentimentos, dificultando a cooperação regional (Ismael, 2005).

Essa tendência ampliou-se também na direção dos municípios brasileiros. Observou-se, por exemplo, em alguns municípios confrontantes com a Bacia de Campos, no estado do Rio de Janeiro, a criação de fundos municipais de incentivos para a atração de investimentos privados industriais, os quais são mantidos pela mobilização de parte dos repasses recebidos da distribuição de *royalties* provenientes da exploração de petróleo e gás na plataforma marítima (Dieguez, 2007).

Nos governos Fernando Henrique Cardoso (1995-2002) e Luiz Inácio Lula da Silva (2003-2010), fracassaram as tentativas de estabelecer limites para a competição horizontal entre as unidades subnacionais, especialmente quando baseada na renúncia do ICMS (imposto sobre operações relativas à circulação de mercadorias e sobre prestações de serviços de transporte interestadual e intermunicipal e de comunicação). Os dois governos não quiseram enfrentar essa e outras questões que estariam na pauta de uma reforma tributária. Preferiram seguir em outra direção, utilizando-se de aspectos da Constituição Federal de 1988 para ampliar a participação da União nos recursos tributários disponíveis e da ampla maioria parlamentar no Congresso Nacional para limitar a liberdade de gastos públicos de estados e municípios (Arretche, 2012; Souza, 2006).

Antecedentes históricos da política regional no Brasil

Um rápido retrospecto da evolução das políticas regionais implantadas pelo governo federal indica que elas aparecem como um conjunto de políticas públicas dirigidas para a equidade regional, tendo a preocupação predominante de estimular o desenvolvimento das atividades econômicas nas regiões Nordeste, Norte e Centro-Oeste do Brasil (Baer, 1996; Araújo, 1995).

A política regional tem recebido a influência de duas abordagens principais. A visão estrutural, predominante durante a maior parte da intervenção federal, procurou orientar as ações governamentais e empresariais na direção de algumas políticas específicas, como "reformas institucionais, financiamento do desenvolvimento, educação e capacitação de recursos humanos, desenvolvimento científico e tecnológico, e consolidação e modernização da infraestrutura". Surge, mais recentemente, a partir dos anos 1990, o enfoque espacial, no qual se "busca ordenar a distribuição das atividades econômicas no plano regional, articulando as diferentes regiões entre si e com o exterior, na linha de grandes eixos estruturadores de integração nacional e internacional" (Brasil, 1997:17-19).

É possível dizer que apenas a partir dos anos 1950 tornou-se "frequente a formulação de políticas regionais 'explícitas' que visavam à redistribuição de renda e de recursos de investimentos das regiões mais ricas para as mais pobres". A criação da Sudene, em 1959, representou um marco inicial, significando uma primeira tentativa de política articulada e consistente de desenvolvimento regional, levada adiante pela União.

Algumas características mais gerais da evolução da política regional federal nos anos 1950, 1960 e 1970 merecem ser sublinhadas. É importante notar que a política regional foi uma consequência do fortalecimento do planejamento no país, no sentido de um "processo sistematizado de orientação econômica que objetiva o desenvolvimento a médio ou longo prazo" (Teixeira, 1997:5). O Plano de Metas do governo Kubitschek (1956-1960) representava uma experiência de planejamento envolvendo diversas metas setoriais. O surgimento da Sudene foi um desdobramento, em nível regional, da visão planejadora predominante na esfera federal, com destaque para as ideias desenvolvimentistas defendidas por Celso Furtado e outros adeptos (Bielschowsky, 1988:182-192). O arranjo institucional que prevaleceu no Nordeste, e depois em outras regiões, tinha como base um órgão de planejamento e de coordenação das ações federais (Sudene), além de um sistema de incentivos fiscais federais e uma instituição financeira (Banco do Nordeste do Brasil) apoiando as operações de financiamento do setor privado (Araújo, 1997a:474-475).

Com a chegada do regime militar, o planejamento ganhou espaço ainda maior no plano nacional. Exemplos não faltam, como o Plano de Ação Econômica do Governo (Paeg) e o Plano Decenal, ambos no governo Castello Branco; o Programa Estratégico de Desenvolvimento (PED) na gestão Costa e Silva; o Programa de Metas e Bases para a Ação do Governo e o I Plano Nacional de Desenvolvimento Econômico e Social (PND – 1972-74) no governo Médici; o II PND (1975-79) durante o período de Ernesto Geisel; e o III PND (1980-85) durante o mandato do general Figueiredo (Teixeira, 1997:11-17). Além disso, o planejamento regional passou a ser centralizado no governo federal. A Sudene, por exemplo, perdeu, a partir de 1971, o poder de elaborar os planos regionais e de enviá-los diretamente para o Congresso Nacional, passando tal atribuição para o recém-criado Sistema Nacional de Planejamento (Brasil, 1990).

Apesar da redução da influência das instituições regionais no processo decisório, observou-se, a partir dos anos 1970, o início de uma desconcentração da economia brasileira e uma participação maior das regiões menos desenvolvidas (Norte, Nordeste, Centro-Oeste) no PIB nacional (Haddad, 1996). No caso da economia nordestina, costuma-se dizer que ela "teve um grande dinamismo, de 1960 a 1986", embora esse impulso tenha também estimulado a heterogeneidade na economia regional (Gomes e Vergolino, 1995:90).

Há quem diga que a desconcentração econômica ocorrida não resultou de nenhuma política regional explícita, mas dos efeitos, nas regiões periféricas, das políticas nacionais. Nessa leitura, a política regional iniciada no Nordeste no final dos anos 1950 havia apenas integrado a região ao centro dinâmico do país, fazendo com que a economia regional passasse a acompanhar a trajetória da economia brasileira (período 1960-75) e até superá-la (1975-80), tornando, por assim dizer, a economia nordestina mais sensível aos efeitos das políticas nacionais, tradicionalmente voltadas para as regiões mais industrializadas do país (Guimarães Neto, 1997:47).

De qualquer forma, parece existir um relativo consenso na literatura especializada de que a política regional federal entrou em declínio no início dos anos 1980, tendo em vista os problemas de natureza fiscal e financeira enfrentados pelo setor público, especialmente pelo governo federal. A rigor, é possível dizer que a preocupação com a elaboração de um planejamento nacional de médio prazo no Brasil e com o desenvolvimento regional esteve presente pela última vez no II PND, durante o governo Geisel. A partir de então, prevaleceram os problemas econômicos de curto prazo, como o combate à inflação e o controle dos gastos públicos, de maneira que os planos nacionais e regionais ganharam um caráter secundário.

Os governos Figueiredo (1979-85) e Sarney (1985-90) tiveram de enfrentar a crise da dívida externa e o crescente endividamento do setor público, tornando a administração da conjuntura o objetivo dominante. Nesse cenário, "os planos estratégicos nacionais e regionais elaborados, e as propostas de políticas de médio e longo prazo montadas, não passam de intenções e são seguidamente sufocadas pelas negociações com os credores externos e internos e seus representantes [...]" (Araújo, 1995:477).

Na década de 1990, porém, a opinião predominante entre os especialistas em economia regional foi no sentido de denunciar a ausência de uma política regional federal. Haddad, por exemplo, destacou que a indiferença do governo federal põe em risco a pequena desconcentração espacial ocorrida na economia brasileira na segunda metade dos anos 1970 (Haddad, 1996:129-130).

É certo que existiram algumas iniciativas no final do primeiro governo Fernando Henrique, sob a coordenação do BNDES, em conjunto com o Ministério do Planejamento, Orçamento e Gestão. Estas teriam sido dirigidas para a identificação dos denominados "eixos nacionais de integração e desenvolvimento", os quais tinham como objetivo "integrar as diversas economias regionais e articulá-las aos mercados internacionais, além de trabalhar com a expectativa de crescimento econômico médio de 4,3% ao ano para o país, abrangendo o período de 2000/2007" (Nasser, 2000:167). Entretanto, esse trabalho serviu mais para indicar as oportunidades de investimentos públicos e privados nos setores considerados essenciais para o desenvolvimento econômico e social do país do que para impulsionar a elaboração de políticas regionais federais.

O declínio das políticas regionais federais nos anos recentes

A redução dos desequilíbrios econômicos entre as regiões brasileiras, no contexto posterior à promulgação da Constituição de 1988, foi limitada pela influência dos seguintes fatores: (a) dificuldades de financiamento do setor público, especialmente do governo federal; (b) descontinuidade administrativa na área de política regional federal; (c) maior resistência à ideia de regionalizar as ações federais na federação brasileira, por parte das bancadas dos estados das regiões Sul e Sudeste no Congresso Nacional; (d) redefinição do padrão de atuação e do papel da União no desenvolvimento econômico dos estados e regiões, no ambiente marcado pela integração do país à economia internacional.

A formulação de uma política regional foi prejudicada, nos anos 1990, pelo prolongamento da crise fiscal e financeira da União, iniciada na década anterior. É possível dividir o período em fases, de acordo com ciclos políticos governamentais. A crise do setor público brasileiro explodiu com a crise da dívida externa, em 1982, no final do regime militar. No período de 1981 a 1984, houve uma tendência de melhoria da situação fiscal por conta do ajuste promovido pelo FMI. Em compensação, no início da redemocratização, durante o governo Sarney, houve uma tendência de deterioração das finanças públicas do país. Nas gestões Collor e Itamar, de 1990 a 1994, houve uma evolução positiva das necessidades de financiamento do governo nacional. Isso se deve, entre outros aspectos, ao malabarismo de indexar tributos e atrasar o pagamento das despesas governamentais. Finalmente, no governo de Fernando Henrique, de 1995 a 1998, a situação fiscal evoluiu para um grande desequilíbrio, tornando inevitável um dramático ajuste fiscal no seu segundo mandato (Giambiagi e Além, 1999:93-132). A crise fiscal, como era de se esperar, contribuiu para a redução dos investimentos públicos. Nesse caso, as regiões menos desenvolvidas são mais penalizadas do que as demais, porque dependem mais dos investimentos públicos para seu crescimento econômico, tendo em vista a menor expressão do setor privado.

Um segundo fator esteve presente nos últimos anos. A descontinuidade administrativa na área do governo federal terminou, por sua vez, comprometendo a formulação e a implementação das políticas regionais. A análise das atas das reuniões ordinárias do Conselho Deliberativo da Sudene ajuda a destacar esse aspecto, sublinhando as constantes mudanças ocorridas do governo Sarney até o final da primeira gestão de Fernando Henrique. Observa-se a presença de 13 ministros ou secretários nacionais de políticas regionais, indicando uma constante descontinuidade administrativa naquela área do governo federal. Além disso, a pasta de política regional perdeu o status de ministério nos governos Collor (1990-1992) e Fernando Henrique (1995-1998), enfraquecendo sua relação com o Ministério da Fazenda e demais membros do primeiro escalão do governo federal (Ismael, 2005). A Sudene foi extinta em 2001, durante o governo Fernando Henrique, sendo recriada em 2007, por ocasião do governo Luiz Inácio Lula da Silva (2003-2010), sem ocupar, entretanto, lugar de destaque entre as instituições com atuação regional (Brasil, [s.d.]). O Ministério da Integração Nacional foi criado em 1999, durante o governo Fernando Henrique, e mantido no governo Luiz Inácio Lula da Silva, tendo como atribuição principal a redução das disparidades econômicas regionais (Brasil, 1999). Os vários ministros que se sucederam na pasta não conseguiram avançar nessa direção.

Uma resistência à ideia de ampliar as ações federais no sentido de reduzir as assimetrias federativas sobrevive no próprio Congresso Nacional. É importante lembrar que foram implantados os mecanismos introduzidos na Constituição de 1988 referentes à redistribuição das receitas da União, os quais favoreceram as regiões menos desenvolvidas por meio das transferências constitucionais para estados (Fundo de Participação dos Estados – FPE), municípios (Fundo de Participação dos Municípios – FPM) e fundos constitucionais de financiamentos regionais (Fundo de Participação do Nordeste – FNE, Fundo de Participação do Norte – FNO e Fundo de Participação do Centro-Oeste – FCO). Entretanto, outros dispositivos constitucionais não foram regulamentados pelo Congresso Nacional, por exemplo, o art. 43, que trata das condições para a integração de regiões em desenvolvimento; o art. 163, que define a forma de atuação das instituições oficiais de crédito; e o parágrafo 2º do art. 192, que estabelece que os recursos financeiros da União, relativos a programas regionais, serão depositados em suas instituições regionais (Ismael, 2005).

Além disso, não se devem esquecer as várias iniciativas na revisão constitucional de 1993, sobretudo de parlamentares das regiões Sul e Sudeste, para restringir ou mesmo eliminar os dispositivos constitucionais que favorecem a transferência de recursos federais para as regiões menos desenvolvidas (Lavinas e Magina, 1995). Tudo isso parece sinalizar para uma resistência, no interior do Parlamento nacional, à ideia de uma atuação cooperativa mais forte da União voltada para as regiões Norte, Nordeste e Centro-Oeste.

Uma última razão para a ausência de política regional federal está ligada à redefinição do próprio papel do governo federal no modelo de desenvolvimento do país.

O novo ambiente econômico, marcado pelo processo de globalização, parece apontar para mudanças mais permanentes na relação entre a União e as unidades subnacionais, especialmente quando envolve a promoção do crescimento econômico dos estados brasileiros. O governo federal, sobretudo a partir da segunda metade dos anos 1990, passou a ter como preocupação central a inserção competitiva do país na economia internacional, diferentemente de tempos atrás, quando a prioridade era a industrialização com base no mercado interno e a integração das economias regionais. O presidente Fernando Henrique, em entrevista ao jornalista Roberto Pompeu de Toledo, ressaltou as resistências nacionalistas que enfrentou, lembrando que certa vez foi a um debate com professores da Universidade de Brasília, onde defendeu a inserção internacional soberana do país, mas mesmo assim foi criticado, já que naquele momento "a ideia não era de inserção no mercado internacional: a ideia era de mercado interno. Era outro mundo" (Toledo, 1998:229). Em outro momento da mesma entrevista, o ex-presidente revela satisfação com a função de "dinamizadores econômicos da região" exercida pelos governadores. Aceita, inclusive, que os executivos estaduais estabeleçam relações comerciais diretamente com o exterior, como no modelo do federalismo norte-americano, reduzindo o papel da União na promoção do desenvolvimento econômico nacional (Toledo, 1998:263).

Talvez não seja exagero dizer que o governo federal assumiu progressivamente, a partir dos anos 1990, um papel mais voltado para a inserção do país na economia internacional do que para a redução das desigualdades regionais. Em outras palavras, "a grande pressão é para integrar o país à comunidade internacional com mais urgência do que o país se integra a si mesmo" (Camargo, 1999:46). O impulso para estabelecer vínculos externos tornou-se prioritário, postergando qualquer discussão sobre as mudanças e o fortalecimento das políticas federais para redução das desigualdades regionais.

Por outro lado, ainda no que se refere ao padrão de atuação do governo federal em relação ao desenvolvimento de estados e municípios, tem prevalecido a ideia de substituir na agenda pública a discussão sobre "espaço-problema" por "questão-problema", o que certamente tem contribuído para desterritorializar a distribuição dos recursos públicos federais. Em outras palavras, nos governos Fernando Henrique Cardoso (1995-2002) e Luiz Inácio Lula da Silva (2003-2010), ganham força políticas de combate à pobreza (questão-problema), como o Bolsa Escola Federal (2001-2004) ou o Bolsa Família (2004-2010), em lugar de políticas de desenvolvimento regional direcionadas ao Nordeste (espaço-problema). Certamente os programas de transferência de renda tipo Bolsa Escola Federal ou Bolsa Família impactam positivamente a economia nordestina, na medida em que aumentam a renda e o consumo das famílias beneficiárias. Entretanto, essas políticas públicas não aumentam a competitividade da economia regional, pouco alterando a tendência de concentração espacial da economia brasileira.

Considerações finais

A trajetória recente do federalismo brasileiro foi marcada pela ampliação da competição horizontal, notadamente entre os governos estaduais na disputa por investimentos industriais privados, e pelo enfraquecimento da cooperação vertical, especialmente quando caracterizada por políticas públicas do governo federal voltadas para uma distribuição melhor das atividades econômicas no território nacional. Essas foram tendências predominantes nos governos Fernando Henrique Cardoso (1995-2002) e Luiz Inácio Lula da Silva (2003-2010).

O processo de descentralização político-financeira consagrado na Constituição Federal de 1988 estimulou a criação de sistemas de incentivos fiscais nos estados-membros da federação, na medida em que ampliou a autonomia legislativa estadual e assegurou aos governos estaduais recursos financeiros adicionais. A chamada guerra fiscal ampliou-se no final dos anos 1990, tomando, em alguns momentos, ares de um conflito federativo e revelando progressivamente a necessidade de um novo federalismo fiscal no Brasil.

É certo dizer que os mecanismos cooperativos consagrados pela Assembleia Nacional Constituinte permaneceram em vigor, com destaque para o Fundo de Participação dos Municípios (FPM), o Fundo de Participação dos Estados (FPE) e os fundos de desenvolvimento regional (FNO, FNE e FCO), específicos para as regiões Norte, Nordeste e Centro-Oeste. Além disso, o Ministério da Integração Nacional voltou a ocupar lugar no primeiro escalão do governo federal a partir de 1999, tendo como missão propor e conduzir uma política de desenvolvimento nacional que integre as economias regionais. Avançou também o financiamento federal de programas sociais na década passada. Exemplo disso foram os programas Bolsa Escola Federal (2001-2004) e Bolsa Família (2004-2010), respectivamente nos governos Fernando Henrique Cardoso e Luiz Inácio Lula da Silva, apoiando decisivamente o combate à pobreza nos municípios das regiões menos desenvolvidas.

Entretanto, tais bases cooperativas do federalismo brasileiro se mostraram insuficientes para enfrentar a persistente concentração espacial da economia brasileira. No ano de 2010, observa-se que aproximadamente 72% da economia nacional estavam concentrados nas regiões Sul e Sudeste. A análise da participação relativa dos municípios brasileiros no produto interno bruto (PIB) mostra, para o mesmo ano, que os 309 municípios economicamente mais desenvolvidos representavam 75% do PIB nacional e reuniam aproximadamente 54% da população brasileira. A despeito do retorno do crescimento econômico nos anos recentes, da ampliação da geração de emprego e da expansão dos programas de transferências monetárias, ainda permanece o desafio de reduzir as desigualdades econômicas entre as unidades subnacionais.

A redefinição dos contornos do federalismo brasileiro em bases cooperativas depende da superação de fortes resistências regionais, as quais dividem, muitas vezes, os estados brasileiros no Congresso Nacional e alimentam preconceitos que bloqueiam uma agenda voltada para um desenvolvimento nacional mais equilibrado. Exige também uma disposição maior do governo federal no sentido de combinar o movimento de inserção do país no comércio internacional com o fortalecimento de políticas federais voltadas para a redução das desigualdades regionais. A consolidação de um federalismo cooperativo no Brasil ainda dependerá, por muitos anos, da intermediação do governo federal, diante do volume de recursos que esse ente federado concentra, da ausência de transferências horizontais entre os estados brasileiros e por conta da necessidade de uma liderança que consiga articular os interesses contraditórios envolvidos.

Finalmente, é preciso recuperar a dimensão territorial na elaboração, na implementação e na avaliação das políticas públicas. É imprópria a oposição entre espaço-problema e questão-problema. Na maioria dos casos, enfrentar questões-problema como pobreza, educação, saúde, saneamento básico, transporte e outros serviços públicos significa superar as debilidades do espaço-problema no âmbito subnacional (estado, município, região metropolitana etc.), identificando e impulsionando as potencialidades econômicas estaduais e locais, para que se possa estimular a geração de emprego e renda, a arrecadação de impostos e a produção de políticas públicas com recursos próprios.

REFERÊNCIAS

ABRANCHES, Sérgio Henrique H. O Brasil na fronteira global: desafios imediatos de primeiro grau. In: VELLOSO, João Paulo dos Reis; ALBUQUERQUE, Roberto Cavalcanti de. *Governabilidade e reformas*. Rio de Janeiro: José Olympio, 1995.
ABRÚCIO, Fernando Luiz. *Os barões da federação*: os governadores e a redemocratização. São Paulo: Hucitec/Departamento de Ciência Política da USP, 1998.
_____; COSTA, Valeriano Mendes Ferreira. *Reforma do Estado e o contexto federativo*. São Paulo: Fundação Korand Adenauer, 1998. Série Pesquisas, n. 12.
ALENCAR, Marco Aurélio. São Paulo e o "trem Brasil". *Folha de S.Paulo*, São Paulo, p. 3, 15 jul. 1995. Primeiro Caderno.
ANDERSEN, George. *Federalismo*: uma introdução. Trad. Ewandro Magalhães Jr. e Fátima Guerreiro. Rio de Janeiro: FGV, 2009.
ARAÚJO, Tânia Bacelar de. Planejamento regional e relações intergovernamentais. In: AFFONSO, Rui Britto Álvares; SILVA, Pedro Luiz Barros (Org.). *A federação em perspectiva*: ensaios selecionados. São Paulo: Fundap, 1995.

_____. Herança de diferenciação e futuro de fragmentação. *Estudos Avançados*, São Paulo, v. 11, n. 29, jan./abr., 1997a.

_____. Ex-secretária do Planejamento e da Fazenda do estado de Pernambuco no governo de Miguel Arraes (1987-1990), ex-técnica da Sudene e professora da Universidade Federal de Pernambuco. *Depoimento concedido a Ricardo Ismael*. Recife, 22 abr. 1997b. Duração: 1h50min

ARRETCHE, Marta. Entrevista. *Revista eletrônica Desigualdade & Diversidade*: revista de ciências sociais da PUC-Rio, Rio de Janeiro, n. 4, jan./jun. 2009. Disponível em: <http://publique.rdc.puc-rio.br/desigualdadediversidade/cgi/cgilua.exe/sys/start.htm>. Acesso em: 2009.

_____. *Democracia, federalismo e centralização no Brasil*. Rio de Janeiro: FGV; Rio de Janeiro: Fiocruz, 2012.

BAER, Werner. *A economia brasileira*. Trad. Edite Sciulli. São Paulo: Nobel, 1996.

BENEVIDES FILHO, Mauro. Ex-secretário da Fazenda do estado do Ceará durante o governo Ciro Gomes (1991-1994) e deputado estadual pelo PPS-CE. *Depoimento concedido a Ricardo Ismael e a Washington Luís de Sousa Bonfim*. Fortaleza, 17 dez. 1997. Duração: 1h40min.

BIELSCHOWSKY, Ricardo. *Pensamento econômico brasileiro*: o ciclo ideológico do desenvolvimento. Rio de Janeiro: Ipea/Inpes, 1988.

BRITTO, Antônio. Sejamos todos brasileiros. *O Globo*, Rio de Janeiro, p. 7, 13 ago. 1996. Primeiro Caderno.

BRASIL. Superintendência do Desenvolvimento do Nordeste (Sudene). *Modernização regional em curso*: 30 anos de Sudene. Recife: Sudene, 1990.

_____. Congresso Nacional. *Relatório final da comissão de desequilíbrio inter-regional brasileiro*. Volume III. Rel. Beni Veras. Brasília: Congresso Nacional, 1993.

_____. Senado Federal. Constituição da República Federativa do Brasil: quadro comparativo – Constituição de 1988, atualizada em 1995, comparada às constituições de 1946 e 1967 e a Emenda Constitucional n. 1, de 1969. Brasília: Senado Federal, 1996.

_____. Secretaria Especial de Políticas Regionais. *Indicações para uma nova estratégia de desenvolvimento regional*. Brasília, DF: Universidade Católica de Brasília, 1997.

_____. Presidência da República. *Medida Provisória nº 1.911-8, de 29 de julho de 1999*: altera dispositivos da Lei nº 9.649, de 27 de maio de 1998, que dispõe sobre a organização da Presidência da República e dos Ministérios, e dá outras providências. Brasília, DF: DOU, 30 jul. 1999. Disponível em: <www.integracao.gov.br/ministerio>. Acesso em: 18 jul. 2013.

_____. Superintendência do Desenvolvimento do Nordeste (Sudene). *Portal institucional*. Recife: Sudene, [s.d.]a. Disponível em: <www.sudene.gov.br/>. Acesso em: 17 jul. 2013.

_____. Ministério da Integração Nacional. *Portal institucional*: histórico. Brasília, DF: MI, [s.d.]b. Disponível em: <www.integracao.gov.br/ministerio>. Acesso em: 18 jul. 2013.

CABRAL, Pedro Eugênio. Prática insana. *Folha de S.Paulo*, São Paulo, p. 3, 15 jul. 1995. Primeiro Caderno.

CAMARGO, Aspásia. Do federalismo oligárquico ao federalismo democrático. In: PANDOLFI, Dulce Chaves (Org.). *Repensando o Estado Novo*. Rio de Janeiro: FGV, 1999.

DIEGUEZ, Rodrigo Chaloub. *Competição e cooperação entre os municípios confrontantes com a bacia de Campos no estado do Rio de Janeiro*. Monografia (Graduação) – Pontifícia Universidade Católica do Rio de Janeiro, Rio de Janeiro, 2007. Orientador: Ricardo Ismael.

ELAZAR, Daniel J. *American federalism*: A view from the states. 3. ed. Nova York: Harper & Row, 1984.

_____. *Federal systems of the world*. Nova York: Stockton Press, 1994.

FH PROMETE incentivo ao Nordeste. *Jornal do Brasil*, Rio de Janeiro, p. 16, 8 ago. 1996. Caderno Negócios e Finanças.

FIORI, José Luis. Federalismo diante do desafio da globalização. In: AFFONSO, Rui Britto Álvares; SILVA, Pedro Luiz Barros (Org.). *A federação em perspectiva*: ensaios selecionados. São Paulo: Fundap, 1995.

FURTADO, Celso. *A operação nordeste*. Rio de Janeiro: Iseb/Ministério da Educação e Cultura, 1959.

_____. *A fantasia desfeita*. 2. ed. Rio de Janeiro: Paz e Terra, 1989.

GALVÃO, Antonio Carlos F. Desigualdades, teorias e políticas de desenvolvimento regional: uma reflexão para o Brasil. Recife. In: SEMINÁRIO PARA ONDE MARCHAM OS PERIFÉRICOS?, 2007, Campinas. *Anais...* Campinas, SP: Unicamp, 2007.

GIAMBIAGI, Fabio; ALÉM, Ana Cláudia. *Finanças públicas*: teoria e prática. Rio de Janeiro: Campus, 1999.

GOMES, Gustavo Maia; VERGOLINO, José Raimundo. *A macroeconomia do desenvolvimento nordestino*: 1960/1994. Brasília/Rio de Janeiro: Ipea, 1995. (Texto para discussão n. 372.)

GUIMARÃES NETO, Leonardo. Trajetória econômica de uma região periférica. *Estudos Avançados*, São Paulo, v. 11, n. 29, jan./abr. 1997.

HADDAD, Paulo Roberto. Os impactos do novo ciclo sobre os desequilíbrios regionais. In: VELLOSO, João Paulo dos Reis (Coord.). *O real, o crescimento e as reformas*. Rio de Janeiro: José Olympio, 1996. p. 129-130.

INSTITUTO BRASILEIRO DE GEOGRAFIA E ESTATÍSTICA (IBGE). *Contas regionais do Brasil 2010*: participação das grandes regiões e unidades da federação no produto interno bruto – 1995-2010. Rio de Janeiro: IBGE, 2012a. Disponível em: <www.ibge.gov.br/home/estatistica/economia/contasregionais/2010/default_serie_xls_zip.shtm>. Acesso em: 19 abr. 2013.

_____. *Produto interno bruto dos municípios 2010*. Rio de Janeiro: IBGE, 2012b. Disponível em: <ftp://ftp.ibge.gov.br/Pib_Municipios/2010/comentarios.pdf>. Acesso em: 19 abr. 2013.

ISMAEL, Ricardo. *Nordeste*: a força da diferença. Recife, Massangana, 2005.

_____. Celso Furtado, da economia à política. In: MARTINS, Paulo Emílio Mattos; MUNTEAL, Oswaldo. *O Brasil em evidência*: a utopia de desenvolvimento. Rio de Janeiro: PUC-Rio; Rio de Janeiro: FGV, 2012, p. 253-267.

JEREISSATI, Tasso. Entrevista concedida pelo governador do estado do Ceará no Programa Roda Viva. *TV Cultura*, São Paulo, 27 out. 1997.

LAVINAS, Lena; MAGINA, Manoel A. *Federalismo e desenvolvimento regional*: debates da revisão constitucional. Brasília/Rio de Janeiro: Ipea, 1995. (Texto para discussão n. 390.)

MÁRIO COVAS volta atrás e decide entrar na guerra fiscal dos estados. *Gazeta Mercantil*, São Paulo, p. A-4, 16 fev. 1996. Caderno Nacional.

MENDES, Constantino Cronemberg; MONTEIRO NETO, Aristides. Planejamento, instrumentos e resultados: a (in)compatibilidade de políticas para o desenvolvimento do Nordeste. *Cadernos do Desenvolvimento*, Rio de Janeiro, v. 7, n. 10, p. 43-82, jan./jun. 2012.

MOTTA JÚNIOR, Vidal Dias da. O fenômeno da criação de municípios no desenvolvimento do território brasileiro. In: CONGRESSO LATINO-AMERICANO DE CIÊNCIA POLÍTICA, III., 2006, Campinas *Anais...* Salamanca: Asociación Latinoamericana de Ciencia Política (Alacip), 2006.

NASSER, Bianca. Economia regional, desigualdade regional no Brasil e o estudo dos eixos nacionais de integração e desenvolvimento. *Revista do BNDES*, v. 7, n. 14, 2000.

ORNELAS, Waldeck. A locomotiva na contramão. *O Globo*, p. 7, 28 dez. 1996. Primeiro Caderno.

REIS, Regina Célia dos. *Alternativa política no contexto federativo no grande ABC paulista*. São Paulo: Blucher Acadêmico, 2008.

SÃO PAULO perdeu R$ 1,9 bi de ICMS em 94. *Folha de S.Paulo*, São Paulo, p. 6, 23 ago. 1995. Primeiro Caderno.

SCHULTZE, Rainer-Olaf. Federalismo. In: *O federalismo na Alemanha*. São Paulo: Fundação Korand-Adenauer-Stiffung, 1995. p. 15-32.

SILVA, Pedro Luiz Barros. A natureza do conflito federativo no Brasil. In: DINIZ, Eli; AZEVEDO, Sérgio de (Org.). *Reforma do Estado e democracia no Brasil*: dilemas e perspectivas. Brasília, DF: Universidade de Brasília, 1997.

SOUZA, Celina. Intermediação de interesses regionais no Brasil: o impacto do federalismo e da descentralização. *Dados*: revista de ciências sociais, v. 41, n. 3, 1998.

_____. Desenho constitucional, instituições federativas e relações intergovernamentais no Brasil pós-1988. In: FLEURY, Sonia (Org.). *Democracia, descentralização e desenvolvimento*: Brasil e Espanha. Rio de Janeiro, FGV, 2006. p. 187-211.

TÁCITO, Caio. *A Constituição de 1988*. 3. ed. Brasília: Senado Federal/Subsecretaria de Edições Técnicas, 2012. Coleção Constituições Brasileiras, v. VII.

TASSO DEFENDE guerra fiscal. *Jornal do Commercio*, Recife, p. 3, 22 out. 1997.

TEIXEIRA, Antonio Alberto. *Evoluções dos processos de planejamento e orçamento no Brasil*. Fortaleza: Fundação Iplance, 1997. (Texto para discussão.)

TOLEDO, Roberto Pompeu de. *O presidente segundo o sociólogo*: entrevista de Fernando Henrique Cardoso a Roberto Pompeu de Toledo. São Paulo: Companhia das Letras, 1998.

VARSANO, Ricardo. *A guerra fiscal do ICMS*: quem ganha e quem perde. Brasília/Rio de Janeiro: Ipea, 1997. (Texto para discussão n. 500.)

9 | Elites burocráticas, dirigentes públicos e política no Poder Executivo do Brasil (1995-2012)

MARIA CELINA SOARES D'ARAUJO*

Resumo

Partimos da hipótese de que na organização do Poder Executivo, os critérios para a ocupação dos cargos de dirigentes públicos de livre provimento nomeados pelo presidente da República, bem como o perfil político, educacional e associativo desse grupo, ajudam a entender a dinâmica nas relações entre Estado e sociedade civil e entre partidos e Estado. Entende-se, ainda, que esse tipo de questão seja fundamental para analisar a qualidade da administração pública e da democracia, especialmente em países que passaram por processos crônicos de autoritarismo. Para tanto, o texto compara o perfil dos altos dirigentes públicos no Brasil de 1995 a 2012, abrangendo os governos de Fernando Henrique Cardoso, Lula Inácio Lula da Silva e os dois primeiros anos de Dilma Rousseff, num total de 18 anos de gestão pública federal.

Nas nomeações feitas pelos três presidentes detectamos diferentes padrões de recrutamento que ajudam a entender compromissos políticos e perfil ideológico de cada mandatário, mesmo quando pertencentes ao mesmo partido. Trata-se de um trabalho que se propõe a conhecer o perfil dos dirigentes públicos e, ao mesmo tempo, estabelecer conexões iniciais entre essas escolhas e os possíveis vínculos firmados entre burocracia, governo e sociedade civil. Concluímos que profissionalização, educação formal e experiência pautaram essas indicações, mas que o tom político-partidário e associativo não pode ser minimizado, especialmente quando se analisa o primeiro governo Lula. Destaque especial será dado à questão de gênero, para demonstrar o lento mas contínuo avanço no acesso das mulheres aos altos cargos públicos.

---

* Doutora em ciência política, professora da PUC-Rio.

A atualidade de estudos desse tipo torna-se premente entre nós na medida em que são frequentes suspeitas e denúncias sobre o aparelhamento do Estado, uso político da máquina publica e a apropriação de cargos públicos por estruturas partidárias e sindicais. Tudo isso precisa, contudo, ser ponderado, e, antes de tudo, precisamos ter informações substantivas. É isso que estamos fazendo.

Introdução

Recentemente, Francis Fukuyama (2012) observou que a ciência política norte-americana tem descuidado dos estudos sobre o Estado. A "terceira onda" de redemocratização dos anos 1990 levou a uma ênfase nos estudos de democracia comparada, direitos, conflitos étnicos, permanências autoritárias e instituições de controle entre os poderes. Escassos estudos, contudo, foram dedicados às instituições que efetivamente detêm o poder, ou seja, as instituições do Estado. O autor menciona que as várias iniciativas e instituições voltadas para o estudo da qualidade da democracia não têm atentado o suficiente para o estudo da burocracia estatal em sentido weberiano. Ou seja, pouco tem sido feito para examinar o recrutamento, os critérios de qualificação e as práticas meritocráticas dos órgãos estatais e seu impacto na qualidade das políticas públicas. Exceção a isso seria o trabalho de Rauch e Evans (2000) que compara 35 países em desenvolvimento, mas não apresenta uma série temporal. Para esses dois autores, recrutamento meritocrático da burocracia é o fator mais importante para a boa prestação de serviços pelo Estado, seguido pelo sistema interno de promoções e pela estabilidade das carreiras.

Um dos pontos cruciais para Fukuyama seria analisar a autonomia da burocracia ou seu grau de dependência em relação aos políticos eleitos no que toca ao controle sobre os quadros burocráticos e suas ações. O autor sugere que se estude a qualidade da burocracia como um aspecto central da qualidade da democracia, e, para tanto, dados quantitativos confiáveis são fundamentais.[1]

Ainda segundo Fukuyama, os estudos de administração pública têm falhado nessa direção. As análises dos governos democráticos precisariam ir além do tema do equilíbrio e dos controles de poder e deveriam se dedicar à qualidade

---

[1] A esse respeito, ver também Fukuyama e Weiwei (2011).

dos serviços prestados à sociedade, levando em consideração até que ponto a qualidade da burocracia pode ou não ser uma variável explicativa para a qualidade da democracia, conforme apontam os dados de Rauch e Evans (2000).

Em 2013, surgiu outro livro caminhando no debate que dá atenção à importância da meritocracia como complemento indispensável à boa governança (Berggruen e Gardels, 2013). A tese central do livro é que os governos liberais democráticos, especialmente nos Estados Unidos, centraram-se no tema da liberdade de escolha política, na igualdade e nas liberdades individuais, expressas em parte na ideia de "cada indivíduo um voto". Problemas recentes nessa sociedade têm alertado para a necessidade de repensar aspectos da competência na gestão da administração pública. De outra parte, a China, que tradicionalmente não valorizou a igualdade ou a democracia, desde tempos ancestrais, deu grande peso ao mérito e à seriedade dos critérios de escolha dos altos servidores do Estado.[2]

A democracia ocidental, em nome da defesa das liberdades básicas, teria produzido uma "vetocracia", ou seja, um espaço de disputa em que vários interesses organizados, econômica e politicamente, assumem paridade de poder e se vetam mutuamente, muitas vezes prejudicando o interesse coletivo.[3] Ainda segundo Berggruen e Gardels (2013:102), desde os debates no *Federalistas*, o sistema político americano procurou "reconciliar autoridade meritocrática com soberania popular" para conter os impulsos populistas e as lutas partidárias de curto prazo. Isso, no entanto, não está resolvido e nos leva à base da discussão que visa entender o que poderíamos aprender com a China para melhorar o desempenho do governo.[4] Para os americanos, a democracia seria um fim em si mesma, o que dificultaria medidas de correção de rota quando fosse necessário, enquanto a China não hesitaria em restringir a participação popular e as liberdades sempre que os mandatários julgarem que o mais importante é o desenvolvimento e os interesses do país.

O livro em análise discorre sobre o tema da boa governança e avança no debate sobre a importância do mérito como condição essencial aos governos modernos que se pretendem democráticos. A partir disso, sugere uma série de alternativas, tendo como foco o estado da Califórnia, cujos detalhes não

---

[2] A esse respeito, ver Kissinger (2012).
[3] O mesmo ponto é levantado por Olson (1984).
[4] Da mesma forma, os autores lembram que a China tem muito a aprender com os Estados Unidos para melhorar os padrões de sua cultura política.

cabem no âmbito deste texto. A classe meritocrática da era do conhecimento, diferentemente daquela dos "guardiões de Platão" ou dos "eruditos de Confúcio", deve, segundo os autores, prestar contas; não se basta a si mesma. Além do mais, aqueles "que habitam tais alturas devem possuir não apenas a especialização técnica exigida, mas também a sabedoria prática proporcionada pela experiência e pelo conhecimento do precedente histórico" (Berggruen e Gardels, 2013:150). O desafio maior é conciliar governança inteligente com burocracia, posto que aquela, beneficiária dos modernos meios de comunicação e informação, deve ser capaz de brecar impulsos demagógicos e impedir a rigidez burocrática. Democracias avançadas precisariam de um novo "software cívico" capaz de proporcionar a "governança inteligente", ou seja, delegar e fomentar a participação, descentralizando o poder no nível local e proporcionando uma deliberação menos politizada no nível estatal (Berggruen e Gardels, 2013:177).

No Brasil, não raras vezes, os temas da politização da máquina pública e da incompetência na administração pública estatal vêm à tona na imprensa e no debate acadêmico. Também frequente é a suspeita de que clientelismo, partidarismo e corporativismo permeiem as nomeações para os cargos de confiança no Brasil. Frente a isso, não há que especular, e sim fazer pesquisa de qualidade. Estamos cientes de que apenas uma parte dos problemas enunciados está sendo discutida aqui: o perfil dos recrutados. Uma análise qualitativa será necessária para avaliar impactos dessas nomeações sobre a boa governança.

Dirigentes públicos, burocracia e política

Pela posição que ocupam no organograma da administração pública federal, logo abaixo dos ministros e secretários de Estado, e por seu escopo funcional, os dirigentes públicos configurariam um espaço gerencial afeito à eficiência e à racionalidade no âmbito do serviço público. O nível gerencial desses postos depende do perfil de seus ocupantes, das práticas institucionais de gestão pública seguidas pelos órgãos governamentais nos quais estão inseridos e do tipo de comando exercido por ministros e secretários na chefia de seus órgãos (delegação de tomada de decisão).[5]

---

[5] Essas são as condições listadas por Longo (2003) para definir a função de direção pública. A esse respeito, ver também D'Araujo (2009).

O entendimento desses cargos como instâncias gerenciais remonta aos debates sobre a reforma do Estado discutida pelo Ministério de Administração e Reforma do Estado, o Mare, a partir de 1995. No Plano Diretor do Aparelho de Reforma do Estado, documento publicado naquele ano, o ministro Luiz Carlos Bresser-Pereira afirmava que o livre provimento dos mais altos níveis dos cargos de direção e assessoramento superiores, entendidos como cargos de confiança para funções gerenciais, seria um passo na direção de uma nova administração pública. Sua estrutura flexível possibilitaria o recrutamento de quadros estratégicos no setor privado ou mesmo entre funcionários públicos com competências para o desempenho de funções de direção.

A reforma gerencial iniciada em vários países do mundo nos anos 1970 operou-se, segundo Francisco Longo (2003:10), com diferentes lemas, denominações e ambições, mas manteve uma consistente coincidência em seu conteúdo. Ou seja, o autor salienta que a figura do dirigente público foi um elemento central nesse processo de transformação do Estado condicionado pela crise fiscal, pela crescente restrição de recursos e, ao mesmo tempo, pela expansão da provisão de serviços públicos. Nesse contexto, a incorporação de dirigentes públicos portadores dos valores e saberes próprios da racionalidade econômica e gerencial permitiria ao sistema político orientar a administração pública na direção de melhorias em sua eficiência.

Especificamente no Brasil, Regina Pacheco (2008:3), que há anos vem dedicando-se ao debate dessa questão, salienta que predomina no país a visão de que os cargos de livre nomeação são sempre preenchidos pela lógica clientelista ou político-partidária. Bresser-Pereira (2002) referiu-se a essa visão como sendo um "mito de Brasília", pois de fato esses cargos têm sido ocupados majoritariamente por funcionários de carreira.

Sem negar o possível uso político dos cargos de direção no Brasil, já que afinal são postos de confiança e, por isso, suscetíveis de indicações dos partidos políticos que compõem a coalizão governamental, Pacheco (2008) destaca a importância de alterar os termos do debate. Ou seja, propõe avançar nos temas das competências desejáveis desses dirigentes, dos resultados deles esperados, bem como de sua autonomia para compor equipes de trabalho. Seguindo essa perspectiva, sairíamos do debate acerca da dicotomia entre política e burocracia. Segundo a autora, o tema dos dirigentes públicos deveria ser tratado analiticamente a partir de duas abordagens: uma que se refira à sua categoria funcional, enfocando especificamente suas atribuições, competências e habilidades específicas, e outra concernente aos critérios de recrutamento utilizados pelos responsáveis por nomeá-los.

Loureiro e Abrúcio (1999), em trabalho pioneiro sobre burocracia e cargos de confiança no Brasil, também se dedicaram a esclarecer a natureza dos cargos de direção no sistema político-administrativo brasileiro. Para os autores (1999:48), os ocupantes do alto escalão do serviço público federal também podem ser definidos como *policymakers*, ou seja, decisores com responsabilidade política. Segundo essa perspectiva, depois corroborada em Loureiro e Azevedo (2003), o substrato da ação dos *policymakers* é sempre político, de tal forma que devem ser avaliados pelos critérios de responsabilidade, transparência, responsividade e efetividade da política pública adotada. Trata-se, segundo Olivieri (2007), de um profissional híbrido, responsável pela eficiência da gestão e pela consecução dos objetivos políticos da agenda governamental.

Mais recentemente, ao distinguir o dirigente público do burocrata e do político, De Bonis e Pacheco (2010) lembram que, em regimes democráticos, os meios à disposição do dirigente público e os resultados esperados de sua ação são dados pelos mecanismos de representação, ou seja, das diretrizes dos representantes eleitos, que durante suas campanhas fazem um elenco de propostas a serem levadas a cabo durante o mandato. Segundo os autores, o debate está vinculado à autonomia da burocracia ou ao seu controle pelos políticos eleitos e remete à discussão do conflito entre democratização e burocratização. Dessa maneira, a capacidade do Estado para implementar políticas públicas depende da capacidade dos políticos eleitos de garantir que a burocracia atue em conformidade com suas decisões. Dessa forma, o papel do dirigente público é crucial. O número e o grau de complexidade das questões hoje enfrentadas pelos governos os obrigam a recorrer ao conhecimento especializado de profissionais, não necessariamente funcionários de carreira, cada vez mais profissionalizados, com experiência para cargos de direção, sem deixar que se tornem autônomos.

Atentando para a necessidade de mais estudos sobre o Executivo no Brasil, Figueiredo (2010) observa que maiorias legislativas têm como instrumento básico de barganha com o Executivo e com a burocracia a prerrogativa de desenhar legislações e de aprová-las. Loureiro, Olivieri e Martes (2010) complementam essa ideia destacando que, por outro lado, o aparato burocrático desempenha papel decisivo no funcionamento do sistema político, já que constitui a base material para o exercício da função governativa, ou seja, para a implementação de políticas, mas serve também como moeda de troca para garantir apoio dos partidos ao governo.

Caminhando nessa direção, De Bonis e Pacheco (2010) defendem que os dirigentes públicos têm um alto grau de responsabilidade, e suas funções no governo não se confundem nem com as funções dos burocratas nem com as funções dos políticos. Ocupam cargos no alto escalão governamental, com grande responsabilidade sobre as políticas públicas e desempenho das organizações públicas, respondendo diretamente a ministros e secretários de Estado. Oriundos ou não do funcionalismo público, esses profissionais integram uma equipe de governo e são corresponsáveis pela implementação do programa proposto pelo governo. A institucionalização dessa função de dirigente público é entendida aqui como uma condição necessária para melhor funcionamento do Estado em um regime democrático.

Nesta breve retrospectiva, pode-se depreender que a academia brasileira vem desenvolvendo reflexões importantes sobre o tema dos dirigentes públicos, quer deixando de lado a visão dualista que contrapõe o espaço da política ao da burocracia, quer questionando a politização em seu aspecto clientelístico.[6] No entanto, não há, até agora, pesquisa empírica que demonstre, entre nós, o perfil desse grupo, suas qualificações profissionais, vínculos políticos e associativos, suas experiências na administração pública e qualificações acadêmicas, entre outros. Nosso trabalho caminha na direção de conhecer de forma sistemática as características desse grupo "que habita as alturas" da administração pública, no nosso caso os ocupantes de cargos de direção e assessoramento superiores (DAS) níveis 5 e 6 e de natureza especial (NE) – o que estamos chamando de dirigente públicos.

Retrospectiva dos cargos de direção e assessoramento (DAS) e de natureza especial (NE) de 1996 a 2012

Os cargos de direção e assessoramento superiores (DAS) do Executivo federal foram criados pela reforma administrativa de 1967.[7] Foram divididos em seis níveis, cada um deles com dois subníveis. Com mudanças de competências e

---

[6] Sobre o assunto, ver também Peters (1981, 1987).
[7] Decreto-Lei nº 200, de 25 de fevereiro de 1967.

ajustes em suas atribuições e formas de provimento, esses postos se mantiveram até os dias atuais, constituindo um dos principais grupos de funcionários na estrutura dos governos e do Estado brasileiro. São cargos de livre provimento do presidente ou dos ministros, e por isso representam recurso valioso para incorporar pessoas de notório saber aos quadros públicos, formar equipes, prestigiar aliados, cooptar opositores e controlar recursos de poder do ponto de vista político e econômico. Os ocupantes dos níveis mais altos de DAS, níveis 5 e 6, e dos cargos de natureza especial[8] constituem, ao lado do presidente e dos ministros, a elite dirigente do Poder Executivo.

O primeiro instrumento voltado para a publicização de informações sobre esse grupo e todo o funcionalismo público federal foi o Boletim Estatístico de Pessoal (BEP), criado em 1996, no então recém-criado Ministério do Planejamento, Orçamento e Gestão.[9] Trata-se de uma publicação mensal, quase sempre disponibilizada com atraso, em que constam informações sobre carreiras, cargos e funções da administração pública federal, direta e indireta, no que concerne ao seu quantitativo, remuneração e vínculo empregatício. Os BEPs apresentam uma seção exclusiva sobre cargos e funções de confiança da União, na qual se encontram as seguintes informações específicas sobre os cargos de direção e assessoramento superiores (DAS) e os de natureza especial (NE): quantitativo, idade média, sexo, remuneração, tipo de vínculo empregatício e escolaridade, entre outros.

O boletim visa, principalmente, efetuar um controle sobre os gastos do governo e o quantitativo de pessoal. Não é fonte confiável se precisamos de informações mais apuradas sobre características desse grupo, especialmente no que toca à educação. Recorrendo a ele, temos, no entanto, uma ideia geral da evolução desse grupo ao longo dos anos. Para efeitos de nossa pesquisa, tomamos como referência os meses de maio e novembro de cada ano, à exceção de 1996. Além do quantitativo crescente, em particular nos níveis 3 e 4, a mudança que mais chama a atenção é a salarial, conforme indicam os gráficos que seguem. O gráfico da figura 1 informa sobre os quantitativos.

---

[8] Sobre os cargos de natureza especial não encontramos ainda o marco legal preciso a definir seu período de criação ou a forma de provimento.
[9] Os BEPs estão disponíveis em: <www.planejamento.gov.br/ministerio.asp?index=6&ler=t10204>. Acesso em: jan. 2014. Os três gráficos a seguir têm este boletim como fonte.

Figura 1. Cargos DAS e NE (1996-2012) – Quantitativo

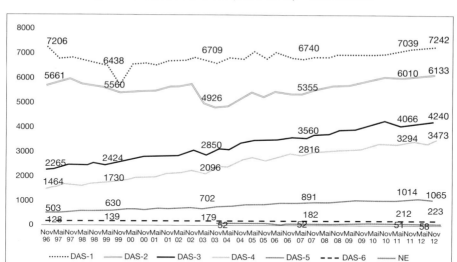

Na remuneração média (figura 2), há um incremento, em 2003, para os níveis mais altos, e um aumento substantivo para todos os níveis em 2009. As razões para isso precisam ser mais bem entendidas, posto que esses aumentos são dissonantes quando comparados àqueles praticados para o serviço público em geral.

Figura 2. Cargos DAS e NE (1996-2009) – Remuneração média

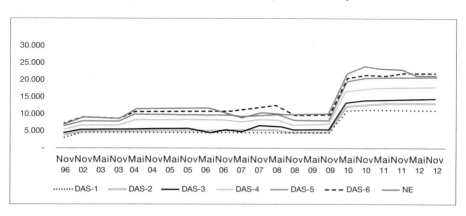

Cumpre observar que o BEP considera a remuneração do cargo e da função. Estão incluídos nesse cálculo de valores somente os servidores efetivos e requisitados na administração pública federal direta, autarquias e fundações, vinculados ao Poder Executivo federal. Os oriundos das esferas de governo municipal e estadual, de outros poderes, militares, funcionários de empresas públicas e de sociedades de economia mista, bem como os sem vínculo com o serviço público, não foram considerados para efeito dos valores expostos no gráfico. Ainda segundo o boletim, a partir de janeiro de 2010, os dados apresentados nesse gráfico sofreram uma revisão de critérios e passaram a considerar servidores que recebessem subsídios.

A título de curiosidade, identificamos, a seguir, as dificuldades de democratização da sociedade brasileira no que toca à presença feminina entre esses dirigentes, o que é reproduzido no mercado de trabalho em geral. Os dados mostram, contudo, um crescimento lento da presença feminina.

Figura 3. Cargos DAS e NE (1996-2012) – Participação do sexo feminino (%)

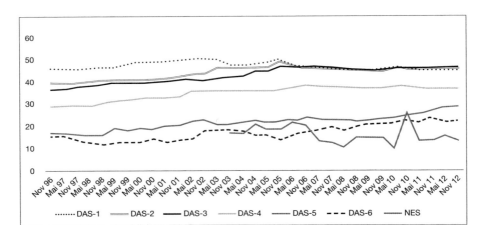

A participação feminina no governo e no mundo formal do trabalho e da política é um dos principais indicadores sobre os valores democráticos de uma sociedade e sua capacidade de gerar e cumprir regras igualitárias. Baseadas nas fontes usadas acima, ou seja, os BEPs, Abreu e Meirelles (2012a, 2012b) examinaram com detalhes a participação feminina nos cargos de DAS do Executivo federal, fazendo amplo trabalho de investigação junto àqueles que provinham da carreira de especialista em gestão governamental e políticas públicas. De um total de 894 desses especialistas, 57% ocupavam cargos de DAS em 2010.

Nessa área de atuação, verificaram também a desvantagem histórica das mulheres. Conforme aumenta o nível de DAS, diminui a participação feminina. Perceberam ainda que, ao longo dos anos 2000 a 2010, houve alguma melhora na ocupação de DAS 5 e 6 por mulheres, mas que esse avanço foi oscilante. No mundo do trabalho nas empresas privadas, a situação não é muito diferente. Na composição funcional das 500 maiores empresas do Brasil, os homens ocupam 86,3% dos quadros executivos, 77,9% dos gerenciais, 73,2% dos de supervisão e 66,9% dos funcionais (Ethos e Ibope, 2010). No mundo formal da política, o mesmo quadro se repete, ainda com mais intensidade. Desde o início do século XXI a participação feminina no Congresso não ultrapassa o teto de 10% dos representantes (Alves, Pinto e Jordão, 2012).

Como construímos o banco de dados

A pesquisa, iniciada em 2006, começou examinando o perfil dos dirigentes públicos no primeiro mandato de Lula. Em seguida, entre 2008 e 2009, analisamos seu segundo governo. Nos dois anos seguintes, 2010 e 2011, realizamos a pesquisa para o governo Fernando Henrique. Por fim, em 2012 e parte de 2013, investigamos o governo Dilma Rousseff, iniciado em 2011.

O governo Fernando Henrique foi, de longe, o que apresentou maior dificuldade para a identificação do grupo de dirigentes. Não havia na época, nem existe até hoje, uma lista oficial com os nomes de todos os que ocuparam cargos de DAS 5 e 6 e de NE. Tivemos de recorrer a buscas individuais no *Diário Oficial da União* (*DOU*), inicialmente na versão impressa. Graças a inovações na digitalização desse diário, tivemos depois acesso a listagens mais completas sem a necessidade de recorrer a nomeações individuais.[10]

Para o governo Fernando Henrique identificamos 1.146 nomeações; 1.150 para o primeiro governo Lula; 1.198 para o segundo. Para o governo Dilma Rousseff registramos 1.233 nomeações entre 1º de janeiro de 2011 e o fim de

---

[10] Os ministérios e demais órgãos federais são obrigados a publicar listas dos ocupantes de cargos de confiança sempre que promovem alguma reestruturação interna. Para o governo Fernando Henrique, conseguimos localizar 59 dessas listas nominais.

dezembro de 2012, desconsiderando os casos em que uma pessoa foi nomeada para mais de uma posição.[11]

Desse total de 4.727 ocupantes de cargos de DAS 5 e 6, ou seja, ocupantes de altos cargos de confiança, distribuídos por ministérios, secretarias de Estado e órgãos da administração indireta, conseguimos o endereço de correio eletrônico de aproximadamente 3 mil. Para estes, foi enviado o questionário, inicialmente em formato Word e depois por um sistema em que as respostas entravam diretamente em nosso banco de dados. Alguns questionários foram respondidos à mão.

Ao fim, nossa base passou a ter a seguinte composição, considerando os governos e os questionários respondidos:

Quadro 1. Total de respondentes por governo e % em relação ao total de cargos ocupados

	Nº	%
F. Henrique	244	23,7
Lula 1	302	29,3
Lula 2	203	19,7
Dilma Rousseff	281	27,3
Total	1.030	100,0

Retrospectiva parcial dos governos pesquisados

Em primeiro lugar, ressalta-se a vantagem de que nosso banco de dados oferece uma série temporal para 18 anos de governo, envolvendo três presidentes, todos pertencentes a um dos mais importantes partidos do Brasil, o Partido dos Trabalhadores (PT) e o Partido da Social Democracia Brasileira (PSDB). Até hoje as análises envolvendo temas concernentes aos cargos de DAS têm se limitado a um aspecto específico ou ao recorte para um único governo.[12] Esta é a primeira oportunidade para tratar esse grupo de forma comparada ao longo desse período atentando para mudanças em sua composição.

De imediato, precisamos adiantar que as principais diferenças nesse âmbito estão no primeiro governo Lula (2003-2006). Ou seja, temos ali variações subs-

---

[11] Para a montagem do nosso controle, nos atos de nomeação que acompanhamos pelo *DOU* registramos não apenas quem estava sendo nomeado, mas também para que órgão do Executivo federal, o cargo, o nível de DAS e a data do respectivo ato legal.

[12] São exemplo disso D'Araujo (2009) e Praça (2011, 2012).

tantivas em relação ao governo anterior, o de Fernando Henrique Cardoso, mas também em relação ao seu segundo mandato e ao governo de Dilma Rousseff. Assim, começamos a análise com uma constatação: o primeiro governo Lula, a julgar por nossos dados e amparados por literatura especializada, foi, ao longo dos últimos 18 anos, uma experiência isolada de alta participação e mobilização popular na sociedade, com reflexos na administração pública.

Isso fica claro em outros aspectos, como o da atuação do Conselho de Desenvolvimento Econômico e Social (CDES), as reuniões do Fórum Nacional do Trabalho (D'Araujo, 2009) e o número de conferências nacionais, como observado no quadro 2.

Quadro 2. Conferências nacionais por governo

	Nº	%
F. Henrique	19	18,62
Lula 1	36	35,29
Lula 2	33	32,35
Dilma Rousseff (*)	14	13,72
Total	102	100

Fonte: Brasil (s.d.).   * Dados referentes aos anos 2011 e 2012.

Gênero e etnia

Iniciamos nossa avaliação geral sobre o grupo pesquisado mencionando o crítico tema de gênero e etnia. A participação feminina nos cargos de DAS 5 e 6 e NE é pequena, embora nossa amostra aponte, assim como os dados do boletim mencionado, algum crescimento no que toca a esse aspecto. No governo Fernando Henrique, essa participação era de 15,6%, subiu para 24,1% no primeiro governo Lula, para 27,1% no segundo e para 31,3% no governo Dilma Rousseff.

Observa-se, ainda, um percentual inexpressivo entre os que se declararam negros e pardos: 8,8% no governo Fernando Henrique, 11,8% e 15,6% no primeiro e no segundo governos Lula, respectivamente, e 18,5% no governo Dilma Rousseff.

Entre os negros e pardos, a participação feminina ficou como descrita a seguir: 9,5% no governo Fernando Henrique, 31,4% e 33,3% nos dois governos Lula e 38,5% na gestão Dilma Rousseff.

Certamente, se essa mudança se converter em tendência, teremos mais um importante aspecto na efetivação das garantias democráticas no país.

Procedência regional dos dirigentes públicos

A procedência regional desses dirigentes foi examinada tendo em vista as altas desigualdades regionais e o fato de que o país tem mais competências instaladas e mais quadros preparados em algumas regiões. O Sudeste é a região de procedência de dois desses presidentes – Fernando Henrique e Lula –, de seus partidos e de muitos ministros. É indiscutível a maior presença de quadros vindos dessa região, que possui também o maior número de boas universidades e maiores estruturas de governo estadual e municipal. Em segundo lugar, vem o recrutamento na região Centro-Oeste, o que se deve, provavelmente, ao fato de que Brasília, a capital da República e da burocracia federal, é parte dessa região. Dois governos recorreram de forma expressiva a pessoas daí oriundas: Fernando Henrique e Dilma Rousseff.

Quadro 3. Região de procedência dos DAS por governo (%)

	Norte	Nordeste	Centro-Oeste	Sul	Sudeste	No exterior	Total
F. Henrique	0,4	8,0	39,1	7,1	40,8	4,6	100,0
Lula 1	4,7	11,1	11,1	17,6	52,7	2,9	100,0
Lula 2	3,3	13,0	10,9	16,8	55,4	0,5	100,0
Dilma Rousseff	1,4	9,3	51,2	8,5	27,4	2,1	100,0

Origem funcional dos dirigentes públicos, vínculos com setor público e privado

As possibilidades de indicação de aliados políticos de forma clientelística pairam no ar quando se fala em nomeações para cargos de confiança. Torna-se, portanto, necessário mergulhar nesse tema com o amparo de dados substantivos. Assim, demonstramos a seguir os vínculos desse grupo com o serviço público nos níveis nacional, estadual e municipal, ou com o setor privado. Observa-se um estável percentual de cerca de 20% dos ocupantes de cargos de DAS níveis 5 e 6 que procedem do próprio órgão do serviço público federal em que passaram a atuar em cargo de confiança. Juntando-se aos servidores de outros órgãos ou esferas, vemos que a maioria foi recrutada no serviço público, desmontando, pelo menos parcialmente, a tese de que esse seria um espaço privilegiado para a nomeação aleatória de protegidos políticos. Os não servidores em cargos de DAS cresceram percentualmente nos governos do PT, mas nunca chegaram a ocupar um terço desses indicados.

Obviamente não se pode desconsiderar que entre esses servidores de carreira há pessoas altamente partidarizadas ou politicamente engajadas, sobretudo no caso do PT, partido com forte atração entre os funcionários públicos em geral.

Quadro 4. Tipo de vínculo profissional por governo (%)

	Servidor efetivo do órgão	Servidor requisitado de outro órgão e/ou esfera	Não servidor	Aposentado	Total
F. Henrique	19,4	48,3	25,2	7,0	100,0
Lula 1	20,8	44,6	28,5	6,0	100,0
Lula 2	20,7	42,4	31,5	5,4	100,0
Dilma Rousseff	21,7	46,3	29,2	2,8	100,0

Esfera da União em que foram recrutados os dirigentes que eram servidores públicos

Dada a alta inserção do PT em governos locais, tornou-se imprescindível localizar em que nível da federação foram recrutados os dirigentes que eram funcionários públicos. Os dados parecem coerentes com a lógica partidária e com o perfil de cada presidente. Lula, em seu primeiro mandato, foi o que mais recrutou dirigentes nos municípios e nos estados, num total de 27,5%. Dilma voltou a aumentar o recrutamento nos municípios (5,4%), mas diminuiu a participação dos estados e aumentou a do nível federal. A presença de funcionários municipais nesses cargos era praticamente nula no governo Fernando Henrique, o que deve atestar a tese de um maior compromisso dos governos do PT com o aproveitamento de suas bases locais, em alguns casos, considerados espaços de excelência.

Quadro 5. Esfera da União em que foram recrutados os dirigentes públicos pertencentes ao serviço público, por governo (%)

	Municipal	Estadual	Federal	Total
F. Henrique	0,9	17,1	82,1	100,0
Lula 1	6,1	21,4	72,5	100,0
Lula 2	2,4	19,5	78,0	100,0
Dilma Rousseff	5,4	16,9	77,7	100,0
Total	3,9	18,7	77,4	100,0

Perfil partidário dos dirigentes públicos de nossa amostra

Desde que o PT chegou à presidência da República, um dos temas a despertar mais curiosidade é a filiação partidária dos dirigentes. Pelos números abaixo, o primeiro ponto a observar é que a filiação partidária desse grupo ficou em torno de um quarto, nos governos do PT, e menor que isso, no de Fernando Henrique. Ou seja, a maioria dos dirigentes públicos não é filiada a partido.

O diferencial, contudo, entre os governos se dá no que tange ao partido de preferência entre os que são filiados. Pela tabela abaixo percebe-se nitidamente que burocracia, política e dirigentes públicos não podem ser tratados de forma excludente. Os dados indicam concentração de petistas entre os filiados a partido nos governos do PT. Essas nomeações refletem, em algum grau, preferências políticas e, provavelmente, recursos adicionais de poder nas mãos do partido do(a) presidente(a).

O raciocínio fica mais claro se aferirmos também o percentual de dirigentes filiados aos partidos da base em cada governo. Nesse campo, claramente o governo Fernando Henrique foi o que mais distribuiu poder entre os partidos aliados. Os presidentes seguintes não só privilegiaram crescentemente a base do governo como acabaram, no caso de Dilma Rousseff, excluindo completamente a composição com outras forças partidárias.

Quadro 6. Distribuição dos dirigentes filiados a partidos por governo, filiados ao partido do/a presidente, a partidos da coalizão e aos demais partidos (%)

	Filiados a partido em cada governo	Filiados ao partido do(a) presidente(a) entre os filiados a partidos	Filiados aos partidos da coalizão entre os filiados a partidos	Filiados aos demais partidos entre os filiados a partidos	Total
F. Henrique	18,0	48,8 (PSDB)	32,6	18,6	100,0
Lula 1	25,3	80,0 (PT)	14,7	5,3	100,0
Lula 2	24,6	75,0 (PT)	22,9	2,1	100,0
Dilma Rousseff	23,5	81,8 (PT)	18,2	–	100,0

Cabe lembrar os partidos da base (coalizão) de cada governo. Governo Fernando Henrique Cardoso (PSDB): PFL (atual DEM), PMDB, PPB (atual PP) e PTB; primeiro governo Lula (PT) e partidos que compuseram a coalizão em algum período do mandato: PCdoB, PDT, PL (atual PR), PMDB, PP (ex-PPB), PPS, PSB, PTB e PV; segundo governo Lula (PT) e partidos que compuseram a coalizão em algum período do mandato: PCdoB, PDT, PR (ex--PL), PRB, PMDB, PP (ex-PPB), PSB, PTB e PV; governo Dilma Rousseff (PT): PCdoB, PDT, PMDB, PP, PRB e PSB.

Num passo seguinte, verificamos a procedência funcional dos dirigentes filiados ao PSDB e ao PT nos governos Fernando Henrique, Lula e Dilma Rousseff. As informações retratadas no quadro 7 corroboram a tese de que o PT buscou apoio substantivo entre filiados que não eram servidores públicos.

Quadro 7. Recrutamento funcional dos dirigentes filiados ao partido do(a) presidente(a) nos governos Fernando Henrique, Lula e Dilma Rousseff (%)

	F. Henrique	Lula 1	Lula 2	Dilma Rousseff
Servidor efetivo do órgão	–	3,4	11,1	1,9
Servidor requisitado de outro órgão ou esfera	57,1	44,1	30,6	44,4
Não servidor	33,3	52,5	55,6	50,0
Aposentado	9,5	–	2,8	3,7

Para melhor discutir os vínculos do PT com o poder local, averiguamos em que níveis da federação foram recrutados os funcionários públicos filiados ao PSDB e ao PT que passaram a ocupar a função de dirigentes. Embora haja predominância do nível federal, a participação de estados e municípios foi expressiva, especialmente no primeiro governo Lula, confirmando mais uma vez o engajamento específico daquele governo com bases locais. O PSDB, a confirmar teses correntes, comportou-se como um partido de quadros, de pouca militância e poucos compromissos com as máquinas municipais.[13]

Quadro 8. Esfera da federação em que foram requisitados os dirigentes públicos filiados ao partido do(a) presidente(a) nos governos Fernando Henrique, Lula e Dilma Rousseff (%)

	F. Henrique (PSDB)	Lula 1 (PT)	Lula 2 (PT)	Dilma Rousseff (PT)
Federal	41,7	40,0	45,5	45,8
Estadual	58,3	40,0	36,4	33,3
Municipal	–	20,0	18,2	20,8

[13] A esse respeito, ver D'Araujo (2011).

Ainda sobre engajamento político desse grupo, examinamos o envolvimento dos dirigentes públicos filiados a partidos em cargos de direção nas organizações partidárias a que pertenciam. No governo Fernando Henrique, o percentual era de 7,5%, subindo para 10,7% e 12,3% nos consecutivos governos Lula e baixando para 9,6% no governo Dilma Rousseff. Ou seja, em todos os casos, a julgar pela exiguidade dos cargos de direção em cada partido frente ao número de filiados, esse percentual é expressivo, levando a supor que acesso a cargos de direção partidária, independente do partido, é um atalho eficaz para a administração pública. Provavelmente o inverso também é verdadeiro.

Participação política clandestina, presos políticos, exilados, anistiados

Tendo em vista que o Brasil vive uma democracia emergente depois de uma longa e intensa ditadura militar (1964-1985), a pesquisa indagou sobre alguns pontos do passado político desses dirigentes, especialmente no que toca ao combate à ditadura e suas consequências. Embora esses percentuais sejam decrescentes, até por uma questão geracional, a extensão e os reflexos das punições praticadas no decorrer do regime militar são expressivos, mesmo depois de quase 30 anos do fim da ditadura.

Quadro 9. Passado político dos dirigentes durante a ditadura militar por governo (%)

	Membros de organização clandestina	Presos políticos	Exilados políticos	Anistiados
F. Henrique	12,6	7,9	3,3	3,4
Lula 1	11,1	3,4	2,7	3,6
Lula 2	12,0	3,6	0,5	2,1
Dilma Rousseff	4,6	1,8	0,4	2,1

Escolaridade dos dirigentes públicos

O nível educacional desse grupo é inquestionavelmente alto, especialmente se considerarmos a situação educacional do país como um todo. Pelos dados do IBGE de 2010, apenas 7,9% da população têm nível superior.[14] Da mesma

---

[14] Ainda segundo o IBGE, as regiões com mais pessoas formadas no ensino superior são, respectivamente, Distrito Federal (17,6%), São Paulo (11,7%) e Rio de Janeiro (10,9%).

forma, observa-se que a fatia de pós-graduados vem aumentando significativamente entre esse grupo de dirigentes.

Quadro 10. Nível de escolaridade por governo (%)

	Até o superior incompleto	Superior completo	Especialização	Mestrado	Doutorado	Total
F. Henrique	1,2	25,8	23,4	23,4	26,2	100,0
Lula 1	1,7	16,6	32,9	25,6	23,3	100,0
Lula 2	3,4	17,2	28,1	29,6	21,7	100,0
Dilma Rousseff	2,1	17,1	24,6	31,3	24,9	100,0
Total	2,0	19,0	27,4	27,4	24,1	100,0

Nossos dados também indicam que cerca da metade cursou escola pública no ensino médio, mas que o ensino público predomina quando se trata do ensino superior e da pós-graduação. Outra questão levantada foi a instituição frequentada e os cursos realizados por esses dirigentes. Vamos nos deter no segundo aspecto. Esses dados impressionam ao indicar mudanças significativas para as chamadas "carreiras nobres", entre elas economia e administração.

Quadro 11. Cursos de graduação por governo (%)

	F. Henrique	Lula 1	Lula 2	Dilma Rousseff	Total
Direito	17,3	14,8	19,9	20,0	17,8
Economia	20,8	16,5	16,2	14,1	16,8
Engenharias	12,4	13,4	13,6	11,8	12,8
Administração	12,4	8,5	7,9	6,3	8,7
Ciências sociais	7,5	6,0	5,8	9,8	7,3
Outros	29,6	40,8	36,6	38,0	36,6
Total	100,0	100,0	100,0	100,0	100,0

Nos níveis de mestrado e doutorado, o ordenamento das profissões é distinto, mas também surpreendente. Nota-se um realinhamento nas carreiras e presença destacada das ciências sociais nas funções de governo.[15]

---

[15] Este tema foi examinado por D'Araujo e Lameirão (2010).

Quadro 12. Cursos de mestrado por governo (%)

	F. Henrique	Lula 1	Lula 2	Dilma Rousseff	Total
Economia	30,5	22,1	12,2	14,6	19,8
Administração	21,9	8,4	8,9	13,9	13,2
Ciências sociais	16,2	9,2	10,0	12,5	11,9
Direito	6,7	5,3	10,0	13,2	8,9
Medicina	4,8	9,9	6,7	5,6	6,8
Engenharias	4,8	7,6	4,4	6,3	6,0
Outros	15,2	37,4	47,8	33,9	33,4
Total	100,0	100,0	100,0	100,0	100,0

Quadro 13. Cursos do doutorado por governo (%)

	F. Henrique	Lula 1	Lula 2	Dilma Rousseff	Total
Economia	29,0	21,2	11,9	17,9	20,7
Administração	19,4	13,6	14,3	19,4	16,9
Ciências sociais	6,5	6,1	9,5	7,5	7,2
Direito	3,2	9,1	11,9	4,5	6,8
Medicina	3,2	13,6	9,5	1,5	6,8
Engenharias	11,3	1,5	4,8	3,0	5,1
Outros	27,4	34,8	38,1	46,2	36,7
Total	100,0	100,0	100,0	100,0	100,0

Filiação sindical dos dirigentes públicos

Especialmente no início do primeiro governo Lula, especulou-se sobre a participação de sindicalizados e sindicalistas no governo. Muitas dessas indagações não levavam em conta que as taxas de sindicalização no setor público são elevadas se comparadas ao setor privado (Cheibub e Locke, 1999; Cheibub, 2000). De toda forma, esse é, sem dúvida, um ponto central para analisarmos nessa pesquisa, já que ela contempla 10 anos de governo liderados pelo PT, um partido que se pautou por representar trabalhadores e sindicatos.

Definitivamente a experiência do primeiro governo Lula é marcante do ponto de vista de maior presença do setor sindical entre os dirigentes públicos, como também é marcante a descontinuidade em relação à Dilma Rousseff, embora ambos sejam governos do PT. Esse é um tema sobre o qual temos de nos debruçar futuramente, levando em conta as possíveis implicações desse tipo de prática.

Quadro 14. Filiação sindical dos dirigentes públicos nos quatro governos (%)

	Filiação a sindicato	Filiação a central sindical
F. Henrique	21,3	0,4
Lula 1	45,3	10,9
Lula 2	36,1	11,6
Dilma Rousseff	21,0	3,9

Mais uma vez nota-se o diferencial dos governos Lula, em especial o primeiro. A exemplo dos vínculos com os poderes locais, esse governo também demonstrou maior compromisso com bases sindicais, não só entre filiados a partidos, como em relação a dirigentes de centrais. Da mesma forma, o envolvimento desses dirigentes com movimentos sociais, associações comunitárias e profissionais é mais expressivo nos governos do PT, em especial no primeiro governo Lula, o que o torna, como dissemos, um caso único de forte envolvimento entre altos dirigentes, partidos, sindicatos e movimentos sociais.[16]

Engajamento associativo dos dirigentes públicos por governo

Por fim, vamos nos deter em outro aspecto relevante quando se trata de refletir sobre os vínculos do grupo de dirigentes com outras organizações e associações da sociedade civil. Nesse caso, detectam-se quantos desses dirigentes tiveram algum engajamento cívico ou associativo antes de assumir o cargo. Levamos em conta movimentos sociais, experiências em gestão local e em conselhos vinculados a políticas públicas, bem como filiação a associações profissionais. Nossos resultados atestam o que vimos observando sobre o primeiro governo Lula.

---

[16] Esses dados serão examinados em trabalhos posteriores.

Quadro 15. Engajamento associativo dos dirigentes públicos por governo (%)

	Pertencimento a movimentos sociais	Experiências de gestão local	Experiências em conselhos vinculados a políticas públicas	Pertencimento a conselhos profissionais
F. Henrique	24,0	16,9	19,5	23,9
Lula 1	46,5	26,1	34,6	36,1
Lula 2	45,1	26,7	25,5	20,9
Dilma Rousseff	36,5	26,4	13,5	20,8

Como em situações anteriores, fica sinalizado que o primeiro governo Lula foi um caso atípico na densidade da interface entre sociedade e Estado. Além disso, desmonta-se a tese corrente de que um partido no poder tenha um padrão constante de ação. Pelo menos no caso do recrutamento da alta administração pública, a presença de um mesmo partido no poder não significa permanência dos padrões.

Conclusão

O que foi exposto e examinado acima precisa, sem dúvida, ser acompanhado de análise qualitativa para que se consiga avançar nas questões inicialmente propostas acerca do impacto do tipo de nomeações dos dirigentes públicos sobre a qualidade das políticas públicas, da boa governança e da democracia. De toda forma, temos material para começar a refletir sobre essa, ainda obscura, esfera do Poder Executivo. Em primeiro lugar, demonstramos haver qualificação e profissionalização entre esses dirigentes, desmentindo a mítica de que esse seja espaço para clientelismo deslavado. De outra parte, notamos que, a cada governo, as variações nas nomeações são grandes, mesmo quando o partido do presidente permanece o mesmo. A julgar por vínculos com sindicatos, Dilma está mais perto de Fernando Henrique do que de Lula, em especial no que se refere ao primeiro governo deste. Por que acontecem essas diferenças? Não temos espaço para refletir sobre isso aqui, mas podemos adiantar que estilo presidencial e conjunturas econômicas e políticas fazem com que um mesmo partido, ainda que de esquerda, altere seu comportamento no que toca a nomeações importantes.

Se os vínculos com os sindicatos vão num decrescente nos governos do PT, o mesmo não se pode dizer em relação ao partido. No que toca à nossa pesquisa, Dilma Rousseff fez o mais partidário dos governos petistas. Com isso, corroboram-se as indicações, discutidas inicialmente, de que política, administração e burocracia não são áreas estanques. O dirigente público interage com o partido e com a direção política do governo, e a aproximação pode variar de acordo com o partido ou com o presidente.

Da mesma forma, a interface dos dirigentes públicos com a sociedade varia nos diferentes governos. Para alguns, é uma qualidade da democracia aproximar a administração pública da sociedade. Para outros, esse é um atalho fácil para a cooptação dos movimentos sociais e da sociedade civil organizada pelo Estado. Esse ponto será objeto de reflexão em pesquisas posteriores.

Uma marca forte dos governos do PT observada na pesquisa em análise é a presença de dirigentes públicos recrutados em estados e municípios, em especial no primeiro governo Lula. Se isso ajuda a construir o "software cívico" de que falamos na introdução, é algo a ser pensado. Da mesma forma, pode-se arguir se não definiria uma nova modalidade de subordinação e de cooptação política.

Esses são temas para futuros ensaios nossos e para reflexões dos interessados. De concreto, temos, neste breve exercício, a comprovação de que o primeiro governo Lula representou, até o momento, uma experiência inédita de inovação no que concerne às formas de recrutamento, em especial no que toca a bases partidárias, sindicais e locais. Nas áreas de gênero e etnia (afrodescendentes), esse governo também iniciou um padrão de crescente participação, todavia em patamares ainda irrisórios.

REFERÊNCIAS

ABREU, Maria Aparecida Azevedo; MEIRELLES, Raquel de Lima. *Mulheres e homens em ocupação de DAS na administração pública federal*. Brasília, DF: Ipea, 2012a. Relatório de Pesquisa.

_____; _____. *Mulheres e homens em ocupação de cargos de direção e assessoramento superior (DAS) na carreira de especialista em políticas públicas e gestão governamental (EPPGG)*. Rio de Janeiro: Ipea, 2012b. Texto para discussão n. 1797.

ALVES, José Eustáquio Diniz; PINTO, Céli Regina Jardim; JORDÃO, Fátima (Org.). *Mulheres nas eleições 2010*. São Paulo: Associação Brasileira de Ciência Política/Secretaria de Políticas para Mulheres, 2012.

BERGGRUEN, Nicolas; GARDELS, Nathan. *Governança inteligente para o século XXI*: uma via intermediária entre ocidente e oriente. Rio de Janeiro: Objetiva, 2013.

BRASIL. Secretaria-Geral da Presidência da República. *Conferências nacionais realizadas 1941-2010*. Brasília, DF: [s.d]a. Disponível em: <www.secretariageral.gov.br>.

_____. Secretaria-Geral da Presidência da República. Conferências *nacionais realizadas 2011-2012*. Brasília, DF: [s.d]b. Disponível em: <www.secretariageral.gov.br>. Disponível em: <www.secretariageral.gov.br>.

BRESSER-PEREIRA, Luiz Carlos. *Reforma do Estado para a cidadania*: a reforma gerencial brasileira na perspectiva internacional. São Paulo: Ed. 34; Brasília: Enap, 2002.

DE BONIS, Daniel; PACHECO, Regina Silvia. Nem político, nem burocrata: o debate sobre o dirigente público. In: ABRÚCIO, Fernando; LOUREIRO, Maria Rita; PACHECO, Regina Silvia (Org.). *Burocracia e política no Brasil*: desafio para o Estado democrático no século XXI. Rio de Janeiro: FGV, 2010. v. 1, p. 273-295.

CHEIBUB, Zairo B. Reforma administrativa e relações trabalhistas no setor público: dilemas e perspectivas. *Revista Brasileira de Ciências Sociais*, São Paulo, v. 15, n. 45, 2000.

_____; LOCKE, Richard M. Reforma administrativa e relações trabalhistas no setor público. *Cadernos Enap*, Brasília, DF, n. 18, 1999.

D'ARAUJO, Maria Celina. *A elite dirigente do governo Lula*. Rio de Janeiro: FGV, 2009. v. 1, 140 p.

_____. PSDB e PT e o Poder Executivo. *Desigualdade & Diversidade*: revista de ciências sociais da PUC-Rio, Rio de Janeiro, p. 65-100, dez. 2011. Edição especial.

_____; LAMEIRÃO, Camila. Social scientists and public administration in the Lula Silva government. *BPSR*, v. 3, n 1, fev. 2010.

INSTITUTO ETHOS DE EMPRESAS E RESPONSABILIDADE SOCIAL (ETHOS); INSTITUTO BRASILEIRO DE OPINIÃO PÚBLICA E ESTATÍSTICA (IBOPE). *Perfil social, racial e de gênero das 500 maiores empresas do Brasil e suas ações afirmativas*: pesquisa 2007. São Paulo: Ethos, 2007.

FIGUEIREDO, Argelina. Executivo e burocracia. In: MARTINS, Carlos Benedito (Org.). *Ciência política*. São Paulo: Anpocs, 2010.

FUKUYAMA, Francis. The strange absence of the State in political science. *The American Interest*, v. 2, out. 2012.

_____; WEIWEI, Zhang. The China model: a dialogue between Francis Fukuyama and Zhang Weiwei. *New Perspectives Quarterly*, v. 28, n. 4, p. 40-67, 2011.

KISSINGER, Henry. *Sobre a China*. Rio de Janeiro: Objetiva, 2012.

LONGO, Francisco. A consolidação institucional do cargo dirigente público. *Revista do Serviço Público*, v. 54, n. 2, p. 7-33, abr./jun. 2003.

LOUREIRO, Maria Rita; ABRÚCIO, Fernando Luiz. Política e burocracia no presidencialismo brasileiro: o papel do Ministério da Fazenda no primeiro governo Fernando Henrique Cardoso. *Revista Brasileira de Ciências Sociais*, São Paulo, v. 14, n. 41, p. 69-89, 1999.

_____; AZEVEDO, Clóvis Bueno de. Carreiras públicas em uma ordem democrática: entre os modelos burocrático e gerencial. *Revista do Serviço Público*, ano 54, n. 1, 2003.

_____; OLIVIERI, Cecília; MARTES, Ana Cristina Braga. Burocratas, partidos e grupos de interesse: as relações entre política e burocracia na literatura sobre o Brasil. In: ABRÚ-

CIO, Fernando Luiz; LOUREIRO, Maria Rita; PACHECO, Regina Silvia (Org.). *Burocracia e política no Brasil*: desafios para o Estado democrático no século XXI. Rio de Janeiro: FGV, 2010. v. 1, p. 73-108.

OLIVIERI, Cecília. Política, burocracia e redes sociais: as nomeações para o alto escalão do Banco Central do Brasil. *Revista de Sociologia e Política*, Curitiba, n. 29, p. 147-168, 2007.

OLSON, Mancur. *The rise and decline of nations*: economic growth, stagflation, and social rigidities. New Haven: Yale University Press, 1984.

PACHECO, Regina. Brasil: o debate sobre dirigentes público. Atores, argumento e ambiguidade. In: CONGRESO INTERNAIONAL DEL CLAD SOBRE LA REFORMA DEL ESTADO Y DE LA ADMINISTRACIÓN PÚBLICA, XIII., 2008. Buenos Aires. *Anais...* Caracas: Clad, 2008.

PETERS, B. Guy. The problem of bureaucratic government. *Journal of Politics*, v. 43, n. 1, 1981.

_____. Politicians and bureaucrats in the politics of policymaking. In: LANE, J. E. (Org.). *Bureaucracy and public choise*. London: Sage, 1987.

PRAÇA, Sérgio; FREITAS, Andrea; HOEPERS, Bruno. A rotatividade dos servidores de confiança no governo federal brasileiro, 2010-2011. *Novos Estudos Cebrap*, v. 94, p. 91-107, 2012.

_____; HOEPERS, Bruno; FREITAS, Andrea. Political appointments and coalition management in Brazil, 2007-2010. *Journal of Politics in Latin America*, v. 3, p. 141-172, 2011.

RAUCH, James E.; EVANS, Peter B. Bureaucratic structure and bureaucratic performance in less developed countries. *Journal of Public Economics*, Amsterdam, Elsevier, v. 75, n. 1, p. 49-71, 2000.

Esta obra foi produzida nas
oficinas da Imos Gráfica e Editora na
cidade do Rio de Janeiro